高校校园文化建设的多维度探究

赵翔　张博　著

西北工業大學出版社

西　安

【内容简介】 本书内容包括高校校园文化概述、高校校园文化建设的原则依据及价值探索、高校校园文化建设的文化机制与基本方向、高校校园安全文化建设、高校校园党团组织文化建设、高校校园班级文化建设、高校校园宿舍文化建设和高校校园网络文化建设等8章。

本书可作为相关专业以及从事相关职业的人员参考。

图书在版编目（CIP）数据

高校校园文化建设的多维度探究 / 赵翔，张博著. — 西安：西北工业大学出版社，2020.10

ISBN 978-7-5612-7335-7

Ⅰ. ①高… Ⅱ. ①赵… ②张… Ⅲ. ①高等学校－校园文化－研究－中国 Ⅳ. ①G647

中国版本图书馆CIP数据核字(2020)第193608号

GAOXIAO XIAOYUAN WENHUA JIANSHE DE DUOWEIDU TANJIU

高校校园文化建设的多维度探究

责任编辑：梁 卫 策划编辑：雷 鹏

责任校对：雷 鹏 装帧设计：吴志宇

出版发行：西北工业大学出版社

通信地址：西安市友谊西路127号 邮编：710072

电 话：（029）88493844 88491757

网 址：www.nwpup.com

印 刷 者：三河市海新印务有限公司

开 本：710 mm×1 000 mm 1/16

印 张：14

字 数：206千字

版 次：2020年11月第1版 2023年4月第2次印刷

定 价：79.00元

前　　言

自从 1999 年我国高校大规模扩招以来，无论是在办学规模上还是教育投入上，我国的高等教育都取得了长足的进步，受教育人数逐年增加，为社会培养了一大批高素质人才。但是，我们必须承认这样一个事实：随着高校扩招政策的持续实施，高校中急剧增加的学生人数极大地摊薄了学校的教育资源，对于高等教育工作的有效开展造成了严重的影响。与此同时，社会经济的快速发展对我国的高等教育事业不断提出更高的要求。在这种时代背景下，如何在进行专业知识训练的同时对高校大学生进行品德教育，增强学生对于学校的认同感和对于社会的责任感，成为摆在全体高等教育工作者面前的一道世纪难题，而高校校园文化建设就是解决这一问题的关键点。从本质上来讲，高校校园文化是一个大学的独特符号和建校灵魂，良好的校园文化可以在潜移默化中对大学生进行教育，使其在不觉中获得知识，陶冶情操，提高他们的科学文化素养和思想道德水平，为高校培养高水平、高素质的优秀人才打下基础。笔者撰写本书，一方面是想要进一步丰富和完善高校校园文化理论，另一方面希望为高校校园文化建设实践提供相应的指导理论。

本书分为八章，从不同的维度对高校校园文化建设进行了探索与分析，主要包括包括高校校园文化概述、高校校园文化建设的原则依据及价值探索、高校校园文化建设的文化机制与基本方向、高校校园安全文化建设、高校校园党团组织文化建设、高校校园班级文化建设、高校校园宿舍文化建设和高校校园网络文化建设等内容。

在本书撰写的过程中，参考了许多参考资料以及其他学者的相关研究成果，在此表示由衷的感谢！

鉴于时间较为仓促，水平有限，书中难免出现一些谬误之处，因此恳请广大读者、专家学者能够予以谅解并及时进行指正，以便后续对本书做进一步的修改与完善。

前言

目　　录

第一章　高校校园文化概述

高校校园文化代表了一所学校的风格和精神，是学校的形象和灵魂，是联系协调学校人际关系的重要纽带。从根本上来说，高校校园文化可以通过潜移默化的方式对学生产生影响，积极向上的高校校园文化可以使高校大学生更好地获得知识，进而为高校实现其育人目标、服务社会打下良好的基础。从这个角度来看，高校校园文化建设对于推进高等教育事业改革、加强高校大学生思想政治教育、全面提升大学生综合素质水平等，都具有至关重要的影响。因此，重视高校校园文化建设、研究校园文化是学校管理者和德育工作者的一项重要内容。

第一节　高校校园文化的基本内涵

从 20 世纪 80 年代开始，我国学者就开始关注高校校园文化的研究，从不同的角度对高校校园文化进行了探讨，并取得了丰富的理论研究成果，对我国高校校园文化研究和建设具有指导意义。由于众多研究者在其各自的研究中所选取的研究角度和方法及目的各不相同，因此不同学者关于文化、校园文化以及大学校园文化等概念及其内涵的论述可谓众说纷纭。随着关于高校校园文化的理论研究工作不断深入，以及相关科学体系逐步建立与完善，有必要对这些概念及其内涵进行梳理和辨析。

一、文化

在社会科学中，文化是最容易理解的，却又是最难解释的。之所以说其容易理解，是因为每一种文化都有某些具体的外在表现形式，我们在日常生活中也总是能够接触到其他文化，或直接、间接地与其他文化背景的人进行交往。之所以说文化难以解释，是由于文化的内隐结构非常宽泛、含糊，难以对其做出准确的界定。因此，美国文化人类学家洛威尔感慨说：“在这个世界上，没有别的东西比文化更难捉摸。我们不能分析它，因为它的成分无穷无尽；我们不能叙述它，因为它没有固定形状。我们想用字规范它的定义，这正像要把空气抓在手里似的：当我们去寻找文化时，它除了不在我们手里以外，它无所不在。”

古今中外，教育界的学者们对文化的定义不胜枚举。根据相关统计，目前世界上关于文化的定义大约有数百种。对这些定义进行综合概括后可将其分为两大类：一类是以大文化观为代表的广义的文化界说；另一类是以小文化观为代表的狭义的文化界说。相应地，人们从不同的角度出发，对高校校园文化的概念也存在着多种不同的理解。

用马克思主义哲学观点来看，文化有广义和狭义之分。所谓狭义的文化，就是指人的精神生产能力和精神产品，其包括一切社会意识形态，如自然科学、社会科学、技术科学和社会意识形态等。所谓广义的文化，则是指人类在社会历史发展过程中所创造的一切物质财富和精神财富的总和。

二、校园文化

校园文化作为人类社会文化的一种，是学校教育的伴生物，已有很久远的历史。校园所特有的学生构成、师生关系、学习内容和学习目的，以及学校生活特有的节奏、规制、环境、氛围等一系列独特的事物和现象，构成了校园文化的主要方面。最早提出“学校文化”这一概念的是美国学者沃勒（W. Waller），早在1932年，沃勒就在其《教育社会学》一书中使用了“学校文化”一词，并对其做出了定义。他认为，“学校文化”是一种“学校中形成的特别文化。”

我国将“校园文化”作为一个区域性文化概念首次提出，是在20世纪80年代。1986年4月，上海交通大学举行第12届学生代表大会时，参与学生会主席竞选的学生全力宣扬推进校园文化建设，这在上海大学生中引起了强烈的共鸣。在此之后，上海的几所高校相继举办了“文化艺术节”“校园文化建设月”等活动。这在当时引起了校内外的强烈反响。在此之后，全国范围内的高校校园文化实践探索全面展开，中小学校也广泛地开展校园文化建设的实践和探索。后来，我国教育界提出了素质教育概念，国内各高校更是把校园文化建设作为推进素质教育的一个重要组成部分，许多高等院校纷纷举办校园文化艺术节，以此丰富校园文化生活，提高学生艺术素养，形成健康向上的校园氛围，并以此推进社会主义精神文明建设。

综上所述，我们可以看出，最初的“校园文化”在一定意义上是与校园的“文化活动”等同的，并以校园精神为侧重点，以充分发挥校园文化的德育价值为着眼点。当时的校园文化活动不仅在各个高校之间引起了强烈的反响，而且引起了国内学术界的广泛关注和研究。

三、高校校园文化

（一）高校校园文化的概念

高校校园文化作为一种文化形态，包括物质和精神两个层面。它在物质层面上的文化特征，是现代高等院校中校园文化的物质基础，也是高校综合实力的一个重要标志。它在精神层面上的文化特征，则主要体现在高校的价值追求和办学理念上。这种追求和理念是建立在对教育本质、办学规律和时代特征深刻认识的基础之上的，能够正确地为高校指明进一步发展的方向。高校校园文化的这两个部分是相互联系、互为前提的，共同构成了一个完整的高校文化形态，但其中高校的精神文化起着统领全局的作用，处于更重要的位置。独特的精神文化是一所高校区别于另一所高校的重要标志。从这个角度出发，我们可以认为，所谓高校校园文化，就是指在高等学校发展过程中，以师生文化活动为主体，以校园精神为底蕴，以社会先进文化为主导，由高校全体成员共同创造的一切学校物质文明和精神文明的总和。

校园文化是社会文化系统中的一个子系统。相应地，高校校园文化自然也是社会文化系统的一个组成部分。一方面，高校校园文化不仅具有所有文化现象的共同属性，还具有自己独特的本质属性。另一方面，高校校园文化的形成与发展与整个社会文化的积淀、变迁是紧密相连的，体现了鲜明的时代性和社会性。作为人类文化宝库中极为重要的一个组成部分，高校校园文化是高等教育的背景条件，是教育教学过程中重要的教育资源和构成要素；同时，高校校园文化代表了人类社会在教育——培养人、造就人方面的物质成就和精神成就。从这个角度来说，高校校园文化是学校全体师生员工在一定价值观念基础上进行物质与精神创造的过程及其结果的总和。它的基本形态是教学、科研、生产、生活等各个领域的相互作用。它的运作方式以各种文化活动为主。价值观是校园文化的灵魂。高校校园的精神文化处于校园文化中最核心的地位，高校师生员工的价值取向一方面决定了校园文化的功能；另一方面还决定了校园文化的方向和性质。在高校校园文化中，承载价值观的物质形态主要是校园中以教学、科研、生产、生活等各个领域的相互作用为基础形成的各种文化活动形式及与之紧密相关的活动方式。

上述两种对高校校园文化概念的界定，虽然角度有所不同，但是这两种观点都强调高校校园文化的以下几个特点。

第一，高校的全体师生员工是高校校园文化的主体。全体师生员工这一特殊群体是高校校园文化产生和发展的基础，没有他们共同的劳动将不存在校园文化。切忌只将教师和学生作为校园文化的主体。

第二，高校校园文化服务于高校各项职能的实现。人类创造、传承和改造文化，主要就是为了使文化能够促进社会的进步和人类自身的发展。高校校园文化与高校思想政治教育、德育以及科学研究都有着密切的联系，它们共同为建设中国特色的社会主义服务，为培养德、智、体、美、劳各方面素质全面发展的合格建设者和可靠接班人这一社会主义教育的总体目标服务。

第三，高校校园文化植根于高校校园之中。这主要表现在：假如高校校园文化的发展离开了高校校园环境，也就失去了赖以生存和发展的根基、依靠；不仅如此，高校校园文化实际上也并不仅仅局限于高校校园之中，它还可以通过一定的渠道渗透到社会中的各个层面。

第四，高校校园文化是一个上位概念。广义的高校校园文化涵盖了学校全体师生员工为实现学校的各项职能而开展的各项活动，以及通过这些活动所创造出的所有物质产品和精神产品。

第五，高校校园文化是一个动态的系统。首先，它处于一个被不断创造的过程中。其次，它包含相互联系、相互作用的多个要素，是一个自身完备的有机整体，是一个具有一定结构和功能的系统。

第六，高校校园文化是一种亚文化。所谓亚文化，就是指从主流文化中衍生出来的新兴文化。作为一种亚文化，高校校园文化在一定程度上与社会主流文化的发展方向基本保持一致。可见，从某种意义上来说，高校校园文化代表了整个社会主流文化的前进方向。而之所以说高校校园文化是一种亚文化，还因为高校校园文化与其他亚文化（如家庭文化、社区文化、企业文化等）之间有着密切的互动关系。

（二）高校校园文化的主要特征

1. 高校校园文化是封闭性与开放性的统一

高校校园文化不同于人类社会的其他文化，它拥有自身的特征。从时间层面而言，高校校园文化自高校产生之日起，其所形成的一些文化特质以及独有的文化精髓等，就被后人所传承下来；从空间层面而言，高校校园文化是以“校园”为其空间范围的，并以学校成员为其群体基础；从心理层面上讲，校园文化“在自我认同的基础上具有强烈的群体性和排他性”。为此，我们也不难看出，这三个层面突出了高校校园文化的封闭性特征。

从根本上来说，高校校园文化始终与外部的世界以及社会的其他文化等保持着信息、物质和能量等方面的交流。高校校园文化是一种社会亚文化，它无法完全摆脱其他社会文化而单独存在。由此我们也不难看出，高校校园文化也带有明显的开放性特点。正是由于具备了这种开放性，高校校园文化才能够不断汲取社会的主流文化和其他亚文化的营养和精华，进而更好地促进社会文化的发展。

2. 高校校园文化具有批判性、创新性和保守性

高校校园文化具有文化选择的作用。也就是说，高校校园文化可以根据一定的标准，剔除文化内容中的一些糟粕。该过程一方面保证了高校校园文化传播方向的正确性，同时也能够对高校校园文化传播内容起到一定的净化、筛选、过滤

等作用。而高校校园文化的生产作用，即由校园文化孕育出新的思想、新的观念及新的物质文化形态，对高校校园文化的生存和发展都具有至关重要的作用。与其他一些亚文化相比，高校校园文化几乎很少受到功利性的束缚，所以拥有一些对人文社会的关爱。假如从高校校园文化的价值观与行为规范方面来说，那么其根本任务就在于批判与创新。而这也就使得高校校园文化的主体有可能、有条件去涉足前人留下的思想“空白区”，认真思考和探索当代人们的思想“特区”，提出新的具有特色的观点，并形成新的思想。从人类社会发展的角度来看，高校校园文化往往会为各种新的文化思潮、意识的产生与发展营造一种良好的氛围。确实如此，很多旧的观念很容易在高校校园主体的批判中更新，很多新的观念、新的思想也非常容易在高校校园中产生。这充分显示着高校校园文化的批判性和创新性。

高校校园文化还具有保守性的鲜明特征。这主要表现在它对其他文化的排斥上。在高校校园文化的发展过程中，绝大多数老师和学生都会自觉对各种腐朽、没落的劣性文化进行抵制和批判，将高校校园文化与腐朽落后的文化分割开来。高校校园文化的保守性反映了校园人与其他人群在认识方面的差别。不过，随着学校职能的拓展和大众传媒、网络技术的发展，以及社会环境开放性的日益加强，高校校园文化主体受到很多新思想的影响，也开始慢慢更新自己的思想。这就使得现代的高校校园文化只在校风、校园精神等文化核心特质方面表现出了一定的保守性。当然，这种保守性也随着时代的发展在不断地弱化。

3．高校校园文化的多元性

随着全球化进程的不断推进，世界不同国家和民族之间的距离越来越小，而高校校园文化在日益开放的大环境下变得越来越多元。如今，高校校园已成了外来文化最主要的集散地。国外的许多新的理论思想大多是先进入高校，然后再通过高校的辐射功能和人才的流动注入社会。

高校之所以能够形成多元的校园文化，主要有以下几个方面的原因：一是高校具有日益频繁的学术交流和相对宽松的工作环境；二是高校具备接收外来文化的良好条件，而且也具备融合、接受外来文化的能力；三是高校具有高智商群体，有能力完成接收、转化和融合外来文化的任务；四是校园文化的多元性是有一定的历史基础的，我国早期的高校中，有许多经历了半殖民社会，有的被西方列强控制、管理过，或由其创办，因而留下了西方文化的印记。

4．高校校园文化载体的多样性

高校校园文化中包含的理念、精神风貌和价值取向等，一般都是借助一定的载体而存在的，这些载体往往是多样的。例如：体现高校校园风格的各式建筑和人文雕塑等；蕴含高校师生思想、情感的花草树木和亭台轩榭；反映高校教育思想、治学态度的各种教学设施，规范、约束高校校园人的一系列规章制度和行为准则等。通过这些形式多样的具体的载体，高校校园文化才得以生存和体现。

客观来说，高校校园文化内容的多样性和高校校园文化形式的丰富性，决定了高校校园文化的载体具有多样性特征。由于高校校园文化涉及学生学习、生活和工作的方方面面，而且高校校园环境也包含了许多小的层次，校园文化活动更是异彩纷呈，这些都决定了高校校园文化不可能仅由单一的某种形式在某个载体上完全地表现出来，而只能由诸多载体从各个方面分别表现之后汇聚形成。

5．高校校园文化的高雅性

事实证明，高校校园文化确实反映了高校全体师生的思维方式、价值取向和行为规范。由于高校教师和高校大学生普遍具有较高的文化层次，具有较好的人文修养，因而他们的品位相对要高一些，这就使得高校校园文化具有高雅性的特征，主要体现在以下几个方面。

第一，高校师生普遍具有丰富的知识，因而能够更加积极主动地对高校校园文化进行改进和创新。从这个角度来看，校园文化在价值取向上的格调会比一般社会文化更加高雅。

第二，大学校园是知识聚集的场所，具有丰富知识的高校师生可以运用自己丰富的知识更准确地去取舍和鉴别高校校园文化。

第三，大学校园可以说是人才汇聚的一个场所。在校的师生为了能够切实提高自身的文化修养，普遍追求一种十分积极的价值取向。于是，在这种高校校园文化氛围中，正确向上的价值取向得到弘扬，而消极庸俗的思想和价值观普遍遭到批判，使学术性的精英文化牢牢占据着主导地位，校园文化的高雅性也得以维持。

6. 高校校园文化中理智与情感的统一

情感是人对客观现实的反映，是人对客观事物态度的反映，它是一种复杂的心理现象。通常来说，文化情感赖以产生的基础就是人的情感，当然，它也可以反过来激起人的情感。高校大学生都会受到不同程度文化情感的激发，大学生在接收到文化信息之后，其心理上就会出现各种具体的需求，这些需求使得大学生受到各种各样刺激因素的影响，因而产生种种情感体验。

由于大学生心理上出现的各种需求不一定都是正当的或是可以实现的，因此，大学生还需要理智的思维加以开导和约束。高校校园文化通过具体的规章制度对学生进行纪律约束，将各种心理需求置于理智的约束之下，从而实现校园文化中理智与情感的统一。

第二节　国外高校校园文化的演变历程

国外高校校园文化的发展可以追溯到中世纪时期。在近代资本主义制度建立过程中，逐渐产生了近代的高校校园文化。随着高校的不断发展，逐渐产生了具有现代意义的高校校园文化。本节将对国外高校校园文化的演变历程进行概要的介绍。

一、中世纪时期的高校校园文化

现代意义上的大学可以追溯到中世纪的欧洲。在公元 10 世纪到 12 世纪期间，最早产生了一批具有现代意义的大学，有意大利的博洛尼亚大学、法国的巴黎大学，这两所大学当时被视为大学的样本，故又称为“母大学”；在英国，建立起了牛津大学和剑桥大学等。英国的牛津大学在 1167 年得到了政府的认可，而剑桥大学建立于 1209 年。

到1600年资本主义制度产生前夕，欧洲的大学总数达到了105所。这一时期的一些大学至今仍然存在，有的成为享誉全球的高等学府。中世纪大学长时间积淀和孕育了一种大学文化，具有这一时期的典型特征。

（一）中世纪大学物质文化的特征

中世纪大学的物质文化是其精神文化的载体，其存在方式主要体现在课程设置、教学活动等方面。中世纪大学的课程主要围绕着神学、法学和医学来设置，具有典型的实用性特征。这一时期，教学活动的主要目的是为了培养神职人员、医生、教师、律师、公职人员等。

中世纪大学的教学活动主要有三种形式，即讲授、辩论和练习。课堂教学的方法基本为讲述法和讨论法。讲述法即教师口述，学生记录。讨论法则是通过学生的辩论来讨论教学的内容，在讨论的过程中，提出论点，列出正反两方面的论据，为激发学生的研究精神和思辨活力，还要求有一定的演绎推理和逻辑分析，以排除错误、得出结论。这种讨论教学有利于大学营造一种民主、平等的氛围。

（二）中世纪大学制度文化的特征

尽管在中世纪时期只是产生了大学的雏形，但当时对办学制度的尝试，为后来各国大学的发展提供了许多有益的经验和丰富的理论成果。如创设了学位制度，中世纪大学以学生的学习程度为依据，授予其相应的证书和资格等。这一制度规定，学生在一定的时间范围内修完规定的课程并通过考试，就可以获得硕士、博士学位。

另外，在中世纪时期还创立了学科制度，各大学教学和管理基本是以当时的职业划分为依据来实施的，在此基础上建立了学科或学系。中世纪大学创立的学位制度，为今后西方大学学位制度建立和校园文化建设奠定了基础。

（三）中世纪大学精神文化的基本特征

大学自治可以说是西方大学最为悠久的文化传统，在中世纪，欧洲各大学也较为推崇大学自治传统。欧洲大学是在教师和学生自愿组合成的团体的基础上产生的，因此，欧洲大学具有较大的自治性。

当时大学在教会和政府的管辖下，仍然取得了一定的自治权，学者能够自由进行教学，具有一定的言论自由，具有一定程度上的管理权。学术自由与大学自治结伴而生。大学经过与教会和世俗政权的斗争，获得了学术自由权，它为师生自愿参加教学和研究活动提供了权利保障，成为大学的精神寄托。

因此，有的学者认为，“中世纪大学的自治活动，为后来欧洲的学术自由观念奠定了实践基础”[①]，学术自由成为欧洲校园文化中的宝贵文化传统。另外，中世纪大学追求和崇尚民主、平等，可以说是对当时森严等级制度的一种突破。如在博洛尼亚大学，学生拥有可以选举教师的主权，学校各项规则制度制定的主体为学生，教师与学生可以自由讨论。这种追求民主和平等的精神，在今天仍然是高校校园文化建设的宝贵精神财富。

二、近代高校校园文化

在文艺复兴运动、宗教改革运动和近代科学革命等席卷欧洲大地的时候，欧洲大学也跟随着时代的步伐，进入到了近代高等教育阶段。这一时期，文艺复兴和宗教改革等向中世纪神学发出了挑战和质疑，也促使欧洲传统大学校园文化发生了剧烈的变化。大学在指导思想、课堂教学、组织结构、教学管理等各个方面体现出民族化、人文化和多样化等特征；注重人自身的发展，主张培养具有理性、勇于追求现实幸福的人生。这些思想逐渐成为各类教育的基本理念和主导思想。经院哲学在大学课堂中的垄断地位被打破，人文主义思想、人文学科在大学中得到确立。由此，欧洲传统大学过渡到了近代大学。

在近代大学发展史上，有三种理论思想（大学精神）对现代大学产生深刻而久远的影响。

（一）纽曼提倡的大学精神

纽曼所著的《大学的理想》，被认为是近代大学史上第一部高等教育专著。古典人文主义的、传统的大学精神就是由他提出并倡导的。西方学者们将纽曼称为系统阐述大学观的第一人。他认为：大学的功能在于教学，大学为知识的普遍

---

① 陈列．关于西方学术自由的历史演进．世界历史，1994（6）．

传播提供了重要场所；大学的目的就是传授知识；大学是教师和学生的团体，大学的设立是为了教学，为了培养学生的良好品质。

（二）洪堡提倡的大学精神

洪堡是柏林大学的实际创立者，也是新人文主义大学精神理念的提出者和倡导者。洪堡著有《柏林高等学术设施的内部与外部组织理念》，书中详尽地论述了近代大学的理念与办学方针，为德国大学精神文化的形成奠定了基调。此时建立的柏林大学，以尊重自由的学术研究为办学的精神主旨。

洪堡所秉持的大学理念体现为“通过学习和研究客观纯粹科学或学问实现主观教养”[①]，大学要以“孤独和自由”为前提，运用“教学和研究相结合”等原则，以哲学为手段，对具体和个别学科进行统合，最终完成该校的办学目标。洪堡大学思想的精髓可以表述为“甘于寂寞”“大学自治”“教授治校”“学术自由”和“教学与科研相结合”等方面的内容。

（三）威斯康星大学提倡的大学精神

美国威斯康星大学的理念为，大学具有服务社会的职能。时任威斯康星大学校长的范·海斯提出该校办学目标：“它是全州所有人的机构……大学将是一个瞭望塔，在改革社会中发挥积极的作用，成为承担公共服务的必不可少的工具。”[②]

在现实功利主义思潮的冲击下，美国大学与本民族特征相结合，知识日益膨胀并趋于专门化，人文主义的大学精神传统一度受到冲击。尤其是在现阶段，美国大学精神一般都融入了人文主义和功利主义两种思想，并交织着学与术、个人与社会、中央统治与地方自治等矛盾。

有学者将近代美国大学精神文化概括为“学术性学科与实用性学科同在一校；教学、科研和社会服务三者兼容；公立大学与私立大学并举；英才教育与大众教育兼顾；自治、学术自由与社会责任，以市场为导向与多种渠道和方式调节

---

① 龙美莉．高等教育的自由理论的演进．高等教育研究，2006（4）．

② 常艳芳，王可刚．美国现代大学精神及其对中国大学的影响．外国教育研究，2006（12）．

相结合，办学方式灵活多样。”[①]

三、现代高校校园文化

（一）英国高校文化

20 世纪初期，英国城市化程度不断加深，城市人口急剧膨胀，对大学教育的需求量也快速增长起来。这一时期往往先由私人资助地方成立学院或技术学院“红墙大学”就是其中的典型代表；之后这些学院或技术学院合并到医学院或开设人文课程的大学附属机构中；有些在政府的支持下发展为独立的大学。在发展地方经济过程中，“红墙大学”显示了自己的科研力量。

1961 年，英国高等教育委员会出台了扩大高等教育范畴的《罗宾斯报告》，将高等技术学院、教育学院和继续教育学院等纳入高等教育体系内，扩展了高等教育的内涵和范畴，使英国高等教育得到了快速的扩张，打破了高等教育的贵族垄断，实现了高等教育的逐步平民化。

1997 年的《迪尔英报告》，通过总结英国高等教育发展的基本经验，初步勾勒出未来高等教育发展的理念。它认为未来社会将是学习型社会，高等教育要意识到终身教育的重要意义，为社会培养大量的实用型人才，满足和适应社会发展的需要。

（二）美国大学文化

20 世纪美国涌现了一批杰出的教育思想家，对高等教育产生了深远的影响。这时期，美国创设出了许多先进的大学理念和制度，为其他国家所效仿。

罗伯特·赫钦斯主张对大学课程进行改革，实行通才教育和博雅教育。他主张，大学应当培养人性而非只培养人力。因此，追求真理和知识才是大学的真正理想目标。为此，大学为实现这一理想目标提供独立学习、思考和批评的空间。

克拉克·科尔提出了“多元化巨型大学”的理念，产生了广泛的影响。他指出现代大学应该有别于传统的大学，在大学目的、社会责任、学术道德上都应该

[①] 牛雪芹．国际化视野下的高等教育管理体制改革．大视野，2008（7）．

有所创新。“多元化巨型大学”体现了大学的现代化、开放性、包容性和国际性等特征，而且在规模上也应有所扩大。

亚伯拉罕·弗莱克斯纳的现代大学观体现在其代表作《现代大学论——美英德大学研究》一书中，其现代大学观对美国现代大学产生了深刻的影响。他系统阐述了大学的职能，认为大学应该是发展科学和培养人才的场所；学术自由应该成为大学的核心精神。他还构建了大学的基本架构，提倡建立文理研究生院和纯粹的专业学院。弗莱克斯纳的这些理论，使人们对大学产生了新的认识，明晰了大学的发展方向。

纵观各国大学及其文化的发展演进历程，可以了解到大学文化随着大学的发展而不断被赋予新的内涵。办学模式、大学精神、大学制度等在争论和碰撞中不断进步。这种不断演化的大学文化反过来又促进了大学的发展，使大学充满了活力。国外高校校园精神文化和制度文化，对近现代中国大学及其文化的发展产生了深远的影响。

四、国外高等职业教育院校校园文化

国外高职院校的发展历程，对我国高等职业教育的发展来说是重要的前车之鉴。在国外，高职院校的校园文化建设十分重视校企之间的合作。如德国在二战后用了不到 50 年的时间，经济就获得巨大腾飞，跃居为世界第三经济大国。高等职业技术教育的发展就是推动其经济增长的“秘密武器”。德国职业教育采用“双元制”，实行学校和企业(或行业集团)联合办学，共同负责实施职业教育，将学校文化与企业文化相融合。

另外，实行校企合作式的高等职业院校校园文化发展模式的，还有美国的社区学院“普及开放”教学模式、英国的技术学院“工读交替”教学模式以及日本的高等专门学校“五年一贯制”教学模式。这些教学模式都说明，校企文化融合能够有力保障高职院校毕业生与企业人才需求直接对接，使培养出的高素质技能型应用人才能够满足社会的需要，使高职院校的校园文化建设能够与社会很好地对接起来。

（一）新加坡高等职业院校校园文化

新加坡政府高度重视职业教育的发展，将人力资源看作是国家的唯一重要资源。面积仅为632平方公里、人口400万的新加坡，在极短的时间内，一跃成为政治稳定、经济发达的现代化发达国家，其职业教育发展的历程也经历了一个不断适应工业化和现代化发展要求的历程。

新加坡高等职业大学十分注重发展战略的调整，高等职业教育也要配合经济战略目标的调整，开展有组织的教育和培训，让劳动者的知识和技能更新与世界科学技术同步，以适应经济发展的需要。新加坡通过高等职业教育，努力提高全体国民劳动力素质和终身受雇能力，以支撑产业生存、升级，提升国家竞争力。

（二）澳大利亚高职院校校园文化

在澳大利亚，高等职业教育的发展历史已经经历了百年的时间，但真正获得快速发展却是在20世纪80年代以后，澳大利亚高等职业教育的校园文化也随之走上了以内涵发展为主的道路。

提高高职院校的办学效益是澳大利亚高等职业教育近年来改革与发展的主要举措。打破了“大学教育是终结性教育”“大学专为青年人而设”等传统教育观念；逐渐建立起国家职业资格证书制度，扩大办学规模，发动企业参与，实行校企合作。

同时，提高高等职业教育地位，以终身教育理念为指导。高职院校改变了高等教育的时空观，在教育中运用各种先进的设备和仪器，使人们可以选择适宜的时间和地点进行学习，为人们的终身教育提供有利条件，从而使本国逐渐向学习型社会过渡。

澳大利亚高等职业教育改革的重要举措之一，就是以TAFE为办学主体，不断构建完整的高等职业教育体系。在高等职业院校课程设置方面，普遍实行专业基础课、专业课和实践课三者有机结合形式，淡化理论课教学与实践教学界限，使两者相互促进、相辅相成。

第三节　我国高校校园文化的产生与发展

从一定意义上来说，高校校园文化建设与我国高等教育的发展始终是紧密相连的。近代高等教育产生的同时也出现了大学校园文化。大学校园文化随着社会历史的发展体现出不同的时代特征，其中的爱国精神、学以致用、追求科学等，经过历史的沉淀，成为今天中国高校校园文化中的重要因素，在高等教育领域发挥着重要的作用。

一、近代高校校园文化的形成发展

（一）近代大学的萌芽与高校校园文化的初步形成

1. 中国近代高等教育的萌芽与高等学校的设立

鸦片战争后，为了救亡图存，许多有识之士要求改革旧的教育制度，学习西方科学技术，培养“经世致用”人才的呼声日益强烈。以洋务派和维新派为代表的进步官员和知识分子，利用自身掌握的一些权力，“兴办学校、变通科举”，推进了中国社会的变革。晚清政府进行的一系列教育改革拉开了兴办近代新式学堂的序幕，洋务派开办的洋务学堂孕育了中国近代大学的胚胎，维新变法运动中建立的学堂促成了中国大学的雏形，新学制的颁布确立了中国近代高等教育制度，留学运动开阔了中国学者的眼界。

中日甲午战争后，中国各阶层群起激愤，在知识界出现了以康有为、梁启超、谭嗣同、严复等为代表的资产阶级维新派，他们积极提倡变通科举、兴办学校。在维新派人士的大力推动下，一些有识之士开始创办维新学堂，如 1897 年熊希龄和谭嗣同等人在长沙发起创办了“时务学堂”；盛宣怀在上海创办的“南洋公学”设立了从事高等教育的上院和师范院，在汉语教学上废弃了八股文，改进了作文教学，并为师范生开设了历史、诗歌和作文等专门课程，引进西方科学知识的教学，开创了中国语言文学教育的现代教学体系，成为当时“最进步的教西学的学校”。1898 年 6 月，梁启超代拟了京师大学堂章程，其中规定将京师大学堂分为普通学与专门学两学程，京师大学堂不仅是全国最高学府，而且是全国最高的教育行政机构，这个章程被称为“中国近代高等教育最早的学制纲要”。1901 年，清政府下诏切实整顿京师大学堂，并将各省省城的书院改为大学堂或高等学堂。1902 年，全国掀起了创办大学堂的热潮，有 16 个省创办了大学堂。维新学堂在很大程度上体现出了“新学”的特征。

洋务运动之后，清朝官方先后向各先进资本主义国家派遣大量留学生。中国近代的留学教育极大地推动了中外文化交流，促进了中国近代学术发展和高等教育体系的形成。从某种意义上可以说，中国近代高等教育初创时期，高等学校的创立、教育制度的确立、师资来源、课程与教材建设以及校园文化的形成等，都与留学教育有着相当密切的联系。

由洋务派兴办的高等实业学堂、维新派创办的新式学堂和留学运动，在很大程度上推动了近代中国高等教育制度的改革。1902 年管学大臣张百熙拟定的《钦定学堂章程》（即壬寅学制）及 1904 年颁行的《奏定学堂章程》（即癸卯学制），第一次从国家教育制度上确立分层次的学校教育系统，从体制上对中国近代高等学校的地位加以确立，推进了中国教育模式的重大转变。

2．清末大学校园文化的初步形成

1862 年到 1911 年间，晚清政府陆续创办的一批中国近代大学堂、高等学堂，虽然并没有形成完全意义上的近代高等教育，却为高等学校校园文化的形成创造了校园生活实体，奠定了物质和精神基础。

早在洋务运动时期，黄遵宪、郭嵩焘、李善兰、李风苞等官员和学者就对英、德、日等国的高等教育进行了直观感性的介绍。1867 年，潘克先在《中西书院文艺兼肄论》中介绍了大学院所设学科门类以及各种专科学院，提出了学习西方改革书院教育方式，使中西之学“兼综条贯，各尽所长”的建议。

中日甲午战争后，中华民族面临着前所未有的危机，康有为、王国维等许多学者对中国传统书院教育和洋务学堂等新式专门教育机构进行了深刻的反思和批评，并进一步对中国高等学校的建设提出了自己的设想。康有为认为，大学教育是“于育德强体之后，专以开智为主，人人各从其志，各认专门之学以就专科之师”的教育阶段。在 20 世纪初期中国近代高等教育制度确立之初，王国维就很有远见地对高等教育的培养目标、学科、课程设置进行了详细的研究和阐述。他认为：“大学者虽为国家最高之专门学校，然所授者亦不过专门中之普通学，与以毕生研究之预备而已。故今日所最亟者，在授世界最进步之学问之大略，使知研究之方法。至于研究专门中之专门，则又毕生之事业，而不能不俟诸足业以后也。”这对当时人们了解西方高等教育起到了积极的作用。

（1）腐朽与进步并存的清末校园文化形态。清朝末年的高等学校校园文化在很大程度上受到封建科举制度的影响，陈腐的封建礼仪形式和浓厚的封建等级地位观念在学校文化中的表现相当突出。在这一时期，京师同文馆主要招收八旗子弟，“满汉举人及恩、拔、岁、副、优贡”，清政府规定其学生为七品官，享有馆餐和俸银。八旗学生还享有马甲钱粮等优厚待遇，但许多学生依然“各带家丁，以致混杂生事”，学风极为颓败。在学生管理上，虽有详明的规章制度，但学生违反规定的情况频频发生，在同文馆历年堂谕中，记载了大量的学生违规的相关内容。这一时期的校园文化为封建官场文化影响之深可见一斑。

清末所有新式学校都或多或少地受到了封建陈腐气息的影响，但在洋务运动和维新运动期间创办的一些高等学校，仍然可以感觉到近代大学文化的鲜明色彩。如盛宣怀在上海创办的南洋公学，“参用西制兴学树人”，培养学生“博通兼综”，“道与艺兼”，并聘任学术精深、勤勉尽责之士担任校长，尊重教师，实行“考教分离”和“导生制”，重视学生的体育锻炼和自我管理能力的培养，引进足球、网球、棒球等运动项目，形成了良好的校园文化氛围。这种教育方式极大地开阔了学生们的眼界，在很大程度上促进了资产阶级民主思想的传播，使许多学生走上了资产阶级民主革命的道路，其教学质量也得到社会普遍认可，被称为 1900 年以前“最进步的教西学的学校”。福州船政学堂在教学上强调学习西方科学技术，注重实践锻炼，为近代科技教育积累了有益的经验。另外，船政学堂在招生方面采取不受身份限制自由报考的办法，打破了清朝以出身限制入学和毕业的既有模式。

（2）学生爱国运动促进清末校园文化转型。清朝末期，各帝国主义国家纷纷加紧对中国的侵略和瓜分步伐，中国边疆地区的危机空前严重。1901 年以后，随着教育制度的改革，形成了一个以新式学堂毕业生和留学生为主体的新式知识分子群体。留日学生培育了一批具有近代教育思想和方法的教师，推进了改造中国传统封建文化的进程，他们办刊物、译名著，将自己在留学期间学习到的新知识、新思想移植和注入国内空虚的知识界，促进了中国知识分子的觉醒。1903 年 4 月 30 日，京师大学堂学生发起举行拒俄运动，引发了各地学堂学生的爱国运动，开创了中国近代学生爱国运动的先河，有力地冲击了腐朽的清朝政权。在这段时期，此起彼伏的学生爱国运动不断地改造着大学校园文化，救国救民、以天下为己任、学以致用成为学生追求的理想，学生社团、学会等组织成为校园文化活动的组织形式，学生集会、演讲、创办刊物等活动成为校园文化活动的重要方式，校园文化从精神层面到组织方式都得到了长足的丰富和发展。

（二）民主革命时期高校校园文化建设的发展历程

辛亥革命以后，为适应中国发展需要，一批资产阶级革命家和教育家着手对旧教育进行全面改革，先后颁布了《壬子—癸丑学制》和《壬戌学制》，建立了新的教育行政系统，颁布了《大学令》《修订大学令》《大学规程》《大学法》《国立大学条例》《大学组织法》以及修正《大学组织法》等法令。在政治混乱、社会动荡的大环境下，吸收欧美高校办学经验，并借助新文化运动的推进，逐步建立起了新的高等教育体系，形成了新的高等教育制度和培养模式。

1．20 世纪前期的高等教育制度改革与高校学术文化的建立（1912—1927 年）

1912 年 1 月，蔡元培被推选为中华民国南京临时政府的教育部部长，受命筹组教育部，并确立新的教育宗旨，建立新的教育行政系统和学校教育系统，推广现代教育。1912 年 9 月公布《学校系统令》，世称《壬子学制》，其中涉及高等教育的包括《专门学校令》《大学令》以及后来陆续公布的《私立专门学校规程》等。1913 年 1 月，又公布了《大学规程》《私立大学规程》《高等师范学校规程》和《实业学校规程》。这些法令与规程，合称《壬子—癸丑学制》，这个学制确立了高校内部学术管理的基本原则，具有划时代的意义。

第一，开创了民主办学、教授治校的先河。规定在大学任命校长以总理全校事务，各科设学长主持学科事务，设教授、助教授、讲师承担教学任务。大学设评议会，以各科学长及教授为会员，审议各学科设置与废止、讲座之种类、大学内部规则、大学院学生成绩与学位授予及教育总长和大学校长咨询事项。大学各科均设教授会，以教授为会员，审议学科课程、学生试验，审查学生成绩，评审学生学位论文及教育总长、大学校长咨询事项。第二，改变了大学的办学宗旨。摒弃了“以经史之学植其基”和“以忠孝为本”的封建办学宗旨，并规定“大学以教授高深学术、养成硕学闳才、应国家需要为宗旨”。将大学分为七个科目，即文、理、法、农、工、商、医，规定文、理两科是一个大学必须具备的基础学科，没有这两门基础学科，就不具备大学资格。第三，建立了学生毕业与学位制度。大学各科学生修业期满，试验合格，方授予毕业证书，“得称学士”；“大学院生在院研究，有新发明之学理或重要之著述，经大学评议会及该生所属某科之教授会认为合格者，得遵照学位令授以学位”。第四，建立了专门学校制度，为单科大学的发展奠定了基础。

1922 年，民国政府教育部在北京召开全国学制会议，在会议中对现有的学制系统草案作了修改。11月，北洋政府颁布了《学校系统改革案》(即壬戌学制)。《学校系统改革案》正式将各学科下的门改为系，确立了大学-科-系三级行政管理体制和学生选科制。壬戌学制颁布后，中国的公私立大学数量增加，到 1927 年，全国有国立和公立大学 34 所，其中经过政府批准的私立大学有 18 所。大学的组织管理也逐步走向较为完善的现代大学体制。

2．民国时期高校校园文化的发展

20 世纪 30 年代，以新型知识分子和民族资产阶级为主体的新型社会力量，对新型高等教育制度的形成产生了重要的推动作用。大学管理中较好地体现了专家学者的价值，大学成为聚集社会学术精英的重要场所，涌现出了一批著名的学术名家。国民政府为了实施“三民主义”教育目标，加强了对高等教育的统一规划和调整。这一时期的高校校园文化紧扣着国家命脉，不断地突破与创新，得到了快速的发展。

（1）高等教育制度的定型与发展。1929 年，国民政府公布了《大学规程》和《大学组织法》，由此确立了教育部对全国高等教育的规划权和组织权。《大学组织法》建立了大学内部管理制度，规定大学或独立学院设校长或院长，总理校务、院务，国立学校的校长、院长由教育部聘任，省立、市立学校由省政府商请教育部聘任。校长、院长除担任本校教科外，均不得兼任其他职务。在各大学设校务会议，会议由选举产生的教授代表和校长、各学院院长、各学系主任组成，其主要职责是：审议预算；审议学院学系的设立和废止；审议课程设置和学生试验事项；审议大学内部各种规则；审议校长教义的事项。校务会议下设各种专门委员会。通过《大学组织法》，建立起了民国时期的大学内部管理制度。1939 年，国民政府教育部发布《大学行政组织补充要点》（以下简称《要点》），该《要点》对大学行政组织的相关事项作了详细的规定，规定大学须设校长室、总务处、教务处、训导处和会计室，并组建相应的总务会议、教务会议和训导会议，以校长负责、专家治校的原则推进学校内部各项事业的运行。大学各学院院长由校长负责进行聘任，各系主任则由院长商请校长聘任。学院设院务会议，由院长、系主任和事务主任组成，院长任主席，对本院学术、设备事项做出相应的计划，审议学院一切事宜；各系设教务会议，由本系的教授、副教授和讲师组成，系主任为主席，计划本系学习、学术、设备事项。

1935 年，国民政府颁布了《学位授予法》和《学位分级细则》，将我国学位分为学士、硕士、博士三个级别，同时对学位授予的程序和要求作了明确的规定；1939 年，又将大学研究机构一律改为研究所，大学里各系内的教师同时为研究所研究人员。《大学组织法》规定，大学教员由教授、副教授、讲师、助教共同组成；1940 年，教育部又颁布了《大学及独立学院教员聘任待遇暂行规程》，同时制定了《大学及独立学院教员资格审查暂行规程》，对教员分级、资格、审定办法、待遇和升等年资等情况作了详细的规定。《大学规程》和《专科学校规程》对专科以上学校开办费、每年经常费用，以及校地、校舍、实验室、实习室、图书馆、运动场以及图书、仪器、标本、模型等设备作了相关规定，以维持学校的基本运行，并保证办学质量。

（2）中国高校独特精神品格的形成。民国时期，由于中国特殊的发展现实与国情，中国高校的领导者和学者对西方高等教育思想采取了折中的办法。中国高校在学习和借鉴西方高校办学模式的过程中，逐渐地形成了中国高校更加注重社会责任的独特精神品格。

在中华民族命运转折的关键时刻，北京大学起到了塑造国民精神与引领文化发展的重要作用，形成了民主、科学、自由、进步的大学精神。也是在同一时期，培育出了“厚德载物，自强不息，行胜于言，爱国奉献”的清华精神。梅贻琦任清华大学校长期间，一针见血地指出：“凡一校精神所在，不仅仅在建筑设备方面之增加，而实在教授之得人。”梅贻琦的这个观点成为中国高等教育事业的宝贵精神财富。

民国时期大学的迅速发展，与这一时代杰出的大学校长群体是分不开的。这一群体的学识水平、工作作风、人格魅力以及他们的办学理念和精神追求深深地镌刻在中国大学发展的历史中，很值得我们的珍惜和借鉴。

（3）高校校园文化活动的兴起。由于受到新文化运动的影响，中国大学校园文化有了较大的改变，兴起了丰富多彩的学生社团活动，出现了平民教育、社会服务等形式的社会实践活动，形成了以爱国运动为标志的爱国主义新气象。

第一，大学校园社团、学会活动兴起。五四时期不同思潮的交流、激荡与撞击日盛，形成了许多不同的思想派别，学生自己创建社团和刊物，以“张皇其学说”。当时大学社团的类别主要有学术类、文学艺术类、军事体育类、政治类和社会活动类。其中，一些政治类社团对培养大学生的政治意识与社会组织能力产生了积极影响，有些对中国社会政治发展也产生了深远影响。

第二，大学校园出版活动活跃。民国时期是大学出版活动兴起的时代，许多大学创办校刊、校报，以加强学校师生的学术与思想交流，很多学者创办了学术刊物，以宣传自己的学术主张，很多社团、学会也有自己的刊物。这些报刊成为繁荣大学文化、激活大学师生思想的重要阵地，有些报刊成为中国近现代历史文化的重要见证。

第三，学生爱国运动此起彼伏。五四运动中的学生爱国运动成为中国政治生活中的重要现象，极大地促进了社会变革。大学生爱国民主运动突出代表了学生运动的方向。在这一时期，大学师生在国家利益与民族大义面前，勇敢地参与推动社会变革的革命行动，充分反映了高等院校校园精神文化的巨大变化，也反映了五四运动对当时大学生的深刻影响。

（4）抗战时期国统区大学的困境与校园文化的时代特征。抗日战争期间，我国的教育财产损失十分严重，许多珍贵资料的损失更是永远无法弥补。战争爆发之前，我国专科以上的高校共有 108 所，其中有 42 所大学，36 所独立学院，30 所专科学校。当时这些高校主要集中在我国东部以及沿海地区。战争爆发后，日军占领了我国大片领土，为了消除我国人民的民族意识，日本方面采取了各种手段破坏文化教育机关。七七事变后，日本更是对高等学校肆意摧残、狂轰滥炸。中国的高等教育遭受了巨大的损失，高等学校的数量由108所减少为91所，减少了 15.7%，高校教师减员 25.2%，学生减少了 25.6%。

在抗日战争阶段，我国国民经济受到严重影响，人民生活条件十分贫困。为了保护高等教育事业，国民政府将国内高校大举迁移至交战后方，保住了大量的高等教育财产，但同时也使得迁移后高校办学条件一落千丈，这段时期大学师生生活的艰难程度是极为罕见的。艰苦的教育条件磨砺了师生的坚强意志，在很大程度上激起了大学师生争取民族独立的爱国精神，形成了具有鲜明特色的抗战新文化。“合乎时代的新文化，不仅在抗战期中它能适合需要，培养中国广大优秀的民族革命的战斗员，即使在抗战胜利以后，它仍能奠定国防教育生产教育的基础，担负起建设新中国的使命。”[①]抗战时期的大学培育造就了一批国家栋梁和民族精英，创造了“筚路蓝缕、弦歌不绝”的奇迹。这一时期的大学文化的特征，就是紧密配合抗战，服务抗战。

二、新中国高校校园文化的发展历程

自从我国实施改革开放政策以来，国家呼吁“尊重知识、尊重人才”，中国青年读书成才的热情空前高涨，对科学知识的崇拜极大地激发了大学生的求知意

[①] 李公朴．抗战教育的理论与实践．上海：读书生活出版社，1938．

识。大学生关心社会改革，关注经济社会发展，表现出强烈的忧患意识和历史责任感。社会文化的繁荣与活跃也在很大程度上激发了大学生的涉世热情和成才意识。“发愤读书、立志成才、实现自我”，“团结起来、振兴中华”，“从我做起，从现在做起”是当时大学生中最流行的口号。勤工助学、社会实践、社团文化、西方思潮热等校园热点纷呈，出现了演讲会、辩论会、书画展、集邮比赛、摄影比赛等校园文化活动形式。学生如饥似渴地投入到读书求知、立志成才的潮流之中，他们探索的目光涉及了人类知识大部分的领域。“求知热”“成才热”成为当时高校校园文化最突出的特征。从此，我国高校校园文化也开始蓬勃发展起来。

（一）改革开放推进高校校园文化建设

自十一届三中全会以来，中央多次对扩大高等学校的办学自主权做出具体部署，并对高校的招生制度、考试制度和毕业分配制度等先后进行了不同程度的改革，从而有效地激发了我国各高校努力提高自身办学水平、建设优秀校园文化的积极主动性。

20 世纪 80 年代，高校师生日益认识到高校大学生全面发展中校园文化的重要性，校园文化由自发的文化现象逐渐向自觉的文化现象过渡。校园文化热点纷呈，大学生参与热情日益高涨。

（二）高校体制改革推进高校校园文化建设

20 世纪 90 年代，我国高等教育事业进入了稳步发展与不断深化改革的关键时期。1990 年，中国教育学会、中国高等教育学会、中国群众文化学会与团中央宣传部在北京共同召开了第一届全国校园文化理论研讨会。在此次会议中，与会者围绕高校校园文化的内涵、特征、作用、规律、发展和建设思路等诸多方面，进行了十分深入的研究、分析与探讨，从而使得此次会议在相当大程度上促进了人们对高校校园文化的深刻认识。1994 年，中央提出，在建设校园文化的过程中，必须要以社会主义文化和优秀民族文化为主体。1998 年，为了推进我国高等院校素质教育工作的开展，教育部颁发了《关于加强大学生文化素质教育的若干意见》，在全国范围内建立了一批大学生素质教育基地。20世纪末，中共中央、国务院下发了《关于深化教育改革全面推进素质教育的决定》，该文件指出，“实施素质教育，就是全面贯彻党的教育方针”，要求“以提高国民素质为根本宗旨，以培养学生的创新能力和实践能力为重点”推进素质教育。

国内各高等院校围绕素质教育，普遍加强了校园文化发展相关的引导和管理工作，高校对校园文化内容的组织、规划和引导，以及对校园文化方向性的把握，在很大程度上保证了高校校园主流文化正确的发展方向及其育人功能的发挥。许多专家学者对素质教育的内涵及方法等进行了大量的研究探索，从而确立了素质教育作为一种新的教育思想和观念的基本内涵，以知识、能力、素质协调发展的人才观贯穿高校人才培养的全过程。以素质教育为核心的高校校园文化活动主要表现出以下四个方面的特点。

一是改善校园文化氛围，加强了校园人文环境建设。各高校普遍更加重视校园人文环境的建设，创建良好的校园文化氛围，充分发挥校园人文环境塑造自我、砥砺德行、陶冶情操、磨炼意志的重要作用。校园文化环境建设主要表现在人文景点与教学实验场所的布置，校园自然环境的整洁绿化，行为规范的要求与引导，校训、校歌的确立与宣传，图书资料与学生活动场所的建设等方面。同时，许多高校也积极呼吁政府对校园周边环境进行治理，提高社会文化层次，内外结合，营造良好的文化育人环境。

二是专业教育始终贯穿着素质教育的观念与方法。国内高校普遍努力发掘专业课程中蕴藏的科学精神和人文精神，充分发挥专业课对人才文化素养的潜移默化作用；同时，还有意识地把文化素质教育渗透到专业课知识的教学中，提高专业课教学质量；关注大学生的文化素质、业务素质、思想道德素质和身体心理素质的提高成为风靡全国高校的潮流，各种人文讲座成为高校校园的一道亮丽风景。

三是“两个课堂”紧密结合深化课程与教学改革。许多高校开始注重学生综合素质的培养，提出“宽厚基础、一专多能”的人才培养模式。高校普遍更加注重大学生人文和科学素质的养成与提高，更加注重以高雅和丰富的文化生活陶冶学生的情操，提升学生的文化品位。在第一课堂，许多高校针对学生的专业状况开设了文化素质教育相应的必修课与选修课；在第二课堂，有课外阅读、专题讲座、艺术欣赏、影视评论、名著导读、文艺会演、体育活动等丰富多彩的文化活动。大学生思想回归理性，开始重新审视个人才能与社会现实之间的关系。个人知识、能力方面的不足和就业等各种现实压力，促使大学生积极参与校园文化活动，积极主动地提高自身的综合素质。

四是开展多种形式的社会实践活动。许多高校对大学生社会实践活动进行积极支持和引导，高校学生的各种社区服务志愿者活动，利用假期开展的支教扫盲、社会调查、科技文化下乡、政策法律宣讲等社会实践活动，受到大学生的欢迎。实践证明，社会实践拓宽了大学生认识社会、了解国情民情的渠道，增强了大学生认识问题、分析问题和解决问题的能力，培养了大学生坚强的意志力、承受挫折的心理和乐观的人生态度。

（三）构建和谐校园，推进校园文化整体统筹发展

自进入 21 世纪以来，科学技术水平得以迅猛发展，信息技术日益发达，经济全球化进程加快，知识经济时代随之而来，世界各国之间的文化交流不断深入。在这样的时代背景下，高校对于个人成长、社会进步、国家发展和国际文化交流的影响更加明显。于是，高校校园文化建设开始转向从整体上提升各高校实力、突显各高校特色的重要工作。在当前阶段下，我国各大高校普遍把校园文化建设提升到发展大学文化系统、构建和谐校园的高度，大力推进校园文化建设工作，并取得了显著的成效。

1. 高校校园文化进入整体推进、全面创新发展新阶段

2004 年，中共中央、国务院下发了《关于进一步加强和改进大学生思想政治教育的意见》（以下简称《意见》），该《意见》针对在校大学生的思想实际和高校思想政治教育工作中存在的问题，提出了“以理想信念教育为核心，以爱国主义教育为重点，以思想道德建设为基础，以大学生全面发展为目标”的主要任务。

2006年，在党的十六届六中全会上通过了《关于构建社会主义和谐社会若干重大问题的决定》。该文件中明确规定：建设和谐文化，是构建社会主义和谐社会的重要任务。

在一系列国家相关政策的引导下，许多高校把校园文化建设看作是影响学校发展的重要议题之一，从而对其进行整体的布局与规划，并稳步向前推进。

2．高校校园和谐文化建设的主要内容及其特征

近十多年来，围绕素质教育、和谐校园建设等时代主题而展开的高校校园文化建设工作，使得我国各大高校组织水平有了显著的提高。在这一时期内，我国高校校园文化呈现出以下几个基本特征。

第一，高校校园文化氛围蕴含着和谐文化的因子。在和谐文化的影响下，高校校园文化形成了以人为本、和谐发展的良好氛围，有利于促使师生员工在教学、科研、学习等学术活动以及社会实践活动和生活娱乐活动中表现出积极进取、民主平等、团结友爱的特点。目前，我国高等教育事业建设在经历了扩招、合并、升格、调整和追求各种数量指标后，在科学发展观的指导下，进入了理性发展的新阶段。和谐发展、理性发展成为当今高校发展的主题。高校校园坚守理性批判的精神品格，学术自由、兼容并包的氛围越来越浓，特别是确立了师生共建共享、各要素统筹兼顾、尊重个性、支持创新的校园文化建设理念。在这种理念下，我国高校校园文化形成了师生民主平等、宽容和谐、勇于创新的特点。

第二，校园文化环境与文化载体建设取得实效。许多地方政府以及高校在校园文化环境建设与校园文化载体建设方面都给予了大量投入和支持。大学城、新校区的设计理念、环境美化方案和文化设施建设等方面都充分展现了学府特色，布局合理、设施完善、庄重典雅的校园建筑，因地制宜的活动空间与绿化美化，独具匠心的自然景观与人文景观，共同构成了高校校园文化环境的基本硬件支持体系。校园文化阵地建设得到加强。

第三，重视精神文化的发掘提炼与弘扬。各高校普遍认识到，大学精神首先是大学人的精神，同时也是塑造大学人的精神，是高校在长期的教育实践中积淀的最富典型意义的精神特征。每所高校都有着自己独特的建校背景和发展历史，在历史上积淀下来的经过时间验证在学校发展过程中起到重要影响的精神财富，以及建立在优秀传统基础上而又富有时代精神的办学理念与文化主张，共同决定着一所高校校园文化的特色、品位和氛围。因此，各高校普遍重视通过整理发掘校史、宣传校内名人掌故、举办校庆纪念活动、提炼宣讲校训、创制演唱校歌等方式，弘扬学校优秀传统精神文化，同时，有些学校还结合其校址所处地域的文化特色或本校优势学科发展特色，提炼和宣传具有时代内涵与个性特征的精神文化，以增进师生的文化认同，增强校内凝聚力，并向社会展现学校独特的文化品格。

第四，高校校园制度文化更加健全和完善。高校的主要成员是教师和学生，从本质上说，他们都属于学术人员，探索真理和提高素质、人才培养和全面发展是他们的最主要的任务。高校的正常运行离不开学校的规章制度、运行机制和师生的行为规范的保障。从具体的制度上升为制度文化，就包含了制度形成的文化环境、人们执行制度的习惯行为，以及对制度的认知态度等。进入 21 世纪后，国内各高校都十分重视建立一套符合本校实际、融入本校独特精神文化内涵的制度体系。在庆祝新中国成立 70 周年，深入开展爱国主义教育活动中，各高校把体制机制创新作为重要任务，对学校规章制度进行了清理修订和补充完善，使高校内部各项事业都有了基本运行制度，各类人员都有明确的行为规范，建立了符合时代特征和高校发展规律的高校内部管理制度体系，促进了高校爱国主义教育活动的全面开展。师生依规章办事、遵守制度的意识不断提高，为高校的发展创建了很好的制度文化环境。

第四节　高校校园文化的主体结构

高校校园文化的主体结构包括大学生文化、大学教师文化和大学管理者文化三大部分。这三种文化是具有不同形态的文化。高校校园文化是由大学生、大学教师以及大学管理者共同创造的，高校校园文化中存在着大学生文化、大学教师文化和大学管理者文化三种不同的文化形态。本节将对高校校园文化的主体结构进行介绍。

一、大学生文化

所谓大学生文化，就是指在大学校园里，大学生群体所独有的价值观念、思维特征、行为方式乃至生活习性等。日本学者武内清认为，大学生文化包括四类：学习型大学生文化、偏离型大学生文化、娱乐型大学生文化和孤立型大学生文化；美国学者克拉克和特罗则认为大学生文化应该划分为学业型大学生文化、娱乐型大学生文化、非顺应型大学生文化和职业型大学生文化四类[①]。这些学者对于大学生文化的划分可谓见仁见智，众说纷纭，其观点都有一定的道理。本书把大学生文化划分为正式群体文化和非正式群体文化两种类型。正式群体文化是指大学校园里的班级以及那些跨学院、跨系、跨专业的学生社团等正式组织所形成的文化；所谓非正式群体文化，则是指大学校园内各种非正式群体比如"同乡会"以及班级内的小集团等所形成的文化。

在当代社会中，班级是大学里最基层的组织，是大学生学习、生活的最基本的人际空间，班级的文化和社会心理氛围对生活在其中的大学生的学习、心理和个性发展都具有十分重要的作用和意义。高校中有着许多学生社团，这些社团可以把相同兴趣和爱好的学生凝聚在一起，各社团参加的学生人数不等，有的几十人，有的上百人。在社团的凝聚作用下，学生们可以就共同的兴趣和爱好相互讨论、相互学习、共同进步。

如上所述，正式群体对于大学生的成长有着非常重要的作用。另一方面，非正式群体对学生成长和发展也有着不可忽视的促进作用，非正式群体所具有的有些功能和作用甚至是正式群体无法替代的，这更多地体现在满足大学生的兴趣、爱好以及情感归属需要等方面。正如哈佛大学文理学院院长罗索夫斯基所说："在哈佛，我常听人说，学生们从相互间学到的东西比从教师那里学到的东西还要多。"由此我们可以看出，学生非正式群体相互间的影响是不可忽视的。

[①] 贺宏志．大学校园文化的结构与功能．高等教育研究，1999（3）．

二、大学教师文化

所谓大学教师文化就是指大学教师这个群体在长期的学术生涯中所形成的共同价值追求、思维方式、行为方式和生活方式。美国凯塞尔曼把大学教师划分为学生取向型与学术取向型、科学体系型与注重艺术型、权威型与朋友型、文静气质型与爽朗气质型四对八种类型；台湾学者林清江认为大学教师应该划分为学术中心与教学中心的对立、学习者与教学者角色的对立、专业取向与受雇者取向的对立三种对应类型[①]。大学教师文化也是高校校园文化的一个重要的主体部分。在大学校园中，虽然大学教师群体的人数远不如学生群体的人数那样多，但大学教师群体是大学里面具有较高学术水平且具有一定影响力的特殊群体，他们既是研究高深学术、学问的科学研究工作者，又是传承文化、培养人才的教育工作者，同时还是联结大学与社会的重要纽带，甚至大学教师这个群体就是大学本身和大学的代表。从某种意义上来说，我们可以认为是大学教授缔造了大学。

大学教师文化的本质在于学术，在于学问，并将其科学研究所得用于教学。与大学生文化、大学管理者文化相比，由于大学教师所从事的是对高深知识的传授与高深学问的研究，因而大学教师文化具有显著的学术性。从本质上来说，大学教师文化是一种学术文化。在 20 世纪初，因清华大学的王国维、梁启超、陈寅恪、赵元任四位国学大师对国学进行研究与探讨，一时间国学文化成为清华大学的教师文化和学术文化的代表，成为清华大学校园文化的灿烂之花。陈寅恪晚年南下岭南大学和中山大学期间，因他而形成的陈寅恪文化现象，成为这两所高校校园文化中难得的风景。

学术性特点是大学教师文化的根本和实质所在，对学术的追求是大学教师文化的重要特征。目前，有一部分大学教师并不敬畏学术，学术剽窃等丑恶现象不断出现在高校校园。当然，应该说我国绝大多数大学教师是有学术良知的，对学术剽窃等丑恶现象是嗤之以鼻的。对大学教师而言，其所从事的学术研究和教学工作相辅相成，做学问可以促进教学，从而提高教学的水平和能力，同时，教学

---

① 贺宏志．大学校园文化的结构与功能．高等教育研究，1999（3）．

相长，在与学生的讨论过程中，又可以给教师的学术研究以启发和动力。

三、大学管理者文化

除了大学生、大学教师以外，高校校园中还有另一重要的文化群体——大学管理者群体。大学管理者群体包括学校领导和中层干部及一般管理者，具体包括在办公室、教务处、科研处、学生处、计财处、后勤处、图书馆等职能部门工作的人员。所谓大学管理者文化，就是指学校领导和中层干部及一般管理者在长期的领导和管理实践工作中形成的价值观、思维方式、领导风格及管理行为方式等[①]。

在大学管理者群体中，学校领导尤其是校长的领导风格、价值取向会对本校教师、学生产生深远的影响。蔡元培任北京大学校长时提出的“教授治校、民主办学、学术自由、兼容并包”的办学思想，为北京大学的发展及其独特校园文化的形成奠定了基础。效率、管理和问题的解决是管理者文化的本质特征，大学校长和一般管理者都必须要重视效率、管理和问题的解决。从这个角度来看，大学管理者在追求效率、发现问题并解决问题的过程中所产生的文化就是大学管理者文化。由于大学管理者主要行使的是行政权力，因而大学管理者文化主要是行政文化。

如上所述，大学管理者文化本质上是大学行政文化。受传统行政文化和大学自身的逻辑运动的影响，我国的大学行政文化比较强势。这种非常强势的行政文化同样对高校校园行政文化产生了直接的影响。我国近代大学的诞生是外力推动的结果，从一开始，国家行政权力就介入到学校来了。随着大学规模的不断扩大和办学职能的进一步拓展，大学行政文化与学术文化的矛盾越来越尖锐，以至于“去行政化”的呼声越来越强烈。目前，我国普遍存在的大学管理行政化，教育伦理沦丧化、资源配置垄断化、学术活动功利化的现状，根源还在行政化。要去行政化，最主要的还是观念问题，即必须要树立学校行政管理人员的服务意识。就大学而言，就是要尽可能减少行政干预，还权力予学术委员会，实行教授治校、民主管理，处理好行政权力与学术权力的关系。这些并非一朝一夕就可以实现，需要在今后改革的过程中循序渐进地予以解决。

[①] 侯长林．高校校园文化基本理论研究．北京：人民出版社，2014.

第二章　高校校园文化建设的原则及价值探索

第一节　高校校园文化建设的原则与战略定位

一、高校校园文化建设的原则

高校校园文化建设关系到高等院校内部各方面工作的开展，并受到校内外诸多因素的影响。为了加强高校校园文化建设，使校园文化建设工作得以顺利进行，必须要遵循一定的原则。具体来说，高校校园文化建设的原则主要包含两个层面的内容，一是高校校园文化建设的基础性原则，二是高校校园文化建设的实践原则。

（一）高校校园文化建设的基础性原则

1．文化的普及与提高相统一

高校校园文化建设工作关系到所有大学生和其他有关人员的发展，能够满足人们高层次的需要。如学校可以开展校园大众文化建设活动，利用群众性文体活动、科普知识讲座实现文化的普及。

高校开展的校园文化活动，如艺术鉴赏活动、科技研究活动和文学创作活动等，能够进一步提升学生的内涵和素养，属于较高层次的校园文化。因此，校园文化建设要将普及与提高结合起来，从学生的实际出发，在普及的基础上提高，在提高的指导下普及，培养更多出众的人才。

2．“硬件”与“软件”的统一

高校校园文化建设的“硬件”主要是指文化设施、队伍、组织、文化环境等方面有形的事物；而校园文化建设的“软件”主要包括校园精神、文化心理、制度等无形的东西。“硬件”建设为“软件”建设提供基础和条件，“软件”建设使“硬件”建设得到更好的发展。两者之间相互促进，共同发展。

为此，高校校园文化建设要兼顾“硬件”和“软件”的建设，做到“两手都要抓，两手都要硬”。在开展校园文化活动的过程中，因校制宜，充分利用本校所拥有的资源，增强基础设施建设，改善活动条件，实现校园文化的不断发展和创新。

一些高校的校园文化建设工作之所以难有作为，一个重要原因为“软件”建设的落后。校园文化活动的开展，并不以基础设施条件的完善或成熟为前提，要避免重“硬件”建设而轻“软件”建设。

3. 引导需求和满足需求相统一

满足师生日益增长的文化需求并不是开展高校校园文化建设的全部内容，在满足其需求的同时，还要重视对这些人进行文化消费的引导。不管是大众型的娱乐活动，还是高端型的娱乐活动，都需要营造一个健康的情趣培养氛围和高雅的格调。因此，校园文化建设的主旋律应该从师生员工意愿出发，引导校园文化走向健康、高层次的方向。

结合以往高校校园文化建设的经验教训，立足于当前高校校园文化的状况，要引导师生的文化需求达到自我教育、塑造和愉悦的目的，用高雅代替浮躁、粗俗的宣泄的目的。若将高校校园文化的主旋律定为满足师生的需求，必然会使文化的发展只能迎合需求，无法实现文化的教育功能。

4. 繁荣文化活动与克服反文化现象相统一

加强高校校园文化建设，不仅要促进校园文化的繁荣，还要能够激发师生员工的创作热情，创造出数量多、质量好、具有校园特色的文艺作品，丰富校园文化的内容。要寓教于文、寓教于乐，宣传以爱国主义为核心的民族精神，使学生形成爱国、爱党、爱社会主义的自觉性，具备良好的民族自信心和自尊心。

在高校校园文化建设工作中，还必须要注意克服反文化现象，抵制那些有害的、堕落的文化对校园文化的侵蚀。不断消除腐朽、糜烂的西方资本主义意识形态在我国校园文化领域的渗透和影响。对于那些以破坏美的事物为乐趣的行为，如"墙壁文学""厕所文学"等，进行坚决的抵制和反对。要实现这一目的，有必要通过社会主义和各种健康有益的思想文化的充实，来消除各种腐朽、没落思想文化对师生员工的侵蚀。

5．学生为主体与教师为主导相统一

学生是教育的对象，是校园文化建设的主体。在校园文化建设中，要以全面提高学生素质，培养"四有"人才作为活动的出发点和归宿。因此，在开展校园文化建设活动时，要使学生的主体地位得到充分体现，发挥他们的潜能和创造力，鼓励和引导他们参与校园文化建设和管理。这样一来，不仅有利于校园文化活动的发展，学也有利于学生的健康成长。

需要强调的是，校园文化固然要发挥学生的主体作用，但不意味着变成"校园学生文化"。在校园文化中，还应该注重教师的主导地位，他们也需从校园文化中获得提高，实现自身素质和才干的增长。

教师发挥在校园文化活动中的主导作用，形成正确、高尚的教师文化，树立良好的教师形象，有利于推动学生文化的形成和发展。教师的主导作用甚至比直接教育指导更容易使学生接受，更容易产生价值认同。因此，发挥教师的主导作用能够保证校园文化的正确方向，维护学生的主体地位，提高校园文化的水平。

（二）高校校园文化建设的实践原则

高校校园文化建设会因时空、学校定位等方面的不同而呈现出一定的差异性，使得高校校园文化系统工程建设显得纷繁复杂。在建设高校校园文化实践过程中，要以科学的原则为指导。具体来说，高校校园文化建设的实践原则主要包括以下内容。

1．坚持先进文化的发展方向

(1)高校校园文化建设的要求。在高校校园文化建设实践中，"要坚持社会主义先进文化前进方向，兴起社会主义文化建设新高潮，激发全民族文化创造活力，提高国家文化软实力，使人民基本文化权益得到更好保障，使社会文化生活更加丰富多彩，使人民精神风貌更加昂扬向上。"①

---

① 选自党的十七大报告.

从功能上看，先进文化是指那些能够适应生产力发展要求、满足最广大人民根本的需要、促进人类的发展并能引领文化未来方向的文化；从构成要素来看，先进文化主要指的是那些能适应时代发展的优秀文化传统、外来优秀文化，以及通过文化创新而产生的新文化。

(2)高校校园文化建设坚持先进文化发展方向的可能性。我国的精神文明建设需要以大学作为宣传和推广的重要阵地。高校校园文化建设工作也必须符合社会总体文化建设的目标。对此，博克认为："无论在城市还是乡镇，大学的文化、反世俗陈规的生活方式和朝气蓬勃的精神面貌，常常成为刺激周边社区的载体，同时也是他们赖以骄傲的源泉。"[①]

大学校园文化不仅能够引领先进文化的发展方向，而且还有力推动着先进文化的传播，实现社会文明程度的提升。联合国教科文组织高瞻远瞩，在制定的《促进高等教育的变革与发展的政策性文件》(简称《文件》)中，就提出了建设"前瞻性大学"的新理念。《文件》要求大学不仅要培养大量的优秀人才，将知识与生产相结合，而且要充当先进文化的传播者。[②]

从根本上来说，高校不仅是培养人才的地方，同时也是整个人类社会思想和文化传播、交流沟通的平台。在某种程度上讲，其自身就是先进文化发展的方向。高校校园所传播和创造的科学文化知识，除了能够不断促进高校自身文化建设的发展，同时也能够在特殊条件下实现社会文化的不断创新与发展。

2. 实现共性文化与个性文化的结合

埃德加·莫兰明确地指出："文化的统一性与多样性的双重现象是决定性的。"

(1)高校校园文化的"共性"。高校校园文化具有社会文化的"共性"。大学文化是社会的一种亚文化，要通过对社会文化的有效整合，综合体现出世界文化、时代文化、校际文化、民族文化等因素，为自身建设寻求稳固依托。

在具体一段历史时期内，高校校园文化建设都可以视为时代文化的产物，校

[①] 徐小州．走出象牙塔，现代大学的责任．杭州：浙江教育出版社，2001.

[②] 李长真．大学文化与当代中国先进文化研究．武汉：华中师范大学，2006.

园文化建设要根植于民族文化的土壤中，反映了世界文化的发展趋势，实现校际文化的互动。社会认可和接受的最基本条件可以表述为："大学校园文化建设要遵循大学文化发展和建设的普遍规律，体现大学文化的共同特征，努力建设富有社会主义特点、时代特征和科学民主开放的大学文化。"[①]

（2）高校校园文化的"个性"。大学文化建设具有自身的"个性"，具有一定的特殊性，与一般社会文化存在着差异。个性是大学文化建设的核心，是校园文化建设的聚焦点，体现了大学文化建设的本质特征。高校校园文化建设工作，要凸显卓尔不群、独具匠心等特色，在多元化的格局中独树一帜。每一所学校的发展历史、文化的传承都具有一定的差异性，大学文化的个性在很大程度上决定着大学的个性。没有文化的个性，就难以打造学校品牌和特色文化。

正是由于大学文化具有个性化的特征，才实现了不同文化之间的相互交融。因为个性必须融入国家乃至世界文化发展的趋势，才能彰显自身独特的魅力。在高校校园文化建设实践中，必须要以自身实际为出发点，探索学校本身的发展历史；对学校的传统、精神、特色进行总结和提炼，彰显学校文化的个性，实现高校校园文化的纵深发展。

3．努力实现继承传统与创新的结合

（1）实现传承与创新相结合的背景。世界文化的发展逐渐趋于多元化，我国改革开放后社会主义文化发展的趋势发生了一定的变化。由于世界处于一个开放的状态中，各种文化不断融合、渗透，并以前所未有的速度获得新的发展。因此，我国社会文化必须向综合化方向发展。

高校校园文化要传承和弘扬民族优秀文化传统，发掘自身文化建设的传统和精神。习近平总书记在十九大报告中指出，要提高人民思想觉悟、道德水准、文明素养，提高全社会文明程度。广泛开展理想信念教育，深化中国特色社会主义和中国梦宣传教育，弘扬民族精神和时代精神，加强爱国主义、集体主义、社会主义教育，引导人们树立正确的历史观、民族观、国家观、文化观。

---

① 蔡劲松．大学文化理论构建与系统设计．北京：文化艺术出版社，2009.

（2）高校校园文化的传承与创新的意义。大学生是校园文化建设的重要主体，是全面建设小康社会的主力军，对整个中华民族的复兴与崛起有至关重要的影响。高校大学生思想道德素质的高低对整个社会主义建设事业的成败起着关键作用。因此，高校校园文化建设需要大力宣扬大学精神和传统，以这些中华民族的优秀文化促进高校大学生的成长。

大学是社会的一个子系统，而且大学具有开放性等特征。党的十七大报告阐述了文化创新等重要内容，提出在时代的高起点上推进文化创新，从而解放和发展文化生产力，以此来最终促进社会文化的大发展。高校校园文化的创新发展，不断赋予高校校园文化精神以新的内涵。

（3）传承与创新结合的具体实施。现代高校校园文化建设要把握好两方面的内容：一是继承优秀传统文化；二是吸纳世界文化精髓，是各国文化在相互交流的过程中共同进步。大学的精神体现在，“它要特别对历史和未来负责……既要回头看，又要向前看”。以大学校园文化的继承与弘扬为出发点，立足于学校未来的发展，充分挖掘本校历史文化，吸收各国先进文化，推进学校的国际化进程。

显然，由于校园文化具有探索性和超前性，必然会在新时期的文化革命中发挥先锋作用，在校园文化中确立时代文化的主导地位。当然，在社会文化中，有很多传统的思维方法、观念意识和行为方式，由于其历经悠久、影响深远，已深刻扎根于社会生活中。这势必造成校园文化中传统文化与时代文化的冲突。

在校园文化中，传统文化与时代文化各方面的矛盾交织所造成的碰撞和冲突，推动着校园文化不断向前发展。因此，在校园文化建设中，必须处理好时代文化与传统文化之间的关系。这就要做到两者之间的平衡与协调，促使传统文化现代化，古为今用，实现现代文化和传统文化的互存共生。

4. 将科学精神与人文精神结合

大学文化建设一方面要做到实事求是、严谨规范和独立思考，具备一定的科学精神，另一方面要关注生活，关注人的价值，体现一定的人文精神。因此高校校园文化建设必须要将科学精神与人文精神结合起来。

（1）高校校园文化的科学精神。科学精神的基本内涵为，以创新为灵魂、以求真为目标。大学中人的活动性质和范畴，决定了大学校园文化要以科学精神为核心。大学的主要活动为传播科学并进行科学研究，校园文化科学精神的推崇，需要包容多元化的个性。通过兼收并蓄，实现各种新思想观念、理论方法的相互交流与碰撞，并在此基础上产生新的文化，通过文化提供的新的视野推动科学的发展。

科学精神增强了校园文化的底蕴，为大学发展注入活力，并发挥出强有力的社会辐射力和群体凝聚力，为校园文化建设提供价值导向[①]。由此可以了解到，科学精神为大学的生存与发展提供了原动力，注入了生机和活力。

（2）高校校园文化建设的人文精神。高校校园文化建设要体现和尊重人的价值，要关注人的发展，注重人的精神生活，不断追求真善美。这就要求在校园文化建设过程中，坚持以“以人为本”的人文精神。

即使是自然科学领域的杰出人物，其人文功底也十分深厚。爱因斯坦式的“思想试验”本质上体现了哲学思维的人文精神。“学校的目标始终应当是，青年人在离开学校时，是作为一个和谐的人，而不是作为专家。”[②]另外，有些学者指出：“科学的诸多价值在本质上都是人文的，尤其是科学的技术价值与经济价值，蕴涵着深刻的人文意义……对于人的生存、发展、自由和解放是具有根本意义的价值。”[③]高校校园文化建设，要将科学精神与人文精神结合起来，在弘扬科学精神的同时，也要充分体现其文化的人文精神。

5．整体规划与分步实施的结合

（1）高校校园文化建设需要进行整体规划。高校校园文化建设这一“系统工程”，需要宏观把握，统筹规划，处理好文化的物质层面、精神层面、制度层面和行为层面的关系，使其协调发展，实现高校校园文化的不断继承、发展、创新。高校校园文化建设属于“一把手工程”，因此需要接受校党委的统一领导，

---

① 庾光蓉．文化视野中的大学科学精神．中华文化论坛，2008（2）．

② 马毅，胡凡．大学的主流文化与“以善为本”的人文教育理念．东北师范大学学报，2008（3）．

③ 孙正聿．哲学通论．沈阳：辽宁人民出版社，1998．

超前谋划、全盘统筹规划，保证文化的延续性和统一性。

“应有领导主管文化建设；应成立专门机构或由有关部门具体负责牵头制订全面、系统、长远的文化建设和发展规划以及年度工作计划，负责研究、统筹、协调高校日常的文化建设工作；机构组成中应有专家学者。”[①]从而实现高校校园文化建设的持久发展。

（2）高校校园文化建设需要分步、有序实施。大学文化建设需要落实到每一步的发展中，因此要结合学校实际，有重点、有步骤地实施。全体师生员工在校园文化建设中，应具有自觉的意识，积极主动参与，认真配合，有计划地循序渐进，使校园文化建设活动全面系统地展开。

大学文化建设不仅是一项“系统工程”，还是“闭环工程”，可以通过大学系统内在机制中各种力量的整合与引导，来完成高校校园文化建设工程。除此之外，大学文化建设是一个庞大的工程，需要消耗大量的时间和精力，因此需要逐步深化和完善，不能过于急躁。

任何一项高校校园文化工程的建设，实际上都需要科学地进行统筹安排，并且对其实施的可行性进行相应的论证，而且也要在实施过程中不断反馈问题，最终获得提高。为此，要建立相关的评价标准和反馈体系，结合广大师生和社会各界的力量，反馈、衡量大学文化建设的实际效果。另外，高校还要形成重视校园文化建设的传统，不断完善文化建设的内容、方式和方法，使高校校园文化建设不断步入新的阶段。

6. 以人为本与促进发展相结合

高校校园文化建设，要使学生的才能都得到充分发挥，为师生的发展创造良好的平台，这就要求校园文化建设做到以人为本与促进发展的结合。

（1）高校校园文化建设要以人为本。巴黎高等师范学校校长曾说过：“学校的任务是发挥学生的天才。”哈佛校长德里·博克也提出了类似的观点。他在哈佛350 周年校庆时说，哈佛的骄傲在于使每一位进入哈佛大学的学生都能实现自我的发展。

[①] 冯刚．科学发展观高校读本．北京：人民出版社，2009．

探究人类由物质世界过渡到精神世界的规律，实现人的全面发展，为社会培养优秀的有用人才，是大学不可推卸的社会责任。教育的实施者和接受者都是具有独立意识的个体生命，因此在校园文化建设中，要以广大师生的存在和需要为价值取舍的最终依据。

大学文化建设要实现以人为本，就应该在实践活动中为师生搭建实现个人发展的良好平台，相互尊重、相互包容，营造一种鼓励创新的环境氛围，均衡各方面利益，营造和谐校园文化。

（2）高校校园文化建设要实现人的发展。高校校园文化建设要实现人的发展，就要提升学校的竞争力。高校校园文化体现了学校的核心竞争力，它为学校各项事业的协调发展奠定了重要的基础。高校校园文化可以分为物质、精神、制度和行为这四个层面，因此要提升大学核心竞争力，需要实现每一个层面的发展。

另外，大学核心竞争力对大学的各种核心能力和资源具有较大的依赖性。校园的文化建设，有利于提高学校的教育水平，提升学校的凝聚力、创造力和影响力，提升现代大学办学和承担重大社会责任的竞争力。“有效整合高校人力资源，充分激发其趋向于高校战略目标的积极性、主动性和创造性，对高校竞争力的形成和提升具有重要意义”[①]。

二、高校校园文化建设的战略

大学校园文化能够彰显学校的特色和个性，是一所学校赖以生存发展的根基，是学校核心竞争力的重要组成部分，也是学校整体精神风貌的重要标志。校园文化建设活动，凝聚着广大师生的灵魂和精神，在实践过程中，不断地涌现出一大批名师大家。

由此可以看出，高校校园文化建设具有重要意义。而大学校园文化的战略选择，能够对高校校园文化建设起到全局性的指导意义，因此对其作“战略”部署就显得格外重要。通过不断的对比和筛选，最终制定出具有统领性、全局性的谋略，确定校园文化的最终发展方案，决定着校园文化的发展成败。

---

① 林峰．试论高校核心竞争力的隐性要素．文教资料，2007（8）．

（一）高校校园文化建设战略选择的总述

1．高校校园文化建设战略目标的提出

中共中央、国务院制订了高校校园文化建设的战略目标：校园文化建设，要体现社会主义特点，反映时代的发展特征，彰显学校特色校园文化，为高校校园文化建设提供了总体思路。

教育部、共青团中央于 2004 年 12 月下发了《关于加强和改进高等学校校园文化建设的意见》（简称《意见》），针对高校校园文化建设的发展战略做出了整体规划，希望通过高校校园文化建设，使我国高校成为社会主义先进文化传播和创新的重要阵地和辐射源，同时也为学术界有关高校校园文化建设战略研究指明了方向。

《意见》总体的要求可以表述为：以邓小平理论等先进思想为指导，指引社会主义先进文化的前进方向；通过探索文化发展规律和借鉴世界文明的有益成果，实施科学文化素质教育；建设优良的校风，优化校园文化环境，树立正确的、积极向上的价值观念；弘扬主旋律，加强管理，建设具有时代特征的社会主义校园文化，不断满足高校学生的精神文化需求，以此培养出一大批合格的社会主义建设的接班人和继承者。

学术界虽然对高校校园文化建设战略做了详尽细致论述，但对于“高校校园文化建设战略选择”的内涵，大多数学者都没有做出明确的解释。

2．高校校园文化建设的战略设计

一般来讲，高校校园文化建设的战略设计，是从全局方面和宏观角度对高校校园文化进行规划和管理。从微观方面来讲，高校校园文化建设要以自身的发展实际为依据，通过“分析校园文化建设的全局与局部之间的内在关系，找出影响或决定全局的主要矛盾，从而揭示校园文化建设的导向机制和基本原则，对校园文化建设提出整体思路和目标，在组织、设施、环境、制度、队伍等方面作出全面规划。”[①]

[①] 史华楠．论大学校园文化建设的战略设计．吉林教育科学·高教研究，2000（4）．

除此以外，“如果说校园文化有更多微观意蕴的话，那么大学文化应当有更加宏阔的视野。”[①]虽然大学文化与高校校园文化存在着一定的差异，但两者一脉相通，存在着相似的地方。目前，学术界偏向于研究大学文化，而对于校园文化的研究相对要少一些。因此，我们可以通过借鉴大学文化建设的经验，用其宏阔的视野，来分析并确定大学校园文化的战略选择。

3．高校校园文化战略选择研究的角度

从不同的角度来分析，会得出关于高校校园文化建设战略选择的不同观点。一般学术界是从时间、视阈向度以及对象特殊性方面来论述高校校园文化建设的战略选择。具体来说，可以从以下方面进行战略选择。

（1）针对学校的特殊性。有些学者从学校的具体实际出发，针对院校的特殊性来展开校园文化建设的战略选择研究。如对师范院校的文化建设战略选择进行研究，或从理工科院校的角度、新建的本科院校的角度进行论述。

（2）针对不同的研究视阈向度。这可以从宏观和微观两个层面来进行分析。

1）微观层面。高校校园文化可以根据不同的层面分为不同的类型，一般认为，可以分为精神、物质、制度和行为这四个层面的文化，为此，有人在此分类基础上，从微观层面分析和探讨出一系列具体的建设性措施。

2）宏观层面。部分学者从全球的宏阔视阈出发，提出了高校校园文化建设的战略选择。如有学者从中国的具体国情出发，提出实行具有中国特色的社会主义高校校园文化建设的战略选择；有的人从继承传统文化、实现文化创新的角度出发，提出高校校园文化建设的战略选择；还有学者突破了囿于一校之园或闭锁于一国之内的简单形式，站在世界的高度上来研究中国高校校园文化建设的战略选择，以经济全球化为参照系，采用宏阔的审视和探索视野。

（3）针对不同的时间维度。习近平总书记指出：“我们要坚持道路自信、理论自信、制度自信，最根本的还有一个文化自信”。那么，何谓文化自信？文化自信是一个民族、一个国家以及一个政党对自身文化价值的充分肯定和积极践

[①] 沈壮海．大学文化建设与国家文化软实力．思想理论教育，2008（17）．

行，并对其文化的生命力持有的坚定信心。

在2014年2月24日的中央政治局第十三次集体学习中，习近平提出要“增强文化自信和价值观自信”。之后的两年间，习近平又对此有过多次论述：“增强文化自觉和文化自信，是坚定道路自信、理论自信、制度自信的题中应有之义。”“中国有坚定的道路自信、理论自信、制度自信，其本质是建立在5000多年文明传承基础上的文化自信。”

2016年5月和6月，习近平又连续两次对“文化自信”加以强调，指出“我们要坚定中国特色社会主义道路自信、理论自信、制度自信，说到底是要坚持文化自信”；要引导党员特别是领导干部“坚定中国特色社会主义道路自信、理论自信、制度自信、文化自信”。

在庆祝中国共产党成立95周年大会的讲话上，习近平对文化自信特别加以阐释，指出“文化自信，是更基础、更广泛、更深厚的自信”。其语境更为庄严，观点更为鲜明，态度更为坚决，传递出这既是文化理念又是指导思想。文化自信于是成为继道路自信、理论自信和制度自信之后，中国特色社会主义的“第四个自信”。

（二）时间维度中高校校园文化建设战略选择

我国高校校园文化建设的战略规划和选择，要坚持以党和国家制定或实施的路线、方针和政策为指导。因此，学术界以党和国家的重大方针政策为临界点，以时间为依据，把我国高校校园文化建设的战略选择分为三个阶段。

1. 第一阶段的战略选择

2002年随着“三个代表”重要思想的提出，学术界关于以其为高校校园文化建设的指导思想的研究大量涌现。

(1)战略选择的提出。在“大学文化研究与发展中心”成立大会上，袁贵仁同志指出：大学文化研究和建设，要体现文化建设的先进方向，要用“三个代表”重要思想指导高校校园文化研究；衡量大学文化研究性质、方向和水平，要以“三个代表”重要思想作为根本尺度；要揭示和找出中国特色社会主义高校校园文化建设的规律和特点。[①]

高校校园文化建设，需要接受“三个代表”重要思想的指导：我国高校校园文化的内容和特征，决定了其属于社会主义先进文化的重要内容之一。

（2）相关要求。第一，为了实现大学文化的全面、协调、可持续发展，需要一系列与之相适应的综合机制、长效机制或全员机制来维护其正常顺利实行。第二，要深刻认识到社会主义先进文化建设的重要意义，重视大学文化在先进文化建设中的重要作用，形成大学文化建设的自觉性；要将高等教育改革发展的实际情况与中国乃至世界发展变化的实际情况结合起来，不断解决大学文化建设的新问题，实现大学文化建设的新发展。第三，注意加强高校校园文化建设规律的理论研究，为高校校园文化的发展提供新的出路。[②]

（3）具体理论方案。一些学者提出用先进文化统领校园文化建设，并提出了具体的实施方案：开展主题思想教育活动，增强学生的社会主义意识和爱国主义精神；开展科学探索和科技研究活动，培养学生的创新能力，提高学生的创新素质；实现学术的交流和互动，培养学生的人文和科学素养；开展美育教育活动，提高大学生创造美、欣赏美的能力；以社团为载体，通过开展社团活动提高学生的实践能力。[③]

有学者认为可以以先进文化为生存境界来完成大学文化建设。

首先，不断探索和发掘所处地域及学校自身所蕴含的精神文化资源，从本地实际出发来实施校园文化发展战略，使大学的文化建设拥有旺盛的生命力以及强大而深厚的文化动力，推动着高校的跨越式发展。

其次，就是要努力形成具有中国特色、区域风格、大学气派的校园文化范式，使校园文化获得新的精神形态。

最后，校园文化建设属于社会主义文化的一部分，必然在建设过程中体现时代主题和社会品质。[④]

---

① 胡显章．先进文化建设中的大学文化研究．北京：高等教育出版社，2009

② 赵存生．先进文化建设中的大学文化建设．中国高等教育，2003（24）．

③ 杨正社．大学校园文化建设浅论．陕西师范大学学报（哲学社会科学版），2005（7）．

④ 胡长贵．先进文化：大学文化建设的生存境界．学校党建与思想教育，2002（9）．

2．第二阶段的战略选择

在 2003 年党的十六届三中全会上，科学发展观这一理念被正式提出来。有关高校校园文化建设的理论和实践，开始以科学发展观的视角来展开。

袁贵仁在“大学文化研究与发展中心”成立大会上指出：大学文化研究和建设，以以人为本为根本出发点，以思想道德建设为着眼点，指引师生树立正确的思想意识和价值观念，提高学生的综合素质。有的学者从“以人为本”的理念出发来展开研究，提出应当注重教授队伍的建设，突出教授在大学文化建设中所扮演的角色和发挥的作用。①

有学者在谈高校校园文化建设问题时，以和谐文化为出发点，认为在和谐大学文化的建设过程中，应该突出强调社会主义核心价值体系建设的根本任务，注重开展和谐创建活动，为建设和谐校园奠定共同的、坚实的思想道德基础。“建设和谐大学文化，要注重营造大学的良好思想舆论氛围。大学既是意识形态建设的重要阵地，又是学术文化交流的重要平台。”②

3．第三阶段的战略选择

2014 年起，习近平总书记开始明确提出了文化自信的概念。

2014 年 2 月 24 日在中央政治局第十三次集体学习时，习近平提出要“增强文化自信和价值观自信”。2014 年 3 月 7 日在参加贵州团审议时，习近平指出，“我们要坚定理论自信、道路自信、制度自信，最根本的还要加一个文化自信。”2014 年 10 月 15 日，习近平在文艺工作座谈会上的讲话中指出，“增强文化自觉和文化自信，是坚定道路自信、理论自信、制度自信的题中应有之义。”2014 年 12 月 20 日下午，习近平和澳门大学学生座谈时指出，“建立制度自信、理论自信、道路自信，还有文化自信。文化自信是基础。”2016 年 5 月 17 日，习近平在哲学社会科学工作座谈会上指出，“我们要坚定中国特色社会主义道路自信、理论自信、制度自信，说到底是要坚持文化自信。

文化自信是一个党、政府、民族、国家对自身所拥有的文化价值的肯定，也

① 毛阳芳，池平青．浅论大学教授与大学文化建设．学校党建与思想教育，2004（10）．
② 骆郁廷．建设和谐的大学文化．中国教育报，2007-04-10．

是对文化生命力的坚定信念，充分体现了对本土民族文化的自信心与自豪感。在文化自信的基础上，不仅应该发扬与传承我国本土文化，还应该接纳借鉴、吸收外来文化，从而坚持以本民族文化为核心，将多元化的外来文化合理运用与发展。文化自信不仅是在理性角度上发现的精神思想，还是以文化内涵为基础的价值肯定。校园特色文化理论不仅涉及了现代化文化的发展特点，还包含了民族发展特点，能直接反映出先进生产力发展规律下的文化，也代表了我国未来需要服务的文化。

要想实现校园文化特色文化理论与文化自信的融合，首先应该坚持在校园内部进行教育，高校是我国高等教育发展的主要依据地，因此在高校中教师与学生应该充分意识到自身的发展成就，明确高等教育的自豪感。高等院校教育是高等教育的重要组成内容，因此高等院校要想为社会提供更多的全方面人才，首先就应该有正确文化自信的引导。高校采取由内向外发展建设的，在文化自信的基础上，不断强化自身的文化涵养与特点，在追求高教学水平的前提下，发展特色文化。

针对高等院校特色文化建设工作来说，历史自信是一切工作开展的前提条件，树立正确的历史自信是为了推进校园文化的发展，改革自信是为了特色文化的建设指引正确的方向。院校工作人员必须重视自身院校的特色文化建设工作，不仅应该注重提升院校的教育成绩，还应该形成独一无二具有代表性的特色校园文化建设。高等院校拥有着高端的专业、良好的师资力量、高超的教学能力、良好的国际化交流能力等。结合这些内容，高等院校应该结合自身的发展历程，总结发展过程中的经验、找出自身存在的不足之处，进行深入的探索，结合地理因素，不断进行特色文化的挖掘与发展。高等院校不仅应该具有必要的建设精神，还应该有必要的文化建设自信，利用好一切可利用的资源，更全面地明确院校的定位，以独有的办学特色以及高标准的人才培养机制，更顺利地推进院校的特色校园文化建设工作。

三、视阈向度下高校校园文化建设的战略选择

对于高校校园文化建设战略选择的研究，不同的学者结合时代特征和本国国

情，放眼于全球视阈或微观之处，对大学校园文化不同层面进行抽丝剥茧般的分析，并做出了各自的解释。

1．从时代特征的角度出发

有学者将高校校园文化建设与时代特征结合起来，提出在继承传统文化的同时，还要抓住时代的发展脉搏。在当今世界，西方文化的价值系统处于世界文化的中心枢纽地位，而我国处于社会转型的关键时期，因而往往会出现脱离本土文化传统而趋向于照搬西方文化标准的情况。

所以，我们在进行校园文化建设时，要意识到继承优秀的民族传统文化的重要性和必要性，但是也不能一味地只关注传统文化的继承，应该立足于社会现实生活，培养出新时期社会主义事业合格的接班人。我们要注重以时代精神来革新传统文化，在校园文化建设中注入创新精神和元素。

当前，要把用先进文化来引领校园文化的发展作为非常紧要的任务之一，这就要求我们以共产主义共同理想和信念来占领校园文化阵地，宣扬时代精神，弘扬主旋律。结合当代社会发展形式，研究文化自信以及特色的校园文化建设理论是非常必要的，促使在文化自信能与校园特色文化体系形成良好的融合。

2．从打造校园文化特色的角度出发

高校校园文化建设要将传统拓展策略和注重创新策略结合起来，打造出本校的特色校园文化。学校文化战略要具有一定的渐进性、整体性和可继承性，并能够在潜移默化中不断突破。因此，在建设高校校园文化时，不仅要保留原有的历史财富，坚持文化传统拓展策略，恪守学校多年办学理念，深入挖掘本校的校园文化发展历史；还要增添新鲜血液和活力，致力于建立可持续发展的校园文化，挖掘、培植和创建新的校园文化。

在走校园文化可持续发展道路时，要保持自身特色，独树一帜，形成自身的风格；不要盲目攀比，不要因袭旧路，拒绝雷同。学校发展的重要战略，就是要长期坚持走特色教育之路、品牌教育之路；要踏踏实实，从点到线再到面，不断增强学校精神文化的竞争力。

“具有一定历史的学校所形成的深厚的文化底蕴，在传统与现代之间该如何发展，最好的方法一是扬弃，二是拓展……因此，我们在建设发展的过程中要秉承学校优良文化传统，打造一个具有鲜明特征的人文化校园。通过特色建设寻找可持续发展校园文化创建的突破口……打造优质教育品牌，满足社会不断攀升的优质教育需求。”①

3．从建设中国特色社会主义大学校园文化的角度出发

随着中国特色社会主义建设不断向前发展，高校校园文化建设也应紧密联系这一具体事实，立足于中国国情，建设中国特色的社会主义高校校园文化。建设中国特色大学校园文化，是实现社会主义大学良好发展的必由之路。为此，我们要增强大学生抵御“西化”的能力，促进学生的全面提高，增强学生的综合素质；着力打造高品位大学校园文化。②

4．从与地域、城市、社区文化相结合的角度出发

高校校园文化建设应坚持实行与地域文化、城市文化、社区文化相结合的策略，促进高校校园文化与社会大众文化的交流与融合。因为主流文化的生命源泉就在于其不断的开放和交流。我们在建设高校校园文化时，不能闭关自守、毫无作为或盲目自大，要不断地与城市文化、社区文化进行交流与融合，并实现不同地域、不同主体文化的相互借鉴和相互促进，以保障自身文化的不断发展。高校校园文化建设必然要以校园为活动的中心，但“并不意味着它是封闭在校园院墙里的文化，它与地域文化、城市文化、社区文化的文化建设存在千丝万缕的联系，社会文化会通过各种渠道对校园文化施加影响”③。

高校校园中融入了不同派别甚至是不同领域的思想观念，如科技思潮、生活信念、文化热点等。对于社会各种大众文化，我们要以开放的姿态来进行包容。大学的中心工作在于教书育人，在接纳、倡导社会大众文化时，要避免盲目性。

---

① 中国石油大学党委宣传部．高校校园文化建设可持续发展对策研究．中国石油大学学报，2008（15）．

② 瞿晓昭．试论建设有中国特色的大学校园文化．政工研究动态，2009（23）．

③ 中国石油大学党委宣传部．高校校园文化建设可持续发展对策研究．中国石油大学学报，2008（15）．

为此，应该批判性、有选择性地进行筛选和采纳，以不断调整、充实和丰富自身特有的文化体系，提升学校文化的建设水平。

同时，学校文化建设活动，对城市文化建设和精神文明建设具有导向和辐射的作用。高校校园文化建设和社会大众文化之间的交流是一种双向交流。“学校只有不断加强与社会文化的交流，才能吸收新的文化、精神，创新文化发展理念，形成特色文化，真正起到高校文化对社会文化的引领功能，实现校园文化的可持续发展。”[①]

5. 从世界的角度出发

在建设我国的高校校园文化时，可以站在世界的高度上，用世界的眼光来看待本国的校园文化建设。我国关于高校校园文化的研讨和探索，“不能简单地闭锁于一国之内”，也不应该“只是囿于一校之园”，要站在一个新的高度去关注世界高校校园文化的发展趋势，以全球化为参照系，审视和探索自身校园文化的发展。“中国的大学既要探索全球化时代中国的新文化精神，同时应该探索全球化时代世界的新文化精神，借助于中国的文化创新成果，成为人类文化的推动者而不是被动效仿者。”[②]

为此，我们应该做到以下几点：提高学科之间的交流与相互渗透，促进文理相生，培植大学文化的友好生态系统；大学应该主动承担建设先进文化的历史责任，不断提高文化建设的自主性；人才培养模式要兼具科学性和人文性，不仅要使学生获得工具理性，还要使学生树立以人为本的思想理念；提高大学的批判精神和勇气，勇于质疑，敢于超越，构建兼容并包多元化的文化范式；恢复文化自信，加强文化建设和学术研究，提升学术道德。

6. 从和谐视角出发

大力发展高校和谐行为文化，才能在实践中弘扬和落实大学的和谐精神文化。和谐行为文化可以分为两种类型：一个是和谐的个人行为文化，也就是个人

---

① 中国石油大学党委宣传部．高校校园文化建设可持续发展对策研究．中国石油大学学报，2008（15）．

② 江树人，奉公．全球化视野中的中国大学文化建设．中国高等教育，2006（11）．

在交往行为与实践活动中所表现出的文化和谐；另一个是和谐的团体行为文化，也就是团体在交往行为与实践活动中所表现的文化和谐。

（1）和谐的个人行为文化。这种和谐通常指的是个人在实践生活中，其行为与社会的道德规范相符合，形成健康文明的生活、行为方式；提升个人行为的文明程度，形成良好的新型人际关系。与此同时，须以社会主义核心价值理念来向学生潜移默化地渗透道德品质，从而加强对学生的社会主义荣辱观教育，使其能够树立正确的、积极向上的人生观、世界观、价值观。

（2）和谐的团体行为文化。从高校的角度而言，要注重从各院校生存、发展的共同利益和实际出发，培养良好的团队精神，增强集体的凝聚力；规范高校的办学秩序等方面，进而形成高校教育组织之间以及与非教育组织之间的健康文明的公共关系，维护整个高等教育领域的公平、公正，满足整个社会与人民对高等教育事业发展的期望与需求，并为促进整个社会的和谐发展而做出自己的贡献。

四、不同类型院校的校园文化建设战略选择

我国的高校数量众多，类型多种多样，例如师范类院校、语言类院校、理工科院校等，而且还有一些多校区院校和新建的院校。不同类型的高校，其校园文化建设战略应当有着不同的选择。为此，学术界也进行了一些相关研究。

在关于师范院校校园文化建设的问题上，一些学者强调，师范院校校园文化建设的思路，应当以社会主义核心价值体系为根本指导思想，不断地凝练师范院校大学精神文化；以创新制度为核心，不断完善师范院校大学制度文化；以“学高为师，身正为范”为宗旨，引领师范院校科学发展；以“师范”元素为内核，提升师范院校文化软实力。[①]

而对于理工科院校校园文化中普遍缺乏人文精神的问题，一些学者提出了一系列建议，以便在理工科院校的建设过程中融入人文精神。在其校园环境文化建设方面，以环境文化引导精神文化建设。例如，充分利用楼道、走廊、宣传栏、文化展板等空间，充分设计人文色彩的景观。而在制度文化建设方面，建立人文

---

① 于傈．论师范院校大学文化建设．思想教育研究，2009（05）．

科学教育的课程体系，将人文素质培养纳入到教学改革之中。理工科院校的学生可以通过公共选修课来选修文学、历史、哲学等人文社会科学。而在精神文化建设方面，应充分发挥校园文化的功能作用，营造浓郁的校园人文氛围，如积极开展第二课堂、丰富学生的课余文化生活等。[①]

目前，高校出现多校区的情况越来越多，所以就有学者提出了构建良好的多校区大学校园文化。第一，在多校区大学的校园文化建设中，应重视发挥校训以及校园精神的作用。第二，应当重视校园周边社区及其文化的存在，把握住其与校园文化各方面、各层次的关系及其影响。第三，利用好网络资源，建设数字校园，推动多校区校园文化的发展。第四，校园文化建设应当纳入学校的总体规划，作为一项全校性、长期性的重要任务和系统工程来实施。[②]

另外，还有学者提出了新建的本科高校校园文化建设问题，强调：坚持先进性要求，是新建本科高校校园文化建设的前提；坚持“以人为本”，是新建本科高校文化建设的根本；坚持整体推进、协调发展，是新建本科高校校园文化建设的关键所在；处理好四个关系（继承性与创新性的关系、科学性与人文性的关系、开放性与选择性的关系、共性和个性的关系），是新建本科高校校园文化建设的保证。[③]

第二节　高校校园文化价值及其类型阐述

一、高校校园文化价值的内涵

（一）文化价值

所谓价值，就是指作为主体的人根据其内在的需要，与外界能够满足其需要的客体之间的关系运动所产生的作用和意义。人对文化的创造，就是因为文化既

---

① 李曦，舒建国．理工科大学校园文化建设中的人文精神渗透．黑龙江高教研究，2009（11）．

② 杨练武，苏跃飞．多校区大学校园文化建设刍议．学校党建与思想教育，2004（07）．

③ 夏宏奎．关于新建本科高校文化建设的几点思考．学校党建与思想教育，2007（10）．

能够满足人的需要，也能够满足社会的需要，能促进人和社会的发展。对于文化与价值的关系，我们可以从以下两个层面进行理解。

第一，价值总是针对人而言的，是人的价值，人又总是文化的人，因而价值具有文化性。

第二，文化具有价值性。因为文化对人有用，文化是以价值的形式对人发挥作用，因而文化具有价值性。

文化价值的含义具有两个方面的规定性：一方面，要有能够满足一种文化需要的客体存在；另一方面，要有某种文化需要的主体存在。当主体确认能够满足自己文化需要的客体并通过某种方式占有这种客体时，就产生了文化价值关系。[①]

（二）高校校园文化价值

在文化价值含义的基础上，我们可以对高校校园文化价值进行定义：所谓高校校园文化价值，就是指那些凝结在高校广大师生员工通过实践活动所创造的物质和精神产品中，并且能够满足其物质和精神文化需要的价值。

二、高校校园文化价值的类型

由于高校校园文化既有物质的也有精神的，因此，高校校园文化价值也可以相应划分为高校校园物质文化价值和高校校园精神文化价值。本节主要对高校校园物质文化价值和精神文化价值进行探讨。

（一）高校校园物质文化价值

所谓高校校园物质文化价值，就是指那些凝结在高校校园物质产品中并能够满足其物质需要的文化价值，如大学校园在各个发展时期留下的各种风格的建筑（雕塑、校园宽阔的草坪、校园中的各种各样的花园等），这些都打上了校园教师和学生的烙印。从根本上来说，这些都是校园教师和学生的文化价值的凝结，反映了校园教师和学生的价值观念和价值理想，尤其是“优化的校园物质环境还

① 侯长林．高校校园文化基本理论研究．北京：人民出版社，2014．

能给人以情感上的抚慰”，可以给高校师生带来心灵上的愉悦。正如著名文艺理论家佘树森在《爬坡》一文中对北京大学的描述：“古香古色的西校门，湖光塔影的未名湖，幽静中弥漫着浓烈的书卷气息……醺醺地摇荡着我——倘能在此读书、作文，终了一生，吾愿足矣！”从根本上来说，高校校园物质文化的价值突出表现为这种物质文化环境给校园人留下的长久的记忆和深刻的印象。

（二）高校校园精神文化价值

所谓高校校园精神文化价值，就是指那些凝结在校园人通过精神生产活动所创造的精神产品中能够满足其精神需要的价值。高校校园精神文化价值具有物化的形式，比如声音、色彩、文字、书本等。不过，这些物质材料之于高校校园精神文化价值，只是载体或媒介，高校校园精神文化价值本身并不包括这些物质载体或媒介。

高校校园文化价值可以具有丰富的内涵，主要包括学术价值、道德价值和审美价值等。其具体如下所述。

1．高校校园学术文化价值

所谓高校校园学术文化价值，就是指当高校校园里的学术文化作为客体呈现在人们面前时所具有的社会作用和意义。大学校园是研究高深学问的殿堂，是各种学术思想相互交流、相互碰撞的地方，其学术文化对校园人或社会的作用和意义十分明显。[①]从本质上来说，我们可以把高校校园看作是一个很大的学术知识库，有人文学术知识，有科学学术知识。在当代社会中，随着社会的进步与发展，科学文化知识的价值日益突出，使得高校由社会边缘走向社会中心。

2．高校校园道德文化价值

所谓高校校园道德文化价值，就是指高校师生员工的道德行为、道德品质和道德理想所产生的能够满足人们精神需要的价值。在当代社会中，高校校园人比一般社会人的道德影响力更大，尤其是知名的教授往往是社会道德的风向标。

需要强调的是，并不是高校校园人所体现的任何道德都具有文化价值，只有

[①] 侯长林．高校校园文化基本理论研究．北京：人民出版社，2014．

那些推动社会进步的道德，才具有真正的价值。目前，之所以出现学术造假现象，就是因为一部分高校师生过分地强调利益原则。

3. 高校校园审美文化价值

所谓高校校园审美文化价值，就是指高校校园文化具有满足人们审美需要的价值。具体而言，高校校园文化既可以对人的视觉和听觉器官的功能产生作用，又能够对人的创造能力和各种社会关系产生影响。需要指出的是，只有那些真正符合社会发展规律，能够推动社会发展与进步，提升人类社会水平，促进人的全面发展的高校校园文化，才算是具有真正的审美文化价值。

三、高校校园文化的价值取向

随着改革开放的不断深入以及高校校园文化的进一步发展，高校校园文化价值冲突日益明显。每一所大学的价值取向都具有其自身的特殊性，高校校园文化价值取向同样如此，不同类型的高校校园文化价值取向也有其自身的特殊性。总而言之，我国当代高校校园文化价值取向主要包括四个方面：坚持社会主义核心价值观；崇尚学术精神；追求独立，倡导批判精神；尊重并融合多元文化，坚守传统文化。

（一）坚持社会主义核心价值观

在当前阶段下，社会主义核心价值体系在我国社会价值体系中居于核心地位，因此它在我国高校校园文化价值体系中也是居于核心地位的。目前，在高校园文化价值取向多元化的背景下，能否使广大大学生真正把握主流意识形态，牢固树立社会主义核心价值观，已经成为我国各大高校进行高校校园文化建设的重要工作。

社会主义核心价值体系集中反映了中国先进文化的时代精神，是建设中国特色社会主义高校校园文化的根本。从根本上来说，社会主义核心价值观是消除高校校园文化意识冲突的思想基础，它从理想信念、指导思想、价值取向、道德规范和行为方式等方面为高校校园文化建设指明了前进的方向，是高校校园文化建设的思想基础。正如学者欧阳康所说，要帮助青年大学生树立正确的世界观、价值观和人生观，“构建和传播社会主义核心价值体系应当成为大学校园文化体系的核心与灵魂”[①]。

（二）崇尚学术精神

大学是研究高深学问的地方。从某种意义上来说，我们可以把学术看作是大学得以存在和发展的基础和前提，“作为探究高深学问的学术机构，倘若缺少学术，脱离了对高深知识的探究，大学的发展就会成为无本之木、无源之水”[②]。对于高校校园而言，学术像空气一样弥漫在大学的每一个角落，无处不在。由此可见，学术性是大学的重要属性，也是高校校园文化区别于其他社会文化的最重要的特征。总而言之，对真理的追求、对学术的向往是任何高等院校价值的选择。

在当代社会中，我国各大高校应该努力建设符合本国本校实际的学术核心价值观或学术价值规范，把崇尚学术作为最根本的价值取向。

（三）追求独立，倡导批判精神

自从大学诞生之日起，独立和学术自由一直是大学的追求和价值的选择。客观来说，学术自由可以使大学师生不受或少受高校校园以外因素的干扰，潜心对其感兴趣的问题作平等的思考与研究。除此以外，学术自由也为大学校园营造了良好的宽松学术氛围和学术发展平台。

批判精神也是大学在追求学术的实践中所必须倡导的。批判精神对大学学术文化的繁荣与发展具有十分重要的意义。从根本上来说，高校只有把追求独立和学术自由、倡导批判精神作为自己的价值取向，才能使本校师生在宽松的学术氛围中讨论、争鸣，从而繁荣高品位、高层次的学术文化。施莱尔马赫在其撰写于1808 年的《关于德国式大学的断想》一文中明确指出：“思想自由和思想独立……为此，大学要有一种精神上完全自由的气氛，科学要从对任何一种外来权

① 欧阳康．大学校园文化建设的价值取向．高等教育研究，2008（8）．
② 程悦等．论大学的学术属性及其本然生存逻辑．高等教育研究，2012（6）．

威的屈从状态中解放出来。”①

（四）尊重并融合多元文化，坚守传统文化

在当代社会中，随着世界经济一体化程度的不断加深，世界各国之间的相互交流日益频繁，不同文化之间的相互冲突、融合也在日益加剧。在这种时代背景下，多元的价值观体系给生活在高校校园里的青年学生价值观的形成和发展带来猛烈的冲击。从客观角度来说，世界每一种文化都有其独到之处，将不同文化的精华成分融于高校校园，有利于高校校园文化的发展。

优秀传统文化是高校校园文化发展的根基。这里所说的优秀传统文化包括两个方面的内涵：一方面是指我们中华民族的优秀传统文化；另一方面是指各大高校在其办学的历程中所形成的独特的传统文化。优秀的高校校园文化可以使青年大学生在认同高校校园文化的同时感悟中华民族文化的基本精神，并将其内化为精神气质。因此，高校校园文化必须坚守传统文化的优秀成分。

---

① 贺国庆．柏林大学思想及其对美国的影响．高等教育研究，2010（10）．

第三章　高校校园文化建设的文化机制与基本方向

高校校园文化的内在主要包含文化机制、物质文化和精神文化等内容。因此，校园文化建设也应该向这三个方向进行。高校校园的制度文化指的是各高校为了规范学生的行为、指导学生的学习生活制订的制度总体；物质文化指的是大学的自然和人文设施景观；精神文化指的是大学的整体精神，包括校训、校歌、学风等。本章主要介绍校园文化的以上三个方面，主要介绍其内涵、作用、特征、载体、内容等。

第一节　高校校园制度文化建设

一、高校校园制度文化的内涵与作用

（一）高校校园制度文化的内涵

所谓高校校园的制度文化，就是指在社会、政府的影响下，由于学校内部运转的需要，高校在长期的建设工作中所形成的一系列的高校内部人员的行为准则、道德规范、群体意识、生活习惯等。这些校园制度文化实质上反映了学校对于学生行为调控的程度、监控的原则、管理的张力。无规矩不成方圆，世界上任何组织和部门的顺利运行都需要一套完整的、行之有效的管理制度来维护其自身的利益，高等院校作为社会组织的一部分，因此自然也不会例外。为了高校的不断发展，需要建立、健全一套完整的规章制度来保证整个学校的教学、科研、生活及其他方面的正常秩序。

从本质上来说，高校校园制度是用以约束、规范、引导、保护高校内部师生员工的行为与利益，维护高校师生员工正常的学习、生活、工作秩序，且符合高

校发展要求的一系列实用、有效的规章制度共同构成的体系。

（二）高校校园制度文化的作用

高校校园制度是学校管理者行使管理职能的依据，只有高校的师生在学习生活过程中、在组织开展各种活动过程中都严格按照高校的制度办事，才能使高校校园内的一切学习、工作和生活过程杂而不乱、井然有序。具体来说，高校校园制度文化的作用主要体现为以下几个方面。

1. 强制作用

高校的规章制度在公布实行的同时就有了一定的强制性，要想使制度真正起到应有的规范行为的效果，单靠教师、学生的自觉是不够的，一定有赖于制度本身的强制性。校园制度的强制性要求校园的人员严格地、无一例外地遵守校园制度的规定，一旦触犯，就会受到相应的严肃处理。通过制度的强制作用，维护了学校正常的教学、工作、生活秩序，使得广大青年学生在制度的约束下培养了良好的习惯，并树立了良好的价值标准和高尚的道德观念，同时，强制作用也确立了高校校园制度应有的地位。

2. 强化作用

通过制定高校校园的制度，可以强化高校的群体价值观，使高校的精神文化落实在制度层面上，高校的制度文化在这个过程中也会得到建立。不同的制度对于相应的价值观有不同的强化作用，如评选星级达标寝室制度可以强化学生的集体主义价值观，勤工俭学制度可以强化学生的劳动观念和按劳分配的价值观等。

3. 导向作用

参考世界高等教育的一般规律可知，高等教育的目的是培养学生良好的人格和扎实的专业学术基础，为社会进步培育精英人才。我国高等教育的目的是培养社会主义建设事业合格的接班人。高校在制订制度时要秉持这一前提，参考各地各校的教学实际，制订合理、有效的制度。高校制订的制度要符合我国社会正确的价值观，要体现广大人民群众意志，为社会主义事业和人民群众的根本利益服务。

高校校园制度文化渗透着高校的办学理念和办学宗旨。高校通过制订、实施、执行各种制度规则，将各项事业纳入整体发展规划中，从制度上保证决策执行的质量和效率，提高决策执行的科学化、民主化水平，推动教学、科研和管理工作朝着理想目标不断推进，为学生更好地服务国家和社会打下坚实的基础。高校校园制度文化的这种导向作用还体现在对于不符合学校健康发展的价值取向、道德准则和行为方式的规避、调节和抑制作用。

4．教育作用

高校校园制度文化是高校规范化管理的基础，体现着高校对于教师和学生各种品质、行为、人格的评价尺度，体现着学校提倡什么、赞扬什么和反对什么、批判什么的原则，是学校整体价值观念的制度化表现，使学校的教学理念成为可见的、可感的、现实的因素。

高校校园制度会使学生明确什么可以做，什么不可以做，有利于营造有序、合理、公平、公正的教育环境和精神氛围，有效地激发高校师生员工参与学校活动的积极性和创造性，使其更好地投入到学习、生活和工作中去。通过教育的奖励和惩罚效用发挥高校制度文化，可以使高校制度所规定的精神渗透到学校工作的各个环节，成为学校教育的一部分内容。

5．凝聚作用

高校校园制度文化承载着高校师生员工的理想和追求，体现着他们的心理意识、价值观念和文化品格。高校校园制度文化可以在一定程度上激发高校师生员工作为学校一员的使命感和归属感，形成强烈的向心力、凝聚力，更好地推进高校的进一步发展。高校良好的制度文化能使高校师生员工把个人利益与学校的前途和命运紧紧地联系在一起，时刻将自己的学习、工作和生活与学校的发展联系在一起。我国高校制度文化建设的实践证明，高校制度文化建设水平愈高，这种凝聚力就愈强。

高校校园制度文化涵盖了整个学校工作、生活、学习的所有方面，能够为校园各级组织的工作、生活、学习提供相关的依据，是学校运行机制的重要组成部分。所以，校园制度文化在整个校园文化的发展中具有举足轻重的重要意义。

二、高校校园制度文化的特征与载体

（一）高校校园制度文化的特征

高校校园制度文化的特征是与高校的教学实际紧密联系在一起的，具体来说，高校校园制度文化具有规范性、系统性、连续性、稳定性和创新性的特征。

1．规范性

规范性就是指高校校园制度文化规定着生活、学习在其中的人们什么是允许的，什么是不可以做的，同时规定着违反规定会承担什么样的后果。规范性是高校校园制度文化最主要的特性，是制订制度的根本目的，也是制度强制力的体现方式之一。制度对人的规范作用，可以使社会生活变得更有秩序。

为维护学校的良好运行，高校成员会根据学校实际情况制订各种制度规则，并在执行的过程中形成遵守规则的制度意识。这种制度文化具有一定的规范性和强制力，是师生员工日常行为的参照标准。高校的师生员工基于对于制度本身的规范性以及对学校各种制度的认识，会在一定程度上约束自己的行为。古人说“不以规矩，不能成方圆。”有了规范的制度规则和广为认同的制度意识，学校各项工作才显得有条理、有生机，才会有更好的发展。

2．系统性

高校校园制度文化的系统性，是指高校校园的各项制度不是孤立存在的，而是由相互联系、相互依存的多分支、分层次的校园制度规则构成的完整的有机统一体。它既包括了学校的章程、行为规范和传统习惯，还包括各职能部门、院系的规定，甚至涉及校内各种社团、协会内部的规则、约定等。这些制度和规定有的是成文的正式制度，有的则是存在于口头的非正式制度，两者虽约束力不同，调整范围不一样，但都从总体上系统体现了学校整体或者某一方面的理念、宗旨以及学校的校园文化和学校未来的发展方向。

3．连续性

高校校园制度文化是在学校的长期发展过程中通过实践积累、沉淀形成的，无论是成文的、正式的制度，还是非成文的、非正式的制度，都有一个较长的产生和发展过程，包括学校师生的制度意识也不是一朝形成的。校园制度的形成是建立在对过去实践经验总结的基础之上的，同时对以后学校各项工作的开展发挥着示范作用。高校制度文化在发展中体现了传承的连续性，这样使得学校各项工作可以平稳有序地进行。如果这些制度规则没有连续性，制度心理、制度意识、制度观念没有继承性，则学校校园制度文化就很难塑造，学校正常秩序也很难维持下去，学校的长远发展也就无从谈起了。

4．稳定性

高校校园的各种规章制度是高校在长期教学管理实践经验中总结出来的，反映了高校教学管理的内在要求。这种制度文化一旦形成就具有相对的稳定性，并可以在同等条件下反复运用。高校在制订、公布、执行校园制度的过程中会逐渐建立一个稳定的校园环境，形成相对稳定的校园文化，从而规定了高校师生员工需要共同遵守的习惯、传统、心理、意识。这些制度文化会沉淀为一个学校的学风、教风、校风，在一定的时空条件下保持相对的稳定状态，从而成为学校无形的巨大财富，影响着一代又一代师生员工的精神风貌。

5．创新性

事物总是发展变化的，当社会的物质生产、生活环境发生变化时，原有的制度文化赖以生存的基础不复存在，就有必要对其进行适当的调整和创新。高校制度文化也是如此，当制度不适应高校发展的实际情况时，就应对其进行改革。高校制度文化是在一次次对于原有制度的扬弃中逐渐确立的，所以它也就天然地具有创新性。高校制度文化的稳定性并不意味着制度的一成不变，当教育的外部环境发生了变化时，校园制度就会进行必要的调整，在继承传统的基础上补充新的内容。在当前的高校改革和发展进程中，高校制度文化的创新是推动高校进步、建设先进校园文化的有效途径之一。

（二）高校校园制度文化的载体

高校校园制度文化必须有赖于一定的承载形式才能发挥作用，而随着其规范的范围不同，也会表现为不同的形式。一般来说，高校制度文化的载体有：大学章程、学术规范、行为规范、学生社团等。

1．大学章程

大学章程是高校制度文化中最基本的规定，是为确保学校正常运行，学校的管理者就办学理念、内部管理体制、师生员工的权利和义务以及资产、财务等重要问题，作出全面规范而形成的自律性的基本文件。大学章程在制订过程中是以国家教育法律法规为指导，以高校的教学实际为依托形成的。它为学校制订其他规章制度奠定了基础，是大学办学的纲领性和指导性文件，是大学成为法人组织的必备条件和重要指标，是依法治校的重要组成部分，是现代大学制度建设的重要内容。大学章程通常被称为大学发展、建设和管理的“根本大法”。

作为高校校园制度文化的最重要的载体，大学章程体现着大学的价值观念和精神。高校在制订学校章程过程中，应多方面吸取本国、外国、古代、现代著名高校在办学理念和治校方法上的经验教训，结合现实情况，从“文化发展”的角度来理解和把握高校校园制度，给高校校园制度赋予文化色彩。

高校制订校园制度要在保证不与国家的法律、法规等上位法相抵触的前提下，突出高校自身的目标追求、价值观念、素质要求、作风态度等精神文化，使制订的章程既能符合实际要求，又能彰显自身特色和时代特色，既反映国家要求，又体现学校内涵，发挥其行之有效的规范作用，引领学校向正确的方向发展。

2．学术规范

现代意义上的大学除了教书育人的责任外，还担负着科研的任务，大学已经成为科学研究的前沿阵地和先进思想的发源地。为了规范学术研究，为大学师生和研究人员创造良好的研究环境，各大学都制订了合理的学术规范。学术规范指的是高校师生和研究人员在进行学术活动时需要遵守的基本伦理道德规范，它涉及学术研究的整个过程以及学术活动的各个方面，如学术研究规范、学术评审规范、学术批评规范、学术管理规范等。

不同的学科、不同专业门类有着不同规范要求，对于学术规范，我们可以从三个层次来理解。第一层次是最基础、最底层的规范，通常具有最高的权限、最为广泛的适用层面，而且具有最大程度的跨学科、跨文本属性。第二层次主要是关于各门学科的规范，这种规范通常只适用于本学科领域，对于其他学科则仅具有参考或借鉴的意义。第三层次主要是对各个学派、各个区域、各个时期规范的记录，这些规范通常十分具体，是最底层的学术规范。

学术规范除了规定学术研究的注意事项，也规定了违反规定的惩治制度。我国高校是学术研究、学术创作和学术传播的重要场所。广大教学和科研人员在长期的教学和科研工作中一直坚持正确的治学导向，严肃认真、积极进取、锐意创新，树立了良好的学术风气，为教学科研事业和国家、社会的发展贡献了自己的力量。但是，一些人身上也存在学术失范问题和学术不端的行为，严重损害了学校和教师队伍的形象，败坏了学术风气，造成了不良的社会影响。这些学术失范和学术不端行为的发生，固然与个人的人格缺陷有着内在的联系，但是也反映了学术规范的不完善。

学术规范是一项系统工程，制度文化建设是其根本，必须始终将制度文化建设贯穿于学校整体建设之中，着力建设学术规范的长效机制，最主要的是建立、健全学术规范的外在约束机制和内在自律机制，保证学者和专家的社会公信力，保证高校教师学术研究、学术创作的严肃性、规范性和纯洁性，促使高校产出更多高质量的智力成果。

3. 行为规范

行为规范是指约束、限制人们行为的力量和准则。高校行为规范主要是由教师行为规范、管理人员行为规范和大学生行为规范构成的。各地各高校都有独特的环境和风格特点，只有准确地认识和把握自身的教育实际，经过理性的思考和正确的行为选择，才能科学地制定学校的行为规范。在制订行为规范时，各高校应把科学精神教育、人文素养教育、创新能力教育以及身心健康教育有机地结合起来，依据《高等学校学生行为准则》，从学校实际情况出发，制订和完善大学生行为规范，保证其适用性和可操作性，并通过合理且行之有效的行为文化的引导，使高校师生形成共同的道德准则。

4. 学生社团

高校的学生社团是学生按照国家有关法律法规和学校的规章制度，依据一定的程序自发地、有组织地申请成立的大学生群众性组织，是大学校园文化中最具开创性，最具生命力、凝聚力，最为活跃的一个特殊群体。随着高校素质教育改革的不断深化，高校学生社团的发展规模日益扩大，其活动形式和活动内容也朝宽渠道、深层次、高品质、全方位的方向发展。学生社团正日益成为大学生参与学校活动、拓展知识结构、提升自身能力、丰富内心世界的重要途径。统计数据表明，高校有 70％以上的大学生参加过各种类型的社团组织，这已逐渐成为大学生的一种生活方式。

学生社团在活动过程中会制订一些需要社团人员共同遵守的行为准则，这些准则可能并不以正式的条文形式来体现，而只作为一种大家共同认同、共同遵守的规定。这些规定也是高校校园制度文化的一部分。

三、高校校园制度文化的内容和组成要素

（一）高校校园制度文化的内容

高校校园制度文化是校园内各种具有科学性、思想性、教育性的规章制度的总和，以及通过规章制度的贯彻和实施而在高校师生员工内心产生的制度心理、制度意识等。高校校园制度文化的基本内容应该包括以下两个方面。

1．制度规范

为了确保学校的稳定运行，促进学校科研和教学的不断发展，各地各高校制订了很多校园的制度规范，这些制度包括组织管理制度、教学管理制度、人事管理制度、生活行为管理制度等几个方面。

高校制订和贯彻执行的这些规章制度，既有国家颁布的教育方针、政策、法律、规章，也有政府主管部门制定的各种章程、规则、指令、命令，但更多、更直接的通常是各高校结合自身实际而制定的大量有关教学、科研、学习、日常管理等的规章制度，这些制度都是具体可见的。

2．制度意识

高校在制订各种规章制度后的实施过程中，会在师生员工价值取向、行为方式、舆论导向上进行正确的引导；同时，会将制度内化为个体符合制度规范的自

觉要求，通过制度的宣传、贯彻、执行，把外在要求转化为内在的需要而形成一种良好的制度文化氛围，从而形成一种自觉遵守制度的制度意识。制度意识并不是像具体制度那样表现在外部，而是通过内在的导向使人自觉遵守。

（二）高校校园制度文化的组成要素

高校校园制度文化以精神文化为底蕴，以物质文化为外在表现，它的组成要素就是指构成高校制度必不可少的因素，主要包括以下几个方面。

1．办学理念

高校的办学理念是指在高校创办和建设过程中，高校的师生员工经过长期的办学实践、理性思考及文化传承与创新而形成的教育价值取向和理想追求。高校的办学理念决定着高校总体运行的方向、效率和效益，决定着一所高校的思维方式、办学水平和办学特色。它的精神可以贯穿到高校办学的整个过程，渗透到办学的各个环节，是一种具有相对稳定性、延续性和导向性的观念体系。这种理念对于教师、学生的价值指向和理想追求具有引导作用，对高校的教风、学风、校风也具有潜移默化的熏陶作用。一所高校有什么样的办学理念就会形成什么样的办学特色和风格，从而形成相应的校风、教风和学风。它同时会影响人才培养的质量和水平，有助于人们更好地把握高等教育的本质和规律，形成符合时代发展的制度文化。

2．价值取向

所谓价值取向是指主体对于价值的追求、评价、选择的基本态度，即一个人以什么样的态度理解自身价值和社会价值，并做出相应的认同。高校价值取向集中体现了广大师生员工的价值评价和观念，是高校精神的核心，也是形成高校制度文化的重要前提。在高校制度建设中，要明确表明什么应该是高校的价值取向，应该选择合理正确的价值取向，摒弃不合理的、错误的价值取向。在高校制度的具体实施过程中，价值取向通常表现为高校成员关于学习、生活、工作的是非、善恶、好坏的价值评价。大力弘扬正确的价值取向，可以营造良好的校园文化，规范和影响师生员工的思想、行为。

3．大学精神

大学精神是高校在长期办学实践中逐步形成和发展起来的、稳定的、为高校全体师生员工所共同认同的总体气质、精神品格、行为理念和文化氛围。大学精神是大学文化中最核心的部分，是大学文化的灵魂。大学精神在大学的历史发展过程中一旦形成，就会不断地浸透到高校的物质环境和制度文化之中，在学校的师生中也会有内在的体现。它既隐于校园制度规则之内，又显于校容校貌之外；既潜藏于师生员工之心，又体现于师生员工之行。高校制度文化是最先物化的价值观念，也是最先把大学精神的价值指向从潜在转变成现实，从而成为人们可以理解和把握的形态的途径。大学精神是校园制度文化形成的基础，校园制度文化是大学精神的重要体现。

4．管理体制

高校的管理体制是决定学校内部组织分工、机构设置、管理权限以及相互关系的根本组织制度，它直接支配着学校的全部运作体系，具有整体性、全局性的特点。高校校园制度文化是维护高校正常运转的重要保证，它调节着高校内部各个组织、成员的行为和关系，也协调着高校与国家和社会的外部关系，是高校实现科学管理的重要手段。高校制度文化建设应以学校的办学宗旨为依托，不断开拓创新，积极探索符合时代发展要求的管理模式和管理理念，建立高效和充满活力的教学、科研、人事管理等一整套运行体制，形成自己独具特色的文化传统，不断提高学校管理者科学管理的能力和依法治校的水平。

第二节　高校校园物质文化建设

一、高校校园物质文化的内涵与作用

（一）高校校园物质文化的内涵

高校校园物质文化指的是高校校园文化在物质范畴之内的表现，它是校园文化的空间物质形态，是高校校园文化的物质载体和承担者。高校校园文化外化于物质形态，就是校园物质文化，它是高校文化的第一层表现。高校校园物质文化涵盖着教学、科研、生活、设施、环境等方面的物质条件，又同时赋予这些物质以文化的内涵。物质本身并非文化，只有当物质成为人的精神世界的外在表现，被赋予了人精神世界的思想、情感的时候才能成为物质文化。高校内的环境与自然界的环境的差别就在于校园内的各种建筑、花木、草坪、园林、亭子、雕塑等，都是物化了的作品。它们不单是陈设的某一现象，而包含着学校内蕴、学校历史、学校精神、学校思想及时代风采，把物质的东西赋予了人的精神世界，赋予了学校的传统、校风、校园人的理想和追求。

不论古今中外，有名的教育家都对校园的物质环境很重视，他们大概都希望一个清幽的学校环境可以对学生的心理状态和心情产生良好的影响，想借山光愉悦人情，借湖水澄澈心境，在万籁俱寂中使学生产生悠远淡泊的心境而真正专注于学问。这其中包含着美学和心理学的因素。南宋理学大家张栻作诗赞美岳麓书院的胜景："流泉自清泻，触石短长鸣。穷年竹根底，和我读书声。"岳麓山的湖光山色形成了天然的良好环境氛围，再加上张栻、朱熹、陆九渊等大家讲学于此，更使得岳麓山的物质增加了一层人文光辉。

在进行高校文化建设时，高校的物质文化建设是必要前提和现实条件，高校物质文化的建设情况在一定程度上影响着高校文化建设的质量和总体水平。当前高校的竞争已经由单纯的师资竞争转变为了全方位、多角度的综合实力的竞争，而校园文化，特别是作为直接表现的校园物质文化，就成了体现高校综合竞争力的重要标志。

（二）高校校园物质文化的作用

高校学生人生中最为青春的几年在大学里度过，在整个大学生活中，他们无时无刻不受到高校物质文化的影响，他们的思维、行为、观念、气质等都会在校园物质文化的作用下形成或者改变。

1．感染与凝聚的作用

高校校园文化对于身处其内的大学生有文化感染和陶冶的作用。高校创造了一种与教学理念相适应的物质环境，这种环境对于生活在其中的人有潜移默化的影响，可以在陶冶大学生情操的同时规范其行为。优美的校园环境，可以使学生受到启发和感染，激发其产生一种自觉的内在驱动力，主动地去完善自我，塑造完美高尚的人格。

大学的职责在于培育英才和从事科学研究，自诞生起，大学就作为一个独立的社会单元存在，其校园物质环境、物质文化也代代薪火相传。大学的物质环境是有形的、具体的，但其承载的物质文化却是无形的、扩散的。大学物质文化通过间接的方式首先作用于大学培养的人才身上，通过人与物的沟通与感悟，将大学文化内化为人的素质，从而产生感染和教育作用，使教育的核心精神通过具象的物质反射力凝聚成为内心的精神诉求。这种反约的内化是一个心理过程，高校学生的发展动力产生内心的需要，而这种需要会促使他们养成良好的学习、行为习惯，也就可以把其获得的知识、道德等东西内化为自身的素质。在这个过程中，高校校园的物质文化，不是通过硬性的规定和强制性的措施来约束管理，而是通过校园物质文化陶冶师生员工，使其自觉地被物质文化的氛围所吸引和净化。刘献君教授说："要美化环境，做到春天桃花似火，夏天荷花映月，秋天桂花飘香，冬天梅花傲雪。优美的环境可以净化人的心灵，陶冶情操。"

高校的物质文化通常是学生毕业后所能记忆最深刻的东西，很多学生在多年以后仍然会记得学校的雕塑、树木、池塘、教室等，这些承载着学生记忆的东西通常会带给学生很大的归属感，从而形成高度的凝聚力。

2．激励作用

高校的学生在高校学习过程中，受到高校校园物质文化的影响，在校园的建筑布局、环境的美化、人文景观的设置、思想教育娱乐设施等物质环境的影响下，不断地思考，启迪智慧、陶冶情操、提升思想境界。

校园物质文化是校园文化最表层的部分，它在整个校园文化体系中变动最快，也最容易受到异质文化的侵染，因此它往往成为校园深层次的精神文化变化和发展的开始，是校园文化的总体发展进程的先导。

高校校园物质文化与校园精神文化互为补充，它们相互作用、相互影响，其不同之处在于校园精神文化是非实体的意识层面的文化，而校园物质文化则是实体文化。校园物质文化可以通过日新月异的面貌和雅俗共赏的内容特质，对高校学生形成一种潜意识的持续激励和导向力量。这样可以使学生在校园的行为活动中表现出自觉自愿、认真负责和顽强进取的精神，从而在学生群体与校园物质文化二者之间形成良性的循环互动关系。

校园物质文化能够利用丰富的、不断更新的资源，对学生进行文化导向和精神激励，以潜移默化的方式熏陶大学生，从而使其对学校产生归属感和认同感，更加热爱学校。这种热爱可以升华为对国家、对民族的情感和认同，激发起高尚的爱国精神，并对大学生的世界观、人生观起到促进作用。

3．引导作用

校园物质文化环境可以对学生产生潜移默化的引导作用，通过校园物质文化特有的象征性符号向生活在其中的师生传达校园的思想、文化和价值标准。比如，进入图书馆时，学生会感受到图书馆环境的肃穆、宁静，从而产生求知的欲望和对知识的崇敬情绪；进入体育场时，看见宽阔的场地和先进的运动器械，就会不由自主地产生运动的想法；进入食堂时，会因为整洁的环境而产生舒适的感觉；看见某个雕塑或者构造时，会想到某个历史人物，从而产生历史感。这些或优美、或肃穆、或整洁的物质文化环境，会对学校的教职员和学生良好的导向作用，促使学校形成良好的校风。

4．舒心作用

良好的校园物质文化环境能使生活在其中的教师和学生得到舒适、安心、愉悦的心理享受。高校校园中绿树成荫的校园干道，曲径通幽的绿色长廊，绿茵茵的草坪广场，争奇斗艳的四季花香在纷繁的城市中营造了一个幽静的桃源，身处其中的人可以得到美的享受，养成良好的习惯，感受到大自然的生机，从而缓解学习和工作的压力，养成良好的心理状态。优美的校园物质文化环境，没有污染，没有噪音，空气清新，这些可以促进人的身体健康，消除内心抑郁、烦恼，消除痛苦。在这优美的环境中，师生们可以改善学习、工作和生活的状态，心情舒畅，消除紧张、抑郁的情绪，生活在充满温暖、友爱的氛围之中。

二、高校校园物质文化的特征与载体

（一）高校校园物质文化的特征

1．传承性与延续性

同人类社会其他的文化形式一样，大学的物质文化也具有明显的传承性和延续性特征。总结人类历史的发展情况可知，人类在改造自然环境的活动过程中，会给外在的自然世界打上人类的主观烙印，这种烙印在历史的流转中会逐渐沉淀为文化的印记流传下来，并通过这种流传对人类社会实现反作用。大学校园的物质文化环境也具有这样的功能，高校校园的一草一木、一楼一馆都带有高校的历史文化印记，这是在大学发展的过程中由一代又一代的师生烙印上去的，这些烙印记载着大学的发展历程，体现着大学的精神和品位，向人们说明着大学的理念、主张和价值，并且因为物质文化持久不灭的特性，在莘莘学子中间代代相传，在时代变迁中不断的积淀、明晰、延续并发展。

高校校园物质文化同时也是中华民族文化的载体和体现。在高校校园文化中蕴含着我们中华民族历史悠久的文化传承，这种传承以实体的形式存在，代代不绝，历久弥新。充满民族风格的校园园林景观建设、独具中国风格的传统建筑楼群，是民族性文化的具象表现；表现民族历史的历史文物、文化名人的遗墨字画，是民族性文化的多彩缩影；表现民族近代不屈历程的主题园地、英雄雕像，是民族精神的集中物化。

2．地域性与学科性

高校校园物质文化环境在不同的地域有不同的特点，这种地域的差异就是地域性的表现。南方高校的校园环境较之北方高校的校园环境多一份优美和静谧，而北方高校的校园环境则比南方高校校园环境更显得博大和肃穆；西北地区高校校园环境就比东部高校校园环境显得格局广大，意蕴浑厚，东部高校的校园环境就比西北高校的校园环境多点人文历史感。同处南方，江南高校与华南地区的高校校园环境不同，同处江南，浙江大学和复旦大学的校园环境也体现出不同的特点。导致这种差异的原因，一方面是因为自然环境的地域性，另一方面是因为文化传统和风土人情的不同。大学物质文化应主动适应并充分体现出地域文化特色。

高校校园物质文化还表现出学科性的特点，这种特点主要表现在以下三个方面。

(1)不同的高校有不同的专长学科，高校往往会依托于较强的学科发展，使这些学科获得优先发展的权利，而这些专长学科也就形成学校的办学特色，从而影响着校园的物质文化特色。

(2)各高校的学科设置不同，教学设施条件和教育教学组织方法各异，空间利用和建筑设计也体现出不同的特色，这就使得各高校显现出不同的校园物质文化特征。

(3)清华大学老校长梅贻琦曾说："所谓大学者，非谓有大楼之谓也，有大师之谓也。"各高校在发展过程中在各个学科都曾涌现出大师级学者，大师们的思想成就、精神风格，都是大学文化的一部分。大师陆续凋零，但是可以用校园物质的表现形式具象地体现大师的精神财富，如保护名人故居、建造专家楼、以名师命名建筑物等，大师无形的精神资源将在校园中永驻。

3. 生态性与人文性

高校校园物质文化还具有生态性的特征，这主要表现为四个层面。

(1)大学校园物质文化从属于社会物质文化系统，是社会物质文化的一种表现形式，它体现了社会物质文化的基本特征和要求。高校校园物质文化不应该独立于社会物质文化之外，而必须与社会物质文化相联系、相协调。

(2) 大学教育从属于整个社会的教育系统，可以看作整个教育系统的一个"生态位"，与教育系统内各个因素有密切的联系，教育生态系统中的各个因素之间相互影响、相互作用、和谐发展，促进了教育生态系统的平衡和发展。大学物质文化作为教育生态中的"生态位"，首先应表现出教育的功能和特色。

(3)大学物质文化在建设过程中要参考自然的生态平衡原则，使校园的物质文化可以符合自然的生态美，按照美的规律，创造出融合自然美和思想美的"第二自然"。

（4）大学校园物质文化是一个统一协调的生态系统整体。高校校园是高度人文化的环境空间，是大学师生在历史发展过程中根据办学理念和价值追求，按照美的规律，创造出来的自然美和思想美和谐融合的场所。在这个意义上，高校的物质形态凸显了高校的文化内涵和特色。高校的草地、树木、广场、亭榭、雕塑、文化古迹、文化遗址等人文景观是对高校校园文化的展示；高校校园里的交通、通信、购物以及供水、供电、供气等物质条件也体现出人性化特点和教化育人的功能；教学组织方式、公共秩序等则是大学精神的体现。高校文化不应该只是建设在由钢筋和水泥组成的大楼里，还应该是新材料、新能源和信息技术所支撑起来的智能大厦，应该体现现代人精神追求的艺术世界，应该是建立在现代文明的道德、行为规范之上的文明之地，应该满足校园人多样化和个性化的发展需求。

4．展示性与标识性

从表现形式上来说，高校物质文化具有明显的展示性和标识性。大学校园的物质基础是承载开展知识传承与创造活动的大学校园建筑、设施、环境等。这种物质基础在人们的心里会以物化的形象定型，标识性地时时展示在人们的面前，这种物质文化环境所承载的理念、人文、观念等存在于校园的每一个角落。例如，丰富多彩的校园橱窗内容，展现着学生生活的不同侧面；整洁有序的教学建筑，昭示校园学术的神圣庄严；花木成荫的自然景观，诉说校园自然怡悦的本真特质；现代化的学校公寓设施，彰显校园文化的与时俱进。这种物质文化随校园独有的设施的存在而时时存在，随校园和建筑的标识而时时向人们展示，并使人在与物的思想呼应中不断去感悟校园的历史和变化。

（二）高校校园物质文化的载体

大学校园物质文化所蕴涵的价值取向，总是以不同方式直接或间接地影响师生的心理倾向和心理状态。它有不同的载体，各种载体具有相应的育人功能与文化意蕴。

1．校园环境

校园环境是校园物质文化的最表层的含义，它是高校学生立体的、多彩的教科书。高校校园环境包含着校园的规划和环境的绿化、美化，但是校园环境的建设不应该止步于此，更重要的在于强化它的教育功能，将自然和谐的布置与教育功能完全融为一体，产生潜移默化的育人效应，达到“以美立校、以美启智、以美促德、以美健体、以美育人”的教育目的。

校园总体规划是校园环境建设的最主要内容，也是形成良好校园环境的最重要的因素，这实际上是一种与大学学习和生活密切相关的环境设计，目的是使学校内的师生们感到安静安全、舒适方便、环境优美。

校区绿化是改善学校环境的重要组成部分，也是高校校园物质环境建设之中最容易为人关注的部分。它能使大学师生在工作、学习之余，在花繁叶茂、富有生机、优美舒适的环境中得到休息，舒畅身心，同时它也是高校环境好坏的标志。

校园环境设计要注意：植物在栽培过程中要注意高低错落，草地与花木的面积对比要有一定的韵律，植物色彩的搭配要合理，使环境整体协调统一，形成“春花、夏绿、秋色、冬姿”的美好景象。

2. 雕塑与造型

在雕塑艺术中，校园雕塑是一种特殊而又重要的类型。大学校园雕塑长期置于校园空间中供师生观赏，有着特殊的置放环境和欣赏对象。其设计要结合校园的特定背景，展现大学的理念、价值。校园雕塑是高校精神的物化载体，是高校精神的具体体现，它承载着高校的历史、传统、文化和社会的价值，是校园物质文化环境中不可或缺的建构要素。

高校校园雕塑在空间和区域内具有显著的特征标示作用。就校园总体格局而言，校园雕塑的置放可以在校园环境中起到画龙点睛的作用，可以强化校园的整体格局，凸显现有的空间特征，烘托高校特有的文化内涵。就校园雕塑本体而言，它往往具有审美和教育两大职能。它们不仅要具有优美的形态，还要具有内化的纪念意义和主题寓意，可以创造和烘托某种气氛，对师生起到感染、教育和激励的作用。

在当代校园物质文化形式越来越丰富多样的前提下，校园雕塑与造型作为校园物质文化的重要载体，已经越来越受关注。作为一种物化了的精神实体，校园雕塑和造型集中反映了大学道德价值观和审美取向，影响着教师和学生对于学校物质文化的记忆和情感。

3．校园装置

高校校园装置具有与校园环境相似的特质和价值，但是又有不同的内涵。与校园环境相比，校园装置是在空间中更有秩序地摆放物件和各种材料，这个空间里可以是开放的，也可以作为整体被从外面来观看。在建造程序和难度上，校园装置要比雕塑和造型更加简单、方便。

高校装置艺术文化的创造者通常是师生群体。他们从自身的情感表达需要出发，从自身的校园生活感受中取材，运用丰富的感性和理性资源，创造出生动形象的具有校园韵味的装置艺术，这种装置通常具有文化的深层次认同性，不管它是以批判为目的，还是弘扬性或思辨性的校园装置艺术，都能使校园中的观者感受到高校青年教师和学生深刻的思想文化思潮。它们是高校校园物质文化中先进性文化的最直接体现。

4．校园景观

高校校园景观是高校物质文化中最为精华优美的部分，是高校环境与高校艺术人文气息融合的结果，它体现着高校的历史文化传统、学术水平、管理教学理念和教职员工的素质，是高校内部诸多因素相互作用、协调发展的结果。高校景观艺术的设计不是高校校园内树木、假山、喷泉、楼房的简单罗列，而是一个系统的综合工程，是科学、艺术、文化共同参与的结果。

三、高校校园物质文化的内容

高校校园的物质文化是社会文化的重要组成部分，是校园事物在空间上的分布状况，是高校师生校园活动的物化表现。一般可以将高校校园物质文化分为两方面内容，即设施内容和环境内容。

（一）高校校园物质文化的设施内容

1．图书馆

高等学校的图书馆是高校师生进行教学和科研的重要的学术性机构，是构成现代高等教育的重要支柱。教师的备课、学生的课外拓展、科研课题的开展和学术交流的进行都依托于图书馆的信息资源或者在图书馆的场地进行。

高校通常把图书馆当作学生的第二课堂，学生在学习过程中遇到问题可以去图书馆寻找答案，在专业学习之余还可以根据自己的兴趣和生活需要，去图书馆研读各种文献资料，从而开阔视野，完善知识结构，培养自己良好的学习习惯，陶冶情操，提高自身的综合素质。同时，随着网络的发展，信息已经在生产力序列中占据越来越重要的位置，高校图书馆已经在很大程度上成为信息产品的重要生产来源，成为发展先进文化的重要基地。

高校图书馆所具有的深刻的文化内涵会通过潜移默化的形式影响学生的心理气质，使学生渐渐养成温润谦和的处世态度，形成独立自主、健康向上的良好素质。

2．学生宿舍

高校宿舍是高校学生生活的主要场所，在高校物质环境中，学生宿舍是与学生联系最为紧密的因素。在长期的宿舍生活中，以学生为主体，以宿舍及其周边场所为主要载体，以积极向上、健康有益的课外活动为主要内容，形成了一种师生共创和共享的良好的群体性校园物质文化，这就是高校校园宿舍文化。它包括宿舍的设施、整体布局、卫生状况、规章制度、住宿者的人际关系、价值取向等多个方面。而宿舍文化具体表现为宿舍人员的关系、道德水准、审美情趣、思想意识、语言风格和生活习俗等。

高校的宿舍文化是高校校园物质文化的一种微表现形式，能够整合宿舍成员之间的性格差异，使生活在宿舍这一环境中的学生具有相似的思维方式、价值观念、理想追求和行为习惯，形成较强的凝聚力。

3．学生食堂

高校校园物质文化的建设越来越注重对于校内物质资源的全方位、多层次的利用。在高校物质文化整体中，学生食堂的角色正在慢慢发生改变，学生食堂结合其他的文化环境，被赋予新的文化内涵，而逐渐从单纯的用餐场所演变为校园物质文化的重要组成部分之一。这种变化带来了食堂建筑空间格局、交通模式、建筑形象的综合变化，同时也衍生出了校园物质文化中的一种新兴文化形式——高校校园食堂文化。

高校校园食堂文化的内涵包括现代性的形象、开放性的格局和高效的实用性。现代性的形象指的是设施的先进和建筑的美观；开放性的格局指的是高校食堂有多层次的开放空间，在满足大量学生餐饮、娱乐要求的同时，为学生提供尺度宜人、动静有别的交流场所；高效的实用性指的是食堂食物的便捷和全面，可以为学生提供最大限度的方便服务。

4．教学设施

高校教学设施指的是直接可以用于教学、科研、实验、实习、实训的教室实验室等。这些设施属于高校物质文化的组成部分。

教学楼是高校学生进行学习的最主要的场所，是校园物质文化景观最集中的体现。高校教学楼一般是根据高校所在地的地理环境、气候特点和高校整体文化倾向建造的，所以彰显着高校独特的校园文化氛围。

实验室是高校进行科学研究的主要场所，是高校作为权威教学和科研机构的重要承载体。实验室本身就有一种崇高的文化属性，可以激发学生对于科学研究的兴趣，培养学生动脑和动手的能力。

5．文体娱乐设施

高校校园文体娱乐活动是每个当代大学生都会经历和参与的重要活动之一。作为活跃校园文化生活的重要手段，高校校园文体娱乐活动是促进同学之间的相互了解和交流、增强同学之间的团结和凝聚力、增进班级的友谊和联系的重要手段。文体娱乐设施在高校校园物质文化中扮演着重要的角色。根据高校校园文体活动的特点，高校校园文体娱乐设施也具有相应的特点。

(1)群众性。高校校园文体娱乐活动一般由学生自发组织、策划，学生参加也都出于自发。因此，在文娱设施的设置上，要尽量考虑到学生发挥特长、组织和举办文体娱乐活动的灵活性，必须兼容不同学生的喜好，适应更多人。

(2)实效性。高校校园内丰富多彩的文娱活动，能够充分反映时代特点，紧贴时代发展，其文娱活动方式也多种多样。在进行场地设计时，要最大限度地充分利用有限空间的多种功能，利用现代技术手段，满足学生活动对场地、设施等的多样化需求。

（3）非营利性。高校学生群体性的文体娱乐活动一般都是非营利性的，这是它与社会性商业文体活动的本质区别。高校校园的文体娱乐设施配备，应充分考虑到各种活动设施的实际效能与经济收益的协调。

（二）高校校园物质文化的环境内容

1. 自然景观

高校校园自然景观表现着校园的生命形态，赋予了校园自然的活力。当代高校校园的自然景观往往被视为校园综合文化魅力的重要组成部分。优美的校园自然景观是校园物质文化的重要体现。

高校校园的自然景观，往往与校园总体规划紧密协调，并且突出高校校园的地方特色和学科特色，彰显文化内涵。高校所在地的地形、地貌、水文、地质、文化古迹、原有建筑、自然气候特征等综合因素，都会对高校自然景观造成影响，这些因素综合作用才形成了浓郁的校园自然景观文化。

2. 人文景观

高校校园人文景观就是基于高校自身历史和人文资源建立起来的一系列人文特色的建筑、标志。如历史人物为学校题写的签名、历史大事纪念碑、校史展览馆、校友名录、画像等，都是校园人文景观的突出体现。

大学是传承文化、教书育人的场所，大学校园人文景观的形成与校园的历史发展脉络有密切的关系。大凡中外著名学府，其校园都有着悠久的历史。这种浓郁的历史氛围是校园的文化财富。在进行校园建设时，要特别强调历史的观点，优秀的校园人文景观，常常表现为有历史文化感或有纪念性的景观和设施。这些景观和设施以鲜明的历史故事为依托，犹如一本本形象的史书，默默地讲述着学校的鲜活历史、成长过程，让人领悟到学校传统文化精神的真谛。

高校人文景观的设计还应该以人为本构筑交流的空间，体现个性化的原则，充分展现大学的人文关怀的精神。

第三节　高校校园精神文化建设

一、高校校园精神文化的内涵与作用

（一）高校校园精神文化的内涵

高校校园精神文化是高校校园文化最核心的内容，是校园文化最重要的组成部分，在校园文化整体中居于主导地位。良好的校园精神文化氛围对于学校的稳定运行和发展有重要意义，它可以促进学校的教学、科研、生活的发展，是我国当前教育工作的一项极为重要的内容。建设良好的高校校园精神文化是社会主义精神文明建设和社会文化发展的需要，也是搞好校园文化建设的关键。

高校校园精神文化是指高校全体成员共同认同并尊奉的价值观念、思想意识、道德规范、发展目标等校园精神的综合，它包括大学理念、大学传统、校风、教风、学风，以及校训、校徽、校歌、校史等内容。高校精神文化集中反映了一个学校的特点、个性及精神面貌，体现了高校的办学宗旨、培养目标及其特殊风格，是校园文化的核心和灵魂。虽然高校校园精神文化并不似物质文化和制度文化那样是实体状态，可以看得见、摸得着，但它却真实存在于高校的每一个角落，渗入高校教学、科研、生活的总体过程中，深刻地影响着学校的行为准则、价值取向、生活习惯和规范体系，引导高校师生乃至整个社会群体的行为、心理，使其在潜移默化中接受共同的思想引导、情感熏陶、意志磨炼和人格塑造，对于高校可持续发展和社会进步具有重要的意义和作用。

（二）高校校园精神文化的作用

1．导向作用

高校校园精神文化的导向作用是指高校精神文化可以通过自身各种文化要素的集中作用，对校园的总体风尚和高校师生员工的价值行为取向产生引导作用，使之符合学校确定的目标。高校精神文化在形成的过程中会建立起系统的价值体系和规范标准。如果高校成员自身的价值取向和行为取向和高校校园精神文化所

表现的价值取向发生抵牾，甚至产生错误的价值和行为取向时，高校校园精神文化就会对其产生影响，使其慢慢接受正确的价值观，在高校校园精神文化的引导下，在潜移默化中接受周围的共同价值观，使自己的价值取向与学校价值取向和谐统一。

高校的精神文化理应是开放的、兼容并蓄的，高校应该允许各种观念的碰撞。处在人生生理、心理发育关键时期的大学生更需要新鲜的、正确的观点来开拓思维。但是处在这个阶段的大学生的思想观点、政治态度、道德观念均含有极大的不稳定性和模糊性，思想容易偏激，行为容易盲从，甚至误入歧途。这就需要良好的高校精神文化，通过熏陶、教育的功能，为学生的成长、成才提供优越的精神土壤，同时抑制不良心理、行为和习惯的滋长，使他们能够正确选择社会信息，接受正确思想，健康顺利地成长。

2．激励作用

高校精神文化的激励作用是指高校精神文化所具有的，使大学生从内心产生一种昂扬情绪和进取精神的效应。这种积极向上的思想观念及行为准则促使学生形成强烈的使命感，成为促进学生学习和发展的持久驱动力。高校精神文化围绕高校的发展目标为全校师生员工塑造了共同的愿景，从而使他们都可以体验到这种文化氛围，进而激励自身为了实现这样的目标而努力奋斗。

高校精神文化的这种激励机制，可以有效地满足高校多层次、多样化的需求，并对不合理的需求进行调节，使其趋向合理，推动个体积极向上，从而形成奋发向上的整体力量。

3．凝聚作用

高校校园精神文化在被高校师生共同认可后，能够使其产生对高校的强烈的认同感和归属感，形成稳定的高校校园文化氛围，在全校师生员工内部产生一种强大的凝聚力。这种作用就是高校校园精神文化的凝聚作用。

通过高校校园精神文化的凝聚作用所凝结成的集体合力、奋发向上的群体意识和学校成员的主观能动性，可以促使高校在学校竞争和社会竞争中具有极大的心理优势。高校精神文化中所蕴含的价值观被学校师生共同认可后，就会通过凝聚作用使得广大师生团结起来，发挥自身潜能，积极参与学校建设，为办学目标的实现做出贡献。这种凝聚力可以使师生员工找到自己在学校发展中的责任和使命，产生维护学校精神的强烈归属感和责任心。

4．约束作用

高校校园精神文化的约束作用是指高校校园精神文化对每个生活在其中的人的思想、心理和行为具有的约束和规范作用。这是通过营造一定的思想氛围、道德氛围和行为氛围，进而影响学生的价值观、道德观和行为心理。高校校园精神文化中的群体意识、社会舆论、共同习惯和风尚等，可以对个人的行为产生强大的大众化的群体心理压力和动力，从而在每个学生心理上引起共鸣，使其产生行为的自我控制，形成约束作用。高校校园精神文化的约束作用包括以下几个方面。

(1)行为约束。行为约束是高校校园精神文化中对人的不正当行为的约束能力。在高校中行为文化包括校园文化主体的各种行为方式。客观来说，如果某一种行为方式得到了持久的坚持，就会形成一种相对稳定的模式。对于高等院校而言，这种模式就是校风、教风和学风，它会对高校内部成员产生一种无形的约束支配作用，会使他们自觉或不自觉地使自己的行为方式符合行为规范要求，也会使得这样的风气能够持续发扬下去。

(2)舆论约束。舆论是一种社会力量，是社会生活中的一部分人对某种事物所持有的大体一致的意见，舆论具有支配人类行为道德的一定权威性，其对于人的言行具有一定的约束功能。在高校中，校园精神文化可以在校园内形成强大的舆论，甚至形成一种学校全体成员都要遵守的原则，对每个人的行为予以规范和约束。

(3)道德约束。道德约束指的是为了协调人类的社会关系而产生的一定的准则和规范。从本质上来说，道德是用善恶的标准对人与人之间的关系进行评价，其表现在道德现象的各个层面。一般来说，高校精神文化会对高校师生员工的道德产生规范制约的作用。除此以外，高校师生员工还必须要遵守社会公德，在相互交往中培养出符合时代要求的道德水平。

二、高校校园精神文化的载体

高校校园精神文化的载体有显性载体和隐性载体之分，显性载体指的是高校的校训、校徽、校风，隐性载体指的是高校的校史。这些载体通过文字、图像、声音和历史具化了高校精神文化，是实现高校精神文化和人之间连接的重要桥梁，在高校精神文化中发挥了重要的作用。

（一）校训

校训综合体现着一个大学的办学宗旨、办学特点和人文特性，它是对于大学特性的精华的文字概括，是学校精神的集中体现。大学的校训一般可以为高校师生所熟知，具有很高的辨识度，可以典型地体现学校的特征。校训体现了高校精神最根本的东西，其是校园文化建设的重要内容。

客观来说，校训对于造就和培养人才有着难以估量的实际作用。校训可以通过一种无形的力量对学校师生的言行产生影响，激励他们养成一种自律习惯和奋发图强的精神，最终形成优良的学校传统，营造出独特的高校校园精神文化。高校的校训是一所学校的精神财富，一个学校只有具有了自己的校训才能形成独特的校园精神。

校训可以优化人文环境和学术环境，从而吸引优质生源和优秀人才，树立学校的良好形象。校训是可以代代相传、历久弥新的，学校每一代的师生都会对其做出新的诠释，从而为其增添新的含义，一代又一代下来，校训成为高校师生精神世界的一部分，激励着他们在工作、学习、生活上克服一个个困难。

（二）校徽

大学的校徽是一种能够体现学校办学理念、办学特色以及在办学过程中沉淀和积累起来的人文精神的具有深刻寓意的图形。校徽从某种意义上代表了高校的精神和价值取向，隐喻大学的文化内涵和精神底蕴。每个大学都有独特的校徽，也代表着大学不同的特色和理念。

从本质上来说，高校校徽属于一种意象的营造。意象的营造通常是为了可以使校徽形象地表达出某种象征寓意。从这个角度来看，高校校徽意象要具备投射或者彰显其象征寓意的重要功能，把意象作为抽象之物，承载大学的思想精神。

（三）校歌

校歌是构成学校品牌的重要内容。一首高质量的校歌能够有效地激起广大师生员工的爱校热情，唤起校友对母校的深情回忆；可以增强学校内部的凝聚力和向心力，可以形成良好的学校形象，激励高校师生发扬学校优良传统，培养校友的自豪感、荣誉感。

音乐往往有不可思议的力量，音乐中的合唱艺术具有音色整齐、声部统一协调、情绪一致、表演默契的特点。而校歌就是一种需要合唱的音乐，需要在演唱过程中互相配合、互相协作，动作整齐划一，这样能够使学生不自觉地养成与同学和睦相处的习惯，有利于大学生集体主义观念的养成。由此我们可以看出，校歌有助于培养在校学生勤奋学习的优良品质和高尚的道德情操。

（四）校史

校史就是学校的历史，记录着一个学校在创建和发展过程中经历的坎坷和辉煌。校史的内容可以分为人事史和制度史两方面内容，人事史记载学校的名人名事，制度史记载学校的制度沿革。从整体上来看，高校校史包括多方面的内容，如学校的历史沿革、办学理念、学校重大改革决策的实施等，都属于校史的组成部分。

对于高校师生进行校史教育可以增强学校师生对于学校的了解，激发学生对于学校的热爱之情和认同之感。这具体体现为以下两个方面。

一方面，高校校园是大学生生活的主要场所，校园、教职员工、教学、科研、课外活动等是大学生生活的文化载体，通过校史教育可以使学校师生了解学校各个方面的沿革，进而更好地激发高校大学生个体赞美学校、建设学校的热情。

另一方面，校史教育所涉及的人物、事件往往生动具体，涵盖了本校发展历程中取得的一切科学成就，以及本校校友的光辉事迹等。这些人或事与高校大学生有着更加紧密的情感联系，从而也就更容易使他们产生心理上的共鸣。

总而言之，高校校史教育能够在无形中熏陶和感染师生，对他们的价值取向、人格塑造、思维方式、学术氛围、行为规范产生积极的影响，这样就能够打造高质量学校品牌。高校的生命核心是学校文化、学校精神，而对这些文化精神的最有力量的诠释就是高校的历史，校史真实记录高校历史，使高校精神和高校传统得以代代不息、薪火相传。

三、高校校园精神文化的内容

高校精神文化是由大学理念、高校传统、学风和校风共同组成的有机整体。高校传统是高校精神产生、发展的基础，大学理念则指高校精神文化的精髓和指南，是对高校传统的提炼与升华。大学理念和高校传统都是通过学风和校风显示出来的。

（一）大学理念

大学理念回答的是关于高校办学最本质的问题，也就是如何创办大学，建设什么样的大学的问题。对它的回答涉及大学教育的职能、存在价值、终极目的等问题，是以教育价值观念为核心的对大学教育的基本认识和看法，是大学在办学过程中对教育的实践先导，是高校精神文化的灵魂。

现代大学教育起源于欧洲，是欧洲中世纪以来大学制度的延续和发展，它的发展过程经历了欧洲传统大学的兴盛时期、大学的黑暗时期，在宗教改革、文艺复兴、启蒙运动、工业革命和民族国家的影响下孕育而生。德国著名教育学家洪堡在创立柏林大学时，确立了彪炳世界高等教育史册的大学理念——大学自治、学术自由、教授治校、教学与科研相统一。正是这种大学理念的存在才使得大学可以称之为大学，大学除了简单的教学任务外，还具有中小学不具有的品格，这种品格才是形成特有的大学理念的最重要因素，这种品格包括博大、精深、理想、价值、智慧等精深特质。我国大学教育没有继承中国千年以来的私学传统，没有得到传统教育“修齐治平”的宏伟理念，而是近代效法欧洲、日本的教育模式而形成的。我国最早的大学理念是五四时期时任北京大学校长的我国近代最著名的教育家蔡元培先生提出的，蔡元培先生主持北大的时期是北大历史上最为辉煌的时代，北大的大学理念也在这个时候形成。蔡元培先生认为大学应该是“囊括大典，包罗众家之学府，无论何种学派，苟其持之有故，言之成理者，兼容并包，听其自由发展”，倡导“循思想自由原则，取兼容并包主义”的大学理念。新中国建立之后，大学理念进一步地完善和充实，围绕“培养什么样的人，怎样培养人”的关键问题，逐步形成符合大学教育客观规律的理念。

（二）高校传统

高校传统是大学科学总结建设过程中的经验和教训后形成的，是高校长期办学实践所形成的历史积淀物。高校精神文化产生、发展和成熟的各个阶段，都烙上了高校历史的鲜明印记。

高校传统的发展过程大致可以分为三个阶段。

(1)第一阶段是高校传统的形成时期。当高校历史积累到一定阶段，高校传统从大学精神、大学理念中开始显露，然后经过学校人员总结后，被大学校长或者大学创始人提出。

(2)第二阶段是高校传统的发展时期。高校传统要想形成自成风格、独具特色的文化需要几代人的努力。而在这一形成过程中，需要大学师生的不断实践、认识，对高校传统逐渐进行内心的认同和内化。

(3）第三阶段是高校传统的成熟时期。这是高校传统被提炼归纳、完善、定型并得到传播肯定的时期。对于中国高校来说，它是中国传统学校文化和西方大学文化共同作用的结果，是我国一代代高校教育学者和高校师生共同努力的结晶。

（三）校风

校风是一个学校的精神状态的整体的外在体现，是在全校师生共同努力下、在长期教育管理中逐步形成的相对稳定的精神状态和作风，是学校道德风尚、学习风尚、工作态度等的综合反映，它体现在学校师生的日常言行和处世准则上。校风是高校校园精神文化的核心构成因素，是高校师生形成良好思想行为的土壤，也是校园文化赖以存在的支柱。

校风的形成是一个长期的过程。良好的校风会在学校内形成一种巨大的教育力量和价值导向，时刻影响着高校师生的言行，使他们不断完善自己的世界观、人生观和价值观，自觉或不自觉地改变自己思想和行为中与校风不适合的部分。除此以外，校风也具有很大的管理力量，它从价值准则上规范着师生的行为和习惯，具有强大的约束力，这种无形的规范具有一种较为持久的凝聚作用。

每一所高校具有不同的发展历史和发展理念，因而其校风各不相同。从这一点来看，我们可以将校风看作是一所学校的文化氛围区别于另一个学校的文化氛围的根本标识。随着学校的发展和社会历史环境的变化，学校的校风会在一代代学校师生中间经历改进、锻炼和提高，从而使校风可以随时代发展而变化。

（四）学风

学风指的是高校学生在长期学习过程中形成的学习习惯、生活习惯、卫生习惯、行为习惯等方面的表现，是一个学校所有学生风格的总体体现，它反映着学生集体在学习过程中表现出来的治学态度和方法。

学风建设是校园精神文化环境建设的重要举措，一个学校优良的学风有利于健康积极的精神文化氛围的塑造，可以提高大学生的精神品格，改善他们的行为习惯，提高他们学习的热情。学风是衡量一所高校教学质量的重要标志，人们可以通过对学风的观察来了解高校学生的精神面貌与综合素质的大致状况，进而推测学校的教育教学质量。总而言之，学风建设是高等院校保证和提高其教育质量的重要途径。

高校校园精神文化对学校师生员工的思想和行为有着一定的约束作用，使他们能够自觉地正视道德冲突，解决道德困惑，明确是非界限，进而激励学生探索奥秘、努力学习的自觉性和主动性，提高大学生的创新能力。

四、高校德育文化建设

德育是高校精神文化建设的一个重要内容，也是我国社会主义教育内容的重要组成部分，在我国教育方针中处于重要的位置。高校的德育工作有塑造学生灵魂、完善学生人格、培养学生道德品质、提升学生精神境界的崇高责任与使命。因此，高等院校必须要做好德育文化建设工作。

（一）高校德育文化建设的意义

德育是以培养受教育者一定的思想品德为目的的教育活动。高校德育文化建设就是对德育的各种要素和资源进行有效的组织与配置，以实现既定德育目标的过程。

总的来说，高校德育文化建设的意义具体表现为以下几个方面。

1．德育文化建设是高校管理的有机组成部分

我国高校管理的基本任务是全面贯彻党和国家的教育方针，促进高校大学生的德、智、体全面发展。由于德育是我国教育方针和教育内容的重要组成部分，德育文化建设自然也就成为学校管理一项不可或缺、十分重要的内容。但现实教育实践中，许多高校管理者对德育并不重视，他们往往更加重视教学管理、科研管理、人事管理、财务管理、总务后勤管理等切实可以考察的管理内容，而对德育文化建设工作放任自流。正因如此，我国高校的德育工作长期以来在客观上处于一种比较低效的状态。德育工作的改良与提高，如同其他各项工作一样也必须从加强管理入手。这就要求各高校领导和管理人员必须在思想上、行动上把德育文化建设纳入学校管理的整体范畴。高校教育以育人为本，以德、智、体、美、劳为先。任何对德育文化建设的忽略和轻视行为，既不符合党的教育方针，也有悖于学校管理的基本规律。

2．加强德育文化建设是提高学校德育工作效能的需要

德育是一个复杂的概念。从心理学的视阈来分析，品德的养成对于一个人的成长和发展而言，既是最基础、最简单的目标，又是最高级、最复杂的目标，因而对道德的反省与完善通常会伴随一个人的一生。从伦理学来看，对道德理想人格的追求往往需要每一个具有理性精神的人付出毕生的心血与努力，很多人在临终时依然会觉得自己距离理想人格的目标很远。由是观之，以培养高尚道德为旨归的德育，是一种极为复杂的人类社会活动。而这种复杂活动的有效运行和开

展，更不可缺少管理作用的发挥。

当代德育理论认为，高校德育具有全息性、开放性和生态创生性的特点与规律。全息性是指高校里的任何德育事件都能折射和反映出整个社会的道德状况与精神风貌。开放性是指高校德育工作永远是一个不可封闭的开放系统，它与人的整个社会生活和自然世界是相通相融的。而生态创生性是指高校德育工作的和谐运行和未来发展，需要在调动整个生态资源的基础上不断地进行生态创生，即需要坚持不懈地构建适宜于人类道德健康发展的社会环境和社会生态系统。

从上述学校德育工作的特点和规律来看，要想有效地开展德育工作，就必须通过加强管理来对德育工作进行认真、系统的计划、组织和协调。只有通过科学的管理和组织，才能做好高校德育文化建设工作。

3. 加强德育文化建设是新形势下提高学生思想道德水平的需要

我国现阶段处于社会转型期，这决定了我国社会形势的复杂多变，随着改革的深入、开放的扩大和社会主义市场经济的发展，高校德育工作也面临着更多前所未有的问题：如在经济体制发生重大变化的情况下，如何坚持社会主义意识形态的主导地位，如何进一步用马列主义、毛泽东思想和中国特色社会主义理论来教育和武装高校大学生；在进一步扩大对外开放、适应经济全球化的背景下，如何教育大学生正确地认识我国国情，继承和发扬中华民族的优秀文化传统，树立民族自尊、自信、自强、自立精神；在多元文化并存的背景下，如何教育高校大学生坚持社会主义主流价值观，树立正确的世界观、人生观和价值观，形成良好的道德品质；在科学技术迅猛发展和学习型社会普遍到来之际，如何教育和引导高校大学生在观念、知识、能力和心理素质等方面尽快适应这些新要求、新挑战等。这些问题都是当前高校德育工作所面临的全新课题。这些问题的解决，既需要从德育工作的层面来加强研究，也需要从德育文化建设的层面来进行破解。

（二）德育文化建设的原则

1. 系统性原则

高校德育工作是一个由诸多要素组成的复杂系统。因此，高校德育工作管理必须坚持系统性原则，即树立全局意识、整体观念，统筹协调地充分发挥德育诸要素的作用。在具体的管理工作中，尤其要注意使影响高校学生品德发展的各种教育因素保持一致，防止德育思想和德育影响因素不连贯、不统一。

此外，还要注意促进德育与其他教育有机结合、相互渗透、协调并进。从德育的全息性、开放性和生态创生性的特点出发，使学校的德育工作与整个国家、整个社会的思想道德教育和精神文明建设保持协调一致。

2. 民主性原则

高校德育文化建设的根本任务是解决高校学生在思想道德发展中所面临的各种问题，而思想道德问题的解决，并不能使用任何强制命令，必须坚持真理面前人人平等的原则，做到循循善诱、以理服人，晓之以理、动之以情、导之以行、持之以恒。在德育文化建设工作中，必须遵循主体间平等对话的民主性原则。

3. 方向性原则

我国高校德育文化建设工作必须坚持社会主义方向性原则，坚持以马克思主义、毛泽东思想和科学社会主义理论为指导，自觉运用辩证唯物主义、历史唯物主义的立场、观点和方法来研究高校德育文化建设工作中的新问题、新情况、新矛盾，以正确的思想观念和价值导向来指导德育工作。与此同时，还要在科学社会主义理论的指导下，与时俱进地不断创新德育文化建设的新机制、新途径、新方法，确保德育实践能够不断满足培养社会主义建设者和接班人的需要。

4. 实效性原则

目前，我国高校德育实践领域存在的突出问题就是形式主义泛滥，空洞说教流行。这种流弊已经引起了党和政府以及社会各界的高度关注与批评。因此，增强高校德育工作的科学性、针对性和实效性，是当前加强和改进高校德育文化建设工作的当务之急，也是高校德育文化建设工作所要破解的难题之一。

（三）德育文化建设的组织工作

1. 确立德育目标

高等院校要对本校在未来一段时期内所要进行的德育工作提出明确的目标和

要求，包括学生思想品德发展、学风改进、师德建设、校园文化发展等各个方面。有了明确的德育目标，学校整个德育文化建设工作就有了努力的方向和抓手。因此，德育文化建设的组织必须首先从确定德育目标开始。

确立德育目标是德育文化建设工作的方向和抓手，高校德育文化建设的组织，应当着重从确立高校德育目标、组建德育管理机构、健全德育工作制度、加强教师队伍建设等诸方面抓起。

2．健全德育组织机构

建立健全高校德育组织机构，明确界定其职责是有效开展高校德育活动的基础。高校德育组织机构既包括党、团、群组织，也包括以校长为首的各级行政组织。高校中的党组织是开展德育工作的核心领导机构，高校中的教育工会、共青团和学生会等组织是开展德育工作的重要力量。高校管理者承担着对大学生全面教育和培养的责任，高校学生处是管理学生思想政治教育的主要职能机构；高校的各院系的党总支、学工组、辅导员等，是学校开展德育工作的基础性力量。只有建立、健全了上述德育组织机构，配齐、配强了德育工作者队伍，高校的德育文化建设工作才能扎实、有效地开展。

3．完善德育工作制度

健全和完善德育工作制度是有效开展德育工作的制度保证。高校德育工作制度本身既具有管理功能，又具有育人功能。从高校管理者和教师的角度来看，至少应制定《德育工作会议制度》《德育工作检查、考评、奖惩制度》《辅导员守则》等。从大学生的角度来看，学生应当遵循国家对学生在思想品德方面的基本要求，如《学生纪律管理条例》《课堂规则》《学生宿舍条例》《学校公共场所管理制度》《学校文明礼貌行为公约》《学生爱护公物规则》等。为了确保这些制度能够得到切实可行的贯彻执行，各高校还应建立各种配套的监督检查制度。

4．加强辅导员队伍建设

高校德育的人力保证核心在于加强学生辅导员队伍的建设。首先，应按照教育部辅导员与学生之比为 1∶200 的要求，将专职辅导员配齐、配足；其次，要选拔责任心强、热爱学生的青年教师来担任学生的兼职辅导员或班主任。只有保障了德育工作者队伍，德育文化建设工作才能扎实、有效地开展。

5．加强广大教师的师德建设

高校德育工作的基础性力量在于广大一线教师的人格感染力，他们对高校大学生的品德有巨大的影响。充分发挥高校教师在教书育人中的主体地位和作用，是做好学校德育工作的重要基础。列宁说："学校的真正的性质和方向并不是由地方组织的良好愿望决定，不由学生'委员会'的决议决定，也不由教学大纲等决定，而是由教学人员决定的。"高校教师的职责不仅在于传授知识，还包括影响学生的品质。高校教师只有首先纯净自己的思想和灵魂，拥有高尚的师德，才能有效地担负起育人的使命。孔子云："其身正，不令而行；其身不正，虽令不行。"因此，实施德育工作、加强德育文化建设，一项很重要的任务就是必须首先加强师德建设，要增强教师热爱学生、关心学生、服务学生的责任感，要引导广大教师严于律己，以身作则，为人师表，在思想和言行上时时处处为学生做出表率，并通过这种表率作用对学生思想品德的养成产生潜在的影响。

（四）德育文化建设的实施

高校德育文化建设工作的实施管理方法、手段和途径很多。从高校管理者来讲，应重点抓好政治课教学、各科教学中的教书育人这两方面的工作。

1．加强思想政治课教学

加强对思想政治课教学的管理，充分发挥政治课教学在德育中的主渠道作用是我国高校德育工作的重点。我国社会主义制度的现实情况要求高校进行思想政治课教育，这也是中国特色社会主义德育体系的重要体现。

思想政治课程是为培养高校学生的道德品质而专门设计和开发的课程，既具有专门的课标和教材，又具有"术业有专攻"的专业教师，因此其在德育中的功能和效力是其他任何教育教学和活动都无法比拟的。因此，加强德育文化建设必须牢牢抓住开好思想政治课这个重心。从现阶段我国德育课的开设状况来分析，存在的主要问题是课程开设的时间和形式虽能保证，但实际效果不够理想，甚至出现了学生根本不听、不信的局面。针对这一情况，目前加强思想政治课教学的关键在于增强实效性。具体措施如下。

第一，思想政治课的教学内容必须紧贴学生的思想实际和生活实际，不要只是照本宣科、空洞说教、机械灌输。我国高校思想政治课教学的一个重要问题仍然在于，高校教师在教学中如何把教材的内容体系讲深、讲透、讲活，真正收到学生能入耳、入脑、入心的实际效果。在这一点上，高校管理者和德育教师应当多想对策。

第二，思想政治课的教学方法和形式要灵活多样。在解决了内容体系抽象枯燥的问题之后，如何在教学方法、手段和组织形式上吸引学生，就是开好思想政治课的关键问题。高校的思想政治课教学一定要坚持直观性、启发性和针对性原则，努力做到“寓道于形”“寓庄于谐”“寓教于乐”。只有以深入浅出、生动灵活、直观具体的方法讲授这门课程，才能引起高校学生的兴趣，使学生爱学、乐学。继而才能使这门课程的实际功效真正得以发挥。

第三，高校应当加强思想政治课的教师队伍建设。高校教师的专业素质是决定教学质量和效果的关键。思想政治教育也是一门专业课程，德育工作同样也具有科学的规律性。当前，高校思想政治课的师资队伍状况存在较多的问题，任课教师的专业化水平较其他学科都有相当的差距，以至于出现了“谁都可以当政治课教师”的滥竽充数现象。这种状况导致了“二律背反”现象出现，高校一方面在文件上、政策上把思想政治课的重要性说得天花乱坠，一方面却在人员配置和队伍建设上极其忽视和敷衍。这是导致这门课学生不爱听、听了不管用的重要原因。因此，要想发挥思想政治课的主渠道作用，增强这门课程的实效性，就必须大力加强其师资队伍建设。对思政课教师的学历、学位、职称等专业资质，应该提出与其他学科一样的要求，对其教学过程的考核、考评以及教师的业务进修等，应纳入高校整体管理的范畴。

2. 强化各科教学的育人功能

高校的各个专业设置、各个教学科目都是对学生实施思想道德教育的基本途径与载体。各科教学的内容、教学过程的组织、任课教师的学问与修养等都蕴涵着广泛而丰富的德育因素。只要高校教师可以有目的、有意识地深入挖掘和运用，就可以达到集教书育人、融知识传授与道德培养于一体的客观效果。

西方发达国家很少直接开设思想政治课程，他们的德育途径和方式就是通过各科教学来渗透的。他们认为，思想道德教育是一种整个教育过程都不可或缺的“盐”，但盐不可能专门作为一道菜来让人直接吃，盐只有调和、溶化在各道饭菜之中，才能供人们食用。西方国家的德育理念可以作为我们的借鉴。通过各科教学来渗透德育，能够达到“随风潜入夜，润物细无声”的效果，使思想教育与科学教育有机地融合为一体。因此，高校在各科教学工作中必须要提出明确的德育目标和要求，使广大教师努力做到寓思想道德教育于各科教学之中，达到教书育人的有机结合、和谐统一。这一过程的关键是要求高校教师深入挖掘教材中的思想道德教育资源，把辩证唯物主义、历史唯物主义教育，世界观、人生观、价值观教育，爱祖国、爱人民、爱社会主义教育，以及各种道德伦理规范教育等内容，有机地渗透到对教材内容的讲解和阐发之中。同时，各科教师要严于律己，以身示范，为人师表，在思想道德和行为规范上努力为学生做出表率。

第四章 高校校园安全文化建设

高校校园的治安情况、大学生安全问题、高校周边的治安管理以及高校心理健康教育都直接影响着高校教学科研工作的顺利进行。搞好校园及周边环境安全的综合治理，营造安全稳定的校园环境，对于高校自身乃至整个社会的安全稳定具有十分重要的意义。本章主要对高校校园安全体系建设的相关问题进行系统且深入的研究。

第一节 高校大学生安全管理的内容与原则

一、大学生安全管理的内涵与特点

（一）大学生安全管理的内涵

“安全”一词在《现代汉语词典》里有三层含义：第一，没有危险；第二，不受威胁；第三，不出事故。“无危则安，无缺则全”体现着人们在安全理解上的传统观念。安全是一个历史的范畴，具有时代的特性，在不同时期和历史条件下，人们对安全有着不同的理解和要求。

大学生安全管理是指管理者根据社会的要求，针对大学生群体特点，有计划、有组织、有目的地对大学生实施安全教育及管理，妥善处理各类安全事故，以保障高校稳定和大学生安全，最终达到引导大学生全面健康成长的目的。大学生安全管理已由以往单纯地强调校园安全管理向以建立教育、管理和事故处理一体化的服务体系转变，逐步成为以培育安全理念、提高安全素养、增强安全技能、促进大学生全面健康发展为目的的安全管理活动。

（二）大学生安全管理的特点

与其他安全管理相比，大学生安全管理有以下三个方面的特点。

1．群体性

大学生安全管理是对大学生学校生活这个特殊的群体性生活环境的管理，是对青年大学生这一同质性群体的管理，具有明显的群体性特征。通过加强对寝室、教室、实验室、图书馆等涉及学生学校生活各个方面的常规安全管理，保障大学生在校期间的人身财产安全，维护学校正常的教学和生活秩序，有效地排除其他社会生活环境中的不良因素对大学生学校生活的干扰，为大学生创造一个良好的学校生活环境。

2．教育性

大学生安全管理在对大学生学校生活进行常规安全管理的同时，也在对大学生进行着安全方面的常能训练。少数大学生疏于日常生活安全，缺乏基本的安全常识和技能，这给大学生学校生活以及其他社会生活带来很多的隐患，不利于大学生健康成长。管理本身也是一种教育，大学生安全管理是大学生积累日常生活经验的重要途径，是对大学生进行常能训练的重要内容。大学生安全管理要充分发挥其育人功能，以促进大学生全面健康成长。

3．青年性

大学生安全管理的对象是青年大学生。因此，大学生安全管理是针对青年大学生特点的安全管理。当代大学生思想活跃，独立性强，有创新精神，对周围的事物特别是新鲜的事物和知识反应迅速。同时，也应看到，大学生普遍存在着安全意识淡薄、社会经验不足、防范能力较差等特点。大学生安全管理更加注重通过对青年大学生在校期间的日常学习、工作和生活的教育及管理，培养大学生正确的安全意识和良好的安全行为，在发挥青年大学生自身优点和长处的同时，帮助和引导大学生养成良好的安全行为习惯。大学生安全管理的青年性特征也体现在大学生安全管理的内容、形式、方法和途径随着青年大学生在不同时代、时期的特点而不断地创新和发展。

二、大学生安全管理的内容

大学生安全管理作为一项有计划、有组织、有目的的安全管理活动，包括日常的安全教育、安全管理以及安全事故的处理等基本内容。与此同时，大学生安全管理应以防范涉及教育系统突发公共事件的发生为重点工作，高度重视对校园突发公共事件的预防与控制。

（一）大学生安全教育

安全教育作为安全管理的基本内容之一，是事故预防与控制的重要手段。安全教育是通过各种形式的教育和培训，努力提高人们的安全意识和安全技能，使人们学会从安全的视角观察问题和审视问题，用所学到的安全技能去处理问题的教育活动。安全教育的内容非常广泛，一般而言，大学生安全教育包括安全知识教育和安全技能培训两个部分。安全知识教育包括法律法规的教育、安全常识教育、早期职业安全教育，以及心理健康教育。安全技能培训包括日常安全防范技能培训和早期职业安全技能培训两个部分。与系统的安全理论知识教育相比，安全技能培训针对性较强，注重实践教学环节，着眼于培养大学生的实际动手能力，它的主要目的是使大学生具备在某种特定的环境或条件下安全顺利地完成任务的能力。

大学生法律法规教育包括以下几个方面：基本的法律法规教育，诸如《中华人民共和国宪法》《中华人民共和国刑法》《中华人民共和国教育法》《中华人民共和国高等教育法》等；国家有关安全管理工作方面的方针、政策、法律、法规的教育，诸如《普通高等学校学生管理规定》《高等学校学生行为准则》等；校规校纪的教育，特别是涉及大学生日常行为规范的教育，诸如校园治安秩序管理规定、公寓管理规定、教室学生行为管理规范、宿舍防火制度、学生违纪处分条例有关规定、文明离校有关规定、社团管理条例等。对大学生开展法律法规的教育，能够帮助大学生树立法律观念，形成良好的法律意识，使大学生对学校安全工作有一个总体性的了解，对自身所处的学习、生活环境有充分的认识，对自己在校园安全方面所承担的权利和义务有正确的态度，对自身在事故处理中所承担的责任有清醒的判断。

大学生安全常识教育主要包括防火、防盗、防抢、防骗、防滋扰、防食物中毒、防止网络犯罪等与大学生学习和生活联系紧密的安全知识教育，目的在于使学生掌握安全防范知识，树立安全防范意识。对突发公共事件的安全知识的教育和普及，是对大学生进行安全常识教育的重点内容。通过对大学生开展突发公共事件的安全教育，使大学生对突发公共事件有全面的认识，掌握在自然灾害、事故灾难、社会安全事故、公共卫生事件等突发公共事件发生时所能用到的预防、避险、自救、互救、减灾等公共安全知识和技能。对大学生开展全面、系统的安全常识教育，能够帮助大学生建立起科学的、实用性强的安全知识体系，有效地保护自身安全和公共安全。

大学生早期职业安全教育也是大学生安全教育重要内容之一。早期职业安全教育主要是开展与大学生所学专业相关的安全教育，教育内容是在大学生实验室安全教育和实习实践安全教育的基础上，更加注重于针对大学生走出校园、步入社会后，从事所学相关专业工作时将面临的职业领域安全问题而进行的安全知识教育。早期职业安全教育体现着以人为本、终身教育的理念，更加关注大学生的未来安全。早期职业安全教育是提高大学生安全意识和安全素质的重要途径和手段。

大学生心理健康教育是大学生安全教育的重要组成部分。大学生心理健康问题受多方面因素的影响。学校是大学生学习、生活的主要场所，也是大学生产生心理问题的主要影响因素之一。从大学生的角度来看，学习压力的增大、生活环境的改变、就业和考研竞争的激烈等都会导致大学生出现心理安全问题。从学校的角度来说，教学方法不当、管理不严格、奖评不公等情况的发生也会给大学生心理带来不良的影响，使学生思想、行为异常，缺乏安全感。因此，在对大学生进行安全教育时，对大学生开展全面的、适时的心理健康教育显得尤为重要。心理健康教育主要包括应对挫折的心理教育、恋爱与性心理教育、人际交往的心理教育、正视学习的心理教育、如何应对环境和角色改变的心理健康教育，以及遭遇突发事件时的心理健康教育。心理健康教育能够帮助大学生了解自身的心理健康状况，掌握调节心理状态的科学方法，指导自身行为实践，保护自身安全和合法权益。

大学生安全防范技能培训，是在安全理论知识教育的基础上，着重培养和锻炼大学生处理实际安全问题的能力。安全防范技能培训主要是通过课堂安全技能的演示、课外实习实践、有组织的应急演练等活动，训练大学生防盗、防抢、防火、防人身伤害，以及应对公共突发事件等日常安全防范技能，提高自身防卫能力。早期职业安全技能培训主要针对学生专业领域的安全特点，通过实习、实践和专门训练等方式和途径，对大学生开展知识性和预防性的职业安全技能教育和培训，增强大学生职业安全素养和专业知识水平，促进大学生日常安全防范技能水平的提升。

（二）大学生日常安全管理

大学生日常安全管理是指对大学生在校期间的学习和生活过程中所涉及的安全问题进行的管理，主要包括人身安全管理、财产安全管理、消防安全管理、交通安全管理、社交安全管理、网络安全管理、卫生安全管理等。

人身安全是大学生日常安全管理工作中最重要的安全问题。大学生在校期间，威胁大学生人身安全，容易对大学生构成人身伤害的因素主要来自三方面：一是人为因素造成的不法侵害，如打架斗殴、寻衅滋事、聚众闹事等；二是因不可抗力造成的人身伤害，主要指自然灾害，如地震、雷击、山体滑坡、泥石流等；三是因意外事故造成的伤害，如摔伤、溺水、撞伤等。在大学生日常安全管理工作中，主要从以上三个方面着手开展大学生安全管理工作，规范大学生日常行为，防止滋扰事件、伤害事件、人身侵害事件的发生，做好安全事故的预防工作。同时，在大学生受到人身安全威胁时，做到及时对大学生进行帮助和处理，并如实向主管部门和领导汇报，以有效保护大学生人身安全。

财产安全是大学生日常安全管理的一项基本工作。财产保护一般分为自力的保护和他力的保护。自力保护是指通过自己的力量，依靠所具备的安全防范知识和技能，对自己所拥有的合法财产采取措施进行保护。他力的保护是指根据国家法律的规定，依靠国家执法机关实现对个人财产的保护。随着科技的普及、信息时代的到来，大学生中拥有手机、笔记本电脑的人数不断增多，在带来更好的交互性和可移动性的同时，校园手机、电脑丢失，特别是手提电脑被盗的现象明显增加。近年来，随着高校中校园一卡通（即图书卡、饭卡、超市购物卡功能于一体的校园卡）的使用，以及高校为大学生统一办理的银行信用透支卡业务的普及，在给大学生带来便利的同时，因自身保管不慎而丢失、被盗的现象也相应增多，往往给大学生带来不小的财产损失。因此，在财产安全管理过程中，应充分利用安全管理活动开展宣传和教育，引导和培养大学生增强自身财产安全保护的意识和能力。同时，着力从加强校园治安秩序、宿舍安全、公共场所安全等方面防止诸如抢劫、盗窃、诈骗等危害大学生财产安全的事件发生，加大打击力度，保障学生财产安全。

消防安全是高校安全工作的重中之重，任何部门和个人都有预防火灾、维护消防安全的义务。校园是大学生活动的主要场所，为保护大学生的人身和财产安全，在大学生安全管理工作中必须做好校园安全防火工作。图书馆、教学楼、体育馆、食堂、实验室等公共场所是大学生安全管理的重要场所。对这些场所的管理主要包括建立、健全规章制度和硬件配套措施，实行定期检查、报告和评估制度，重点检查消防设施、指示标志、应急照明、安全出口、疏散通道是否符合国家有关标准，严防火灾的发生。在防火工作中，对大学生集中住宿的公寓、宿舍楼进行安全排查和管理是大学生安全管理的重中之重。在管理中，必须坚决制止违章用电、用火等行为，在教育的基础上，对违反消防安全规定的行为进行严肃处理。

交通安全问题在保护学生安全的工作中处于越来越重要的地位。随着高校办学规模扩大，校区面积增大，校区和在校学生人数增多，加之城市交通发展和后勤服务社会化因素的影响，大学生校内外交通安全事故呈现上升的态势。这就需要对大学生进行交通安全知识的宣传、教育和培训，明确责任和义务，帮助和引导大学生从关爱校园交通、关爱自身和他人生命出发，遵守交通规则，避免和减少校园安全事故的发生。同时，高校安全管理部门应根据学校实际情况，制定切实可行的安全管理条例，严格执行规章制度，规范交通安全行为，从严管理校园交通秩序。

社交安全问题越来越受到人们的关注。随着科学技术的不断发展、信息化时代的到来，大学生社会交往活动不断增多，影响大学生社会交往安全的因素也在不断增加。近年来，由于缺乏必要的社交安全知识，以在高校应届毕业生求职择业中出现的社交安全问题为代表的大学生社交安全问题越来越受到人们的关注。这就要求管理者在大学生日常安全管理工作中，加强对大学生社交活动的规范和管理，在勤工助学、求职择业、社团活动、异性交往等社交活动中加强管理，规范和引导大学生的社交行为，使其养成良好的社会交往习惯。

随着互联网技术在我国的发展，我国的网民数量已超过美国，位居世界第一。信息化、网络时代的到来，给人们的生活带来了很多的便利。相应地，网络安全、网络行为问题也给人们以无尽的烦恼。作为紧跟时代步伐的大学生群体，是我国网民的重要组成部分。他们利用网络搜集信息，学习知识，交流沟通，促进自身更好地完成学业。然而，少数大学生迷恋网吧、浏览不良信息、沉迷于游戏、聊天交友、不慎受骗上当等问题时有发生，有的甚至走上了犯罪的道路。在大学生日常安全管理工作中，必须高度重视大学生网络安全问题，加强网络监管，规范大学生的网络语言和网络行为；加强宣传教育，引导网络良好道德氛围的形成，坚决打击网络犯罪，维护高校网络安全。

卫生安全管理主要是指对关系到大学生学习生活的校园公共卫生安全管理，以及突发公共卫生事件的防控工作。近年来，校园突发公共卫生安全事件仍时有发生。以传染病为例，2019 年底突如其来的新冠肺炎疫情打破了人们宁静的生活，各高校为了全体师生健康和生命安全，纷纷根据《高校卫生工作条例》《传染病防治法》《突发公共卫生事件应急条例》以及国家疾控中心和地方疾控中心有关文件精神，制定了各项措施保障力保 2020 年 9 月份能够正常开学。

（三）大学生安全事故处理

化解矛盾冲突，参与处理有关突发事件，维护好校园安全和稳定，是辅导员的主要工作职责之一。大学生安全事故处理主要是针对在学校实施的教育教学活动或者学校组织的校内外实习实践活动中，以及在学校负有管理责任的校舍、场地，及其他教育教学设施和生活设施内发生的，造成在校学生人身伤害、财产损害等后果的安全事故的处理。安全事故发生后，保护学生和学校的合法权益是大学生安全事故处理的主要目的和原则。大学生安全事故处理主要包括事故的调查取证、事故责任的认定、事故损害的赔偿和对事故责任者的处理四方面的工作。

事故的调查取证工作是事故处理中十分重要的一个环节，它是弄清事故发生的经过、查找事故原因、有效控制事故的重要步骤。学生人身和财产发生一般伤害、损失后，通过及时调查处理，开展相应的调查取证工作，以获取事故发生的一手资料，找出事故发生的根本原因。在校园内，发生诸如学生非正常死亡、重伤或被窃、失火等突发公共事件造成人身和财产重大损失时，辅导员应保持沉着冷静，迅速采取措施进行抢救和保护现场，并及时通知学生家长；同时，加强思想政治教育工作，稳定学生情绪，恢复正常的教学和生活秩序，协同有关部门妥善处理；在调查取证的基础上，形成调查报告及时向学院、学校，以及相关主管部门汇报。

安全事故责任的认定，是在事故调查取证后，在对各种证据资料汇总和分析的基础上，进行相应事故责任的判定。在安全事故责任认定的过程中，主要依据相关法律法规及有关规定，对学校、学生或其他相关当事人进行责任认定工作。安全事故责任的认定，主要是根据事故相关当事人的行为与损害后果之间的因果关系依法确定。由学校、学生或者其他相关当事人的过错所造成的安全事故，依据相关当事人在事故中行为过错程度及其与事故损害后果之间的因果关系认定其应承担的相应责任。当事人的行为是事故损害后果发生的主要原因，应当认定其承担主要责任。当事人的行为是事故损害后果发生的非主要原因，应当根据实际情况认定其承担相应的责任。

对所发生的事故负有责任的组织或个人，按照法律法规的有关规定，确定其承担相应的损害赔偿责任。在赔偿的范围与标准上，按照有关行政法规、地方性法规，或者依照最高人民法院司法解释中的有关规定执行。对于参加了学校集体组织的意外伤害保险、责任保险等险种的学生，积极主动帮助学生做好保险的受理和赔偿工作。在事故发生后，根据投保险种和投保公司的不同规定，帮助学生及其家长做好相应的报案工作、报销凭证的准备工作，以及相关证明的开具工作等。

对事故责任者，根据责任主体在事故中的具体情况进行相应的责任追究。对安全事故负有责任的学生，依据事故实际的情况，以及对事故责任的认定进行相应的处理。因违反学校纪律而对事故的发生负有责任的学生，根据学校相应的管理规定，诸如学生违纪管理规定、公寓管理规定、校园治安秩序管理规定等给予相应的纪律处分。因触犯刑律而对事故的发生负有责任的学生，交由司法机关依法处理。在对学生责任主体进行处理时，本着教育为主、处罚为辅的原则，使负有责任的学生通过事故教训受到安全教育，从而改正自身不良思想倾向和行为习惯，充分认识到安全对自身和他人的重要性。

三、大学生安全管理的原则

大学生安全管理的原则是在大学生安全管理工作的实践中形成的，体现了大学生安全管理的客观规律，是大学生安全管理必须遵循的准则。大学生安全管理工作遵循的主要原则有保护学生原则、教育先行原则、明确责任原则、教管结合原则。

（一）明确责任原则

明确责任原则是指在大学生安全管理中，建立健全岗位责任制，完善大学生安全管理的队伍建设，实行责任追究制度。贯彻明确责任原则，有利于调动各方面积极因素做好大学生安全管理工作，有利于大学生安全管理应急机制的建立，有利于建立、健全规章制度，加强队伍建设，实现严格管理。贯彻明确责任原则，能够在大学生安全管理中形成自上而下的合力，由主管部门牵头，各有关职能部门分工协作，积极配合，明确各自责任，具体组织实施安全教育和管理工作，使大学生安全管理工作制度化、法律化、长效化。贯彻明确责任原则，能够把责任与权利结合起来，既明确了责任，又充分重视各安全职能部门的各负其责问题，做到责权分明。同时，建立责任评估体系，确立考核指标体系，运用测量和统计分析等先进的方法，对实际效果进行科学的评估。

（二）教育先行原则

教育先行原则就是在大学生安全管理中，注重发挥安全教育的预防作用，通过课堂教学和课外实习实践，利用各种宣传、教育活动，使大学生掌握安全知识和安全技能，明确安全管理的重要性，理解安全防范的重要意义，自觉地参与到安全教育和管理活动中来。大学生安全管理工作要以预防为主，而做到预防为主，就必须以教育为先导，通过安全教育，使大学生充分认识预防工作的目的和意义，以此来使大学生认识安全工作。在大学生安全管理工作中，认真贯彻落实教育先行原则，重视安全管理中的教育工作，使安全教育充分发挥其预防作用，帮助大学生树立起正确的安全防范意识，掌握安全常识，具备安全防范技能。避免安全教育形式化、表面化，从预防为主的安全管理工作重心出发，来理解教育先行原则，高度重视大学生安全教育工作。教育先行原则还应重视对大学生安全技能的培训，克服单纯注重安全知识教育而忽视安全技能培训和实习实践的思想和倾向。

（三）保护学生原则

保护学生原则是指在大学生安全管理工作中，以学生为主体，依据大学生生活、学习和成长的需要，针对大学生的知识结构和年龄特点，开展安全教育和管理活动，保障大学生的人身安全和财产安全，促进大学生的健康成长。保护学生原则充分体现了高校以人为本的办学和管理理念。对大学生安全的保护要靠管理，这种安全管理不是消极、被动的管理，不是为了管理而管理、出了事故才管理，而是积极、主动的管理，是充分了解学生安全需要、针对大学生群体特点的管理。因此，贯彻保护学生原则，应注重研究群体与群体之间、群体与个体之间，个体与个体之间的关系问题。贯彻保护学生原则，应把个体教育与群体管理结合起来。在重视个体的主体地位，突出大学生安全管理对个体的教育职能的同时，注重对群体的管理职能发挥，并将两者有机地结合起来。同时，还要充分发挥和调动大学生的主体性，使大学生切身体验到大学生安全管理工作对自身发展的重要性，把外在的教育转化为大学生自身的个人安全意识，组织他们积极参加各种安全教育活动，实现自我教育和自我管理，并最终转化为自己良好的行为习惯。

（四）教管结合原则

教管结合原则就是在大学生安全管理工作中，把安全教育与安全管理两个基本内容有机地结合起来，在充分发挥教育与管理各自的作用的同时，使二者互为条件，相互补充。在安全管理实践中，往往会出现安全教育与管理脱节的现象，贯彻教管结合原则，有利于开展以预防为主的大学生安全教育工作，有利于教育和管理资源的充分利用，使之有机地结合起来，有利于安全管理水平的不断提高。作为教育主体的安全教育和管理工作者，应不断提高自己的安全教育水平，提高安全管理的整体能力，以便更好地贯彻和落实教管结合原则。同时，注意教管结合的工作重心问题，根据不同的时间、地点、不同的工作对象、不同的任务和内容来调整教育与管理的工作重心，做到相互结合，互为补充。

第二节　校园内部安全问题及应对策略

为保障在校师生的安全，高校建立了一系列校园安全管理制度。但制度的实行，并不能杜绝一切事故的发生，大学生还应不断提高自己的安全防范能力，避免来自外界的不良侵害，针对不同类型的安全问题，采取相应的措施。下面对高校校园常见的几种安全问题及其应对进行分析。

一、盗窃问题及其应对

盗窃问题是高校安全问题中最多的一种，主要是由疏于管理、缺乏安全防范意识和管理制度不健全等因素引发的。一方面，随着高校扩招，办学规模不断扩大，在校学生数量增多，学生的素质参差不齐。另一方面，学校的安全防范管理相对滞后，大学生思想政治教育比较薄弱，再加上严峻的社会治安形势，导致高校校园盗窃案件频发。

校园盗窃作案主体，主要是由对大学生日常活动规律比较了解的社会流动人员以及存在不良嗜好的大学生组成，获取财物是其主要的目的。大学生的经济来源主要是家长，因此他们大多数会比较节俭，财物一旦被盗，往往在经济上和心理上产生很大的压力，影响其正常的学习和生活。

针对这一问题，大学生们应从以下几个方面进行积极应对。

（一）遵守规章制度

大学生应严格遵守学校制定的各种规章制度，自觉维护宿舍、教室、校园等的安全，以保障各项安全保障工作的顺利开展，不给违法犯罪分子留可乘之机。辅导员、学生社团以及学校相关工作人员要通过各种活动向同学们宣传一些安全常识，结合具体案例对校园盗窃案的特点和规律进行分析，增强学生们的安全警惕性。

（二）加强防范意识

无论是通过什么手段，盗窃分子的最终目的都是窃取他人的财物，因此大学生应提高自我防范意识，保管好自身的财物，具体需要做到以下几点。

（1）将多余的现金存入银行，随用随取，贵重物品（如笔记本电脑、手机等）要随身携带或进行收藏管理。

（2）养成随手关门窗的习惯，很多大学生财物丢失就是由于短时间离开宿舍不锁门造成的。

（3）对钥匙进行严格管理，避免钥匙乱扔乱放而被他人盗走，造成财物丢失。

（4）处理好同学之间的关系，形成一个友好互助的集体。在学习上要互相帮助，在生活上要互相照顾，不给盗窃分子留下可乘之机。

（5）对于陌生人要提高警惕。对来宿舍或教室找同学的人既要以礼相待，又要有所防备，尤其是对上门推销商品的陌生人，更要加强警惕，发现可疑之处，应及时向学校保卫人员反映。

（三）遇盗后做到沉着冷静

即使具有了很强的防范意识，治安管理措施也非常到位，学生在日常生活中也难免会遇到财物被盗的事件。遇到这种情况时，一定不要紧张，做到沉着冷静，随机应变，在保证自身安全的同时，制止盗窃行为的进行，并且力争抓获违法犯罪分子。

二、诈骗问题及其应对

大学生虽然身心日渐成熟，但社会阅历尚浅，思想比较单纯，非常容易上当受骗。尤其是身处困境，需要他人援助时，极易失去警惕性，不自觉地进入骗子的圈套。有的损失钱物，有的荒废学业，对身心造成了极大的伤害。

高校诈骗类的案件非常多，有的通过直接诈骗获取钱财，有的是利用老乡、同学的关系进行诈骗，等等。从众多的案例分析可以发现，无论诈骗者采用多么高明的手段，只要保持清醒的头脑，不为利益所动，就可以免遭诈骗。为避免学生遭到诈骗者的侵害，学校应做到以下几点。

（一）提高学生辨别真伪的能力

大学生们还没有步入社会，通常对这个社会的理解充满了理想的色彩，相信世间的真诚与美好，大多数人并没有防人之意。因此，高校在日常的教学管理中，应该多对这方面的法律制度进行宣传，提醒学生对社会中的各种问题要有一个客观辩证的认识，提高他们对骗子的防范意识。

（二）建立健全校园出入制度

高校应对校园出入进行严格管理，要求学生和教职工在出入校门、办公楼、宿舍楼等场所时佩戴校徽等标志，校外人员需进行登记才可进入，并要提醒学生不带不熟悉、不了解的人进入校园，不给一些别有用心的人留可乘之机，消除安全隐患。

（三）教育学生谨慎交友

大学生有着非常强烈的人际交往的需求，为了得到友情和爱情，他们希望结交更多的朋友。在对学生这种需求予以充分理解、尊重的基础上，学校应教育学生对于接触的人不要盲目轻信，不要随便告知对方自己的信息，同时对其进行观察。尤其是在网络中，面对虚拟的一切，不能迷失了自我。

（四）教育学生不图小利

从众多的诈骗案例中可以看出，受害者之所以受骗，在很大程度上是由贪心造成的。因此要教育学生在与人交往时，不要贪图小利，不要被诈骗者的花言巧语蒙骗；要教育学生脚踏实地做事，坚信世界上没有免费的午餐。

三、流氓滋扰问题及其应对

与社会上的其他场所相比，高校校园是一个较为安静、祥和的地方，但有时也会发生一些流氓滋扰的问题，扰乱了校园环境，甚至对师生造成伤害。例如，同学之间因发生口角引起的打架斗殴事件频发。这些暴力滋扰等问题对广大师生的学习、生活造成了不良影响，应该采取有力措施避免此类事件的发生，学校应教育学生做到以下几点。

（一）加强自身修养

大学生应对自身的发展特点有一个清楚的认识，通过自我学习和别人的帮助来克服自己性格上的弱点，做到心胸宽广，不斤斤计较，不因小事而起纠纷，学会与他人和谐相处，不与社会上一些不三不四的人交往。尤其对于女大学生来说，尽量少涉足或不涉足成员复杂的公共场所，在与异性交往过程中，要慎重选择，自尊自爱，构筑思想防线，避免受到侵害。

（二）增强法律观念

高校在对学生进行安全教育时，应加强法制教育，让学生做到知法懂法，学会依法维权。另外，学生应掌握一些必要的应急方法，一旦遇到滋扰，应学会保护好现场，保留痕迹及物证，及时报警。

（三）遇事要冷静处理

遇到滋扰事件时，千万不要惊慌，要了解闹事者的目的，对其进行说服教育；在说服教育无效时，也不要蛮干，而要抓住闹事者外强中干的心理，抓住机会及时向有关部门反映，依靠组织和群众的力量，制止违法犯罪行为的发生。

四、消防问题及其应对

高校人员众多，除学生、教职工外，还有大量的校外人员，因而形成了高校人员群体的层次性差异，防火意识的强弱和防火能力的高低具有很大的差距，给学校的消防安全工作造成了一定的困难。而且学生公寓居住的人员比较密集，易燃可燃物多，学生对火、电等器具的使用往往不规范，使高校存在着很大的火灾安全隐患。

为了杜绝火灾的发生，高校应该努力做到以下几点。

（一）完善相关规章制度

高校在各个场所的管理规定中都要对防火做出明确的要求，并要组织学生进行学习，让学生掌握必要的消防常识，比如在学生宿舍管理制度中要明确规定：学生不得乱扯、乱接电线，禁用电热器具以及大功率的电器，不准在室内堆放易燃物品，等等。对于违反规定的同学，要进行严厉的批评教育，情节严重的要加以处罚，以警示其他同学。

（二）普及消防用具的使用

有些学校摆设灭火器、消防栓等消防用具只是为了应付上级检查，而无法正常使用，存在着极大的安全隐患。有些消防器材即使能够使用，但学生没有相应的使用常识，面对火灾也束手无策。因此，向学生普及消防用具使用常识是十分必要的。

（三）进行消防模拟训练

许多大学生的消防观念比较淡薄，仅仅局限于拨打火警电话“119”或发生火灾后等待消防队员的扑救，而对于消防监督、火场逃生和疏散等工作感到茫然。高校应该和消防部门联合举办消防模拟演习，让学生在具体的情境中切实培养安全逃生本领，提高学生的防灾应变能力。

五、心理问题及其应对

随着社会的快速发展，人们在适应快节奏的现代生活的同时，越来越注重心理健康问题。大学生作为社会中一个特殊的群体，承载着社会、家庭的期望，同时对自我也有着很高的定位。但由于心理发展尚未成熟，受到学习压力、环境适应等因素的影响，大学生常常会出现精神抑郁问题、人际关系问题、恋爱问题等一系列心理问题。这些问题如果不能及时得到解决或疏导的话，可能会引起大学生出走、自残或自杀等过激行为，对其身心健康发展造成极大的危害。

当代部分大学生心理脆弱，抗挫折能力较弱，因此，大学生心理健康教育工作作为促进大学生全面发展的重要途径亟待进一步加强，具体可以从以下几方面着手。

（一）加强对大学生心理健康教育的领导

要做好心理健康教育工作，首先应做好对大学生心理健康教育的领导工作，积极支持大学生心理健康教育工作的开展。要把高校大学生心理健康教育工作纳入学校德育工作的管理体系中。学校可以通过组织大规模的心理普查、组织开设心理健康教育课程等，积极开展大学生心理健康状况的调查工作，防止大学生心理问题的出现。

（二）组建专门的心理咨询队伍

大学生心理健康教育工作具有较强的专业性要求，工作人员应具备较高的专业素质，因此要做好大学生心理健康教育工作，还需要培养一支专业化骨干教师队伍。高校可以通过多种形式，建设一支专业性强的心理健康教育工作队伍，同时还要积极对这些心理健康教育工作者进行专业的培训，以提高他们的专业水平和技能。心理咨询教师可以通过面谈、电话、网络等多种方式开展心理咨询，对出现心理问题的学生进行疏导和治疗，关注心理应激不良的学生，以便对个别学生的心理问题进行纠正。此外，还应对班主任、辅导员等学生工作者进行心理健康教育方面的培训指导。高校应不断建立一支思想品德好、责任心强并且具备一定心理学专业知识的心理咨询队伍。让他们在对大学生进行德育的同时，能自觉地运用心理学知识解决大学生在学习生活中遇到的各种心理上的问题，帮助他们形成健康向上的心态。

（三）将心理健康教育课程纳入教学体系

心理健康教育课程的设置有利于大学生心理健康教育工作的开展，能够充分发挥课堂教学在大学生心理健康教育中的主导性作用。因此，将心理健康教育课程逐步纳入教学体系是开展高校心理健康教育的基本思路，具体包括以下几点。

第一，通过开设心理健康教育的必修课，系统地向学生讲授心理健康知识，以及进行心理调适的技巧，提高他们的心理承受能力、自我解决问题的能力以及适应社会环境的能力。

第二，通过开设心理健康教育选修课，对学生进行人际关系指导、成才心理指导、情感问题心理咨询等多方面的专门教育，以满足不同学生心理健康的需求，做到因材施教。

第三，将心理健康教育渗透到大学生其他课程教学中。教师应把心理教育的内容有意识地融入各学科的教学过程中，师生之间在认知、情感、意志和个性等方面进行积极的沟通和交流。例如，教师可以把坚强的意志、开拓创新、与人为善等良好的心理品质融入教学中，在无形中塑造学生良好的个性，提高其心理素质。

在高校教育过程中，教师应改变传统的传输式教学方法，结合学生心理发展的特点对其进行有针对性的教育，将理论与实践结合起来，通过举办一系列心理健康活动，塑造学生健康的人格。

（四）成立大学生心理发展协会

在心理健康教育过程中，应充分发挥大学生的自我教育作用。通过建立一个分层次的工作网络，帮助大学生解决心理问题。大学生生活在学生群体之中，他们之间接触得最多，也比较了解，有些心理问题是他们都会遇到的，通过相互间的交流就能够得到缓解。因此，可以在大学生中建立一种心理互助机制。另外，还可以通过在大学生中建立心理健康教育社团组织，开展大学生心理健康教育工作。大学生心理发展协会可以通过学生社团在学生中开展心理健康教育工作，从而扩大大学生心理健康教育工作在学生中的影响力。

（五）创建良好的校园文化环境

校园文化环境主要体现在校风、学风和班风之中。创建良好的校园文化环境，能够有效保障大学生的健康成长。校园文化环境是一种无形的力量，能够有效促进学生的健康成长。班风相对于校风而言对学生的心理健康有着更为直接的影响。通常来说，积极向上、宽松友好的班风，会给人以力量感；反之，则会使人感到孤独、紧张、压抑。

校园文化环境建设应与校园自然环境建设相结合。优美的自然环境能够给人一种奋发向上之感，从而达到愉悦身心、消除疲劳的效果。创建良好的校园文化环境，还需要开展多样的校园文化活动，丰富学生的生活，使其能力得到锻炼，心理紧张得到缓解。相关实践证明，积极参加校园文化活动，是克服不良心理、培养良好心理素质的有效方法之一，因此要加强校园文化建设，营造积极、健康的氛围，陶冶学生的情操，让学生尽情施展才华，并在活动中建立和谐的人际关系，提高自身的心理素质，获得全面发展和健康成长。

六、其他安全问题及其应对

（一）交通安全问题及其应对

现代社会，机动车辆不断增多，这在很大程度上改变了我们的生产生活方式，但交通安全问题也随之而来。交通问题也是高校常见的安全问题之一。针对新的交通状况，高校要规范校园的交通管理，主要包括以下两方面。一方面，学校要拓宽校园道路，完善校园道路交通设施。另一方面，学校要依据国家的交通法规，结合自己校园的实际情况，制定校园交通管理规定，通过多种形式进行交通安全宣传，教育大学师生必须掌握交通安全的基本知识，遵守交通管理规定，确保自己的人身安全。

（二）食品安全卫生问题及其应对

随着高校后勤社会化改革的进行，后勤管理工作逐步引入了市场竞争机制，极大地改变了后勤工作的局面，但在食品卫生安全等方面也不可避免地出现了一些问题，引起了学校领导的重视。学校要与后勤各部门签订责任书，责任落实到个人，并不定期对其进行检查；做到有错必纠、处罚适当相结合；注重对学生开展经常性的安全和健康教育，以增强学生的自我保护和防范意识。另外，高校还要积极开展疾病预防活动，在配合疾控部门对在校学生定期进行风疹、流感等疫苗注射的同时，还应结合具体情况，在卫生部门的指导下，做好季节性流行疾病的预防工作。

大学生的安全问题受到了家长、高校以及社会各界的高度重视，高校必须把治安管理纳入重要的议事日程，进行统一领导。以“谁主管，谁负责”为基本原则，明确目标责任制，将安全管理工作落到实处。学校各部门应结合本身的业务，勇于承担维护学校安全稳定的重任。

保卫部门应根据相关文件要求，制定处置不安定突发事件的应急预案，争取做到早发现、早解决，将安全问题扼杀在摇篮里；要加强与各职能部门的联系，广泛征求好的治理建议；要依靠制度对各部门落实安全保卫责任制情况进行监督，经常进行安全检查，整改安全隐患；要不断提高对校门及复杂公共场所的管理力度；加强对校内务工、经商人员的法制宣传教育，提高他们遵纪守法的自觉性，避免高校校园安全问题的发生。另外，还要强化全体师生的主人翁意识，呼吁大家团结协作，提高警惕。

学生工作部门、辅导员等长期接触学生，与学生之间的关系非常密切，在发现异常情况、调解纠纷、化解矛盾时具有一定的经验，在关键时刻能够发挥积极的作用。他们成为维护校园稳定的主要力量。

学生会干部以及班级学生干部，是学生中的先进分子，在遵纪守法、参与校园治安防范管理方面能够起到典范作用，他们和其他同学生活学习在一起，对同学们的问题比较了解，能够为有关部门及时提供准确的信息情况，在学校安全管理中应该充分发挥他们的积极性，进而调动校园的一切力量，共同为大学生健康成才创造出一个良好的、安全的文明环境。

第三节　校园周边环境的维护及安全体系建设

随着社会主义市场经济以及高校改革的不断深入，学校社会化程度日益加深，在办学形式、学生来源、人员结构等方面都发生了很大的变化。另外，校园内外商业化的生活娱乐设施增多，使高校与外部环境的联系更加密切。因此，受到各种各样因素的影响，高校周边环境变得复杂化。当前在高校周边地区所出现的各种问题和不良现象就是这种变化的集中体现。高校及相关部门应及时对校园周边环境进行维护，建立安全体系，保障学生的安全。

一、校园周边环境的维护

大学生的活动不仅仅局限于校内，已逐渐延伸到了校外。然而，大学生涉世经验不足，面对校外复杂的社会环境，往往难以做到明辨是非。为避免各种安全问题的发生，相关部门应对校园周边环境进行维护，为大学生提供一个和谐、文明的活动空间。具体而言，主要可以从以下几方面入手。

第一，工商、质检、城管、卫生等行政执法部门，应加大对高校周边无证摊点、流动摊点的打击力度，依法制止随意摆摊设点、兜售无证产品的行为。

第二，公安、工商等部门应加强对校园周边网吧、电子游戏室、台球厅等公共场所的治安管理，对破坏治安秩序的行为进行治理。

第三，交通部门应加强对校园周边道路交通安全的监管力度，保持校园周边道路环境整洁，维持交通有秩序进行，减少交通事故的发生，保障学生出行安全。

第四，公安部门应强化对校园周边地区暂住人口、流动人口的治安管理，加强对校园周边地区的治安巡查。青年学生在校外租房已经成为许多学校管理的盲区，为保障学生在校外的安全，学校以及相关部门要加强对校外周边环境的管理。

二、校园周边环境的安全体系建设

在高校社会化程度不断加深的情况下，学校及相关管理部门应充分认识到校园周边环境的复杂性，积极对周边环境进行管理，发挥自己的积极性、主动性，维护校园周边环境的安全稳定。

（一）强化内部的服务管理工作

学生之所以会流向校外周边环境，一个主要原因是学校内部服务和管理不到位。学生在周边环境的活动主要是为了满足吃、住、玩、学的需要，这也反映了高校内部在这些方面的服务存在不足。因此，要避免学生受到校外环境的干扰，学校就应努力向学生提供高效优质的服务。例如，针对学生的娱乐要求，高校可以举办一些大型的文艺活动，积极开展文化建设；开辟舞厅、滑冰场、网球场、咖啡厅等娱乐活动场所，丰富学生的业余生活，由学校指定人员对这些场所统一经营管理，仅向师生开放，禁止校外人员入内，这样既可以丰富广大师生的生活，还能减少广大师生走出校门，受到校外不良风气的影响，对学校稳定发挥重要的作用。

（二）寻求所在地政府的协助

学校是一个教学基地，而不是职能部门，周边环境的治理是一个社会问题，要想保证校园环境的安全稳定，各个部门必须加强集体配合。高校应接受当地主管单位部门的领导，加强与当地政府的合作，共同建设文明、和谐的校园周边环境。

高校校园周边环境不仅影响着高校校园的安全，而且影响着校园文化的建设。爱国主义文化教育基地、社区文化活动等都可以为校园文化建设提供丰富的原材料。校园周边环境文化如果内涵丰富、高雅，那么高校校园文化就可以从中获取大量的文化素材与养料。因此，对校园周边环境的维护及安全体系的建立，不仅能够有效保障广大师生的安全，而且能够促进校园文化的建设。

对高校校园及周边环境的维护，是一项长期而艰巨的任务。面对目前严峻的治安形势，只有加强防范，校内外相互配合，坚持不懈地抓好校园及其周边的综合治理，才能为学生提供一个安全文明的校内外环境，为培养社会主义建设人才做出应有的贡献。

第五章　高校校园党团组织文化建设

第一节　高校党组织建设

学生党建工作是加强大学生思想政治教育的重要途径，一方面是我们党关心青年学生、帮助青年学生健康成长的有效手段，是我们党行之有效的优良传统；另一方面是学生按照国家教育目标的要求，改造自己的思想，培养自己成为“完整的人”的重要途径。在新形势下，学生党建工作对于加强大学生思想政治教育工作既发挥着重要的作用，也面临着新的挑战。在这种情况下如何切实加强学生党建工作，更好地发挥党组织和党员在大学生思想政治教育中的作用，值得我们认真研究。

一、当前我国学生党建工作面临的形势与挑战

在新的历史条件下，大学生党建工作面临许多难得的发展机遇，同时也面临许多新的问题，机遇与挑战并存。当前及今后一个时期，大学生党建工作主要面临着五大矛盾和挑战。

（一）多元价值观念与主流价值导向之间的矛盾和挑战

当前，国内形势正在发生深刻变化，全球化对我国呈现出的影响正由经济领域向社会生活等各个领域扩展的趋势，使得全国范围内的各种思想文化相互激荡、冲突。作为文化阵地的高校，必然会受到这一股潮流的影响，高校学生党员也同样避免不了。一些封建迷信和愚昧落后的思想观念也沉渣泛起，对部分学生党员的世界观、人生观和价值观产生消极的影响。国内外一些哲学社会科学的研究片面强调所谓的“客观”“中立”，强调相对主义，这都是不负责任的态度。高校思想政治教育工作要坚定社会主义事业必然成功的信念。

外部环境日益复杂，是新时期大学生党建工作的一大特点。外部环境的复杂性与大学生党建工作之间的关系也带有两面性：复杂的外部环境，可以进一步提高大学生党员的素质尤其是对各种错误思潮的鉴别力，从而推动大学生党建工作的发展；但是，由于大学生的理论水平、政治素养和识别能力都存在不足，复杂的外部环境也可能使他们在各种纷繁复杂的信息中迷失。在这两方面的作用之中，矛盾和挑战还是主要的，外部环境的复杂性将对大学生党员的培养教育产生巨大的冲击。市场经济法则的不适当运用、体制转型带来的多样化社会发展趋势、信息技术的飞速发展和普及、非主流意识形态对主流意识形态的冲击等对大学生党建工作的影响最为重大，如果应对不当，将直接影响大学生党建工作的成效。

（二）实际绩效的提高与制度建设不足之间的矛盾和挑战

前几年，党中央、国务院提出“班级有党员，年级有支部”的学生党建要求，经过近几年的努力，总体来说，各高校基本实现了党建要求。随着高校扩招和高校党建工作对在大学生中发展党员的重视，在校学生党员队伍不断扩大。由于国家对学生党组织的设置没有明确要求，所以学生党组织设置上存在一些问题。具体表现在两个方面：第一，学生党员队伍不断扩大，学校从事学生党建工作的党务工作者队伍变化却不大，两者间数量上存在相当的矛盾，这需要高校从事学生党建工作的同志付出更多的时间和精力，对他们也是一个考验；第二，“过于庞大的大学生基层党支部没有进一步细化，学生党员在学分制的情况下也很难组织，因此组织生活开展的可能性很小，这就不利于对学生党员队伍中新老党员的教育和培养。”面对这种情况，从组织的角度来有效组织学生党员开展活动，很难取得实效。

对于上文所提出的问题，近年来，从中央相关部委到各高校，都在着力解决。大学生党建工作的制度建设也有了很大改进，成效十分显著，这是我们必须肯定的。不过，也要看到，大学生党建工作制度的建设仍然不够。比如，中央根据高校的总体情况做出的规定较为宏观，一些高校实施起来没有进行细化和深化，针对性不强，落实效果有待提高；现有的大学生党建工作制度还不够科学、合理、完备，需要进一步探索完善，尤其是在大学生党建工作流程化、精细化的管理机制和绩效考核的指标体系方面；党建工作与学校人才培养、科学研究等工作的配合与衔接的制度、机制不够完善，导致相关工作出现脱节；各高校在大学生党建工作中制度创新的水平和能力不平衡，有的高校党建工作制度创新的水平和能力亟待提高。如何通过改革创新进一步完善大学生党建工作的制度体系，是摆在理论研究者和党建工作者面前的一个重要课题。

（三）数量急剧扩张与质量保证提升之间的矛盾和挑战

有数据显示，2019年我国发展大学生党员71.4万人，与2018年相比下降0.8个百分点。现在的高校学生党员大都出生于2000年左右，与之前的大学生党员相比有新的特点：①心理发展期普遍呈现前移的特点，②独生子女，自理能力相对较差，③社会阅历严重不足，心理成熟期又呈现出后移，④生理发展和心理成熟距离拉大，心理稳定性和承受力差，理性思维相对欠缺，缺乏社会责任感，即所谓的“00后现象”。当他们处于当今这样一个复杂多变，各种思想文化相互交织，各种社会矛盾相互冲突的时代，容易迷失前进的方向，引起价值取向的多元化。

对大学生党员数量的急剧增加，应该辩证看待。一方面，大学生群体中出现越来越多的党员，是党保持自身先进性、不断扩大自身阶级基础的需要，是我国社会建设的需要，从总体上看，大学生党员的增加是提高了而不是降低了党员的整体质量；另一方面，数量的扩张不会自动带来质量的提升，也有可能在一定程度上对大学生党员的整体素质产生负面影响，一些高校的大学生党员出现素质偏低的现象，优秀学生在这种情况下有可能不愿意入党，因此数量扩张难以保证党员的先进性。如何在大学生党员数量不断扩张的情况下，保证和提高大学生党员的质量，是当前和今后一段时期大学生党建工作的一大矛盾和挑战。

（四）载体、手段创新不足与发展需求多样之间的矛盾和挑战

大学生党建工作不是思想政治工作者的一厢情愿，应该认真研究大学生群体

的特点再开展工作。大学生群体具有思维活跃、需求变化多样性的特征，要提高大学生党建工作的成效，必须迎合大学生群体的需要。但从目前的情况看，与多样的大学生特点和要求相比，大学生党建工作仍然存在工作载体、工作手段不足的问题，相当部分高校党建工作仍然停留在过去的套路，创新不够。比如，对校园内丰富的载体资源利用不足，对网络、文化、仪式等载体的认识和发掘不足，对思想政治教育内容和形式的拓展不足。这些不足，使得大学生党建工作的载体、手段与大学生的需求、特点之间的矛盾比较突出，如何应对这个矛盾和挑战，是我们要着力研究的课题。

（五）主体能力素质与工作创新发展之间的矛盾和挑战

近年来，以二级学院党委（系党总支）副书记、学生政治辅导员、学生党支部书记为主体的大学生党建工作队伍建设取得了显著的成绩，大学生党建工作有了一支由高学历、高素质、专业对口的大学生、硕士研究生甚至博士研究生组成的生力军的加入，这对大学生党建工作的创新和发展提供了有力保证。但是，与大学生党建工作的要求相比，这支队伍的总体素质仍然存在不足。

第一，人员队伍变化跟不上工作量的要求。在高校扩招背景下，高校学生和学生党员人数急剧增加，学生党建工作量不断加大，不少高校学生党建工作人员数量出现短缺，客观上加重了学生党建工作队伍的负担。

第二，人员素质难以适应工作需要。随着形势的发展和学生的变化，一些从事大学生党建工作的教师出现了政治理论水平和业务工作能力跟不上的现象；新入职的大学生党建工作人员无论知识储备或是工作经验都存在不足，尤其是对思想工作、群众工作的方法还没有很好的认识和把握。

第三，高校的其他工作影响学生党建工作。随着高校改革进程的加快，高校教职员工普遍面临着巨大的竞争压力，受效益观念和建设综合性大学要求的影响，学术科研成为高校工作主题，高校从学校变成了科研院所。而作为“软指标”的学生党建工作往往得不到员工应有的重视，学生党建工作者也很难接受到学历再教育和业务的培养提高，使得他们的理论和管理水平难以适应工作需要，这些都直接影响了学生党建工作的质量。

二、大学生党建的重要内容

（一）大学生党建的思想建设

1．大学生党组织思想建设的内容

第一，中国特色社会主义理论体系教育。党的理论创新成果是加强党的思想建设的最基本内容。我们党是以马克思列宁主义为指导建立起来的党，马克思列宁主义是我们党的理论基础。党在中国革命与建设的实践中，产生了马克思主义与中国革命实践相结合的产物——毛泽东思想，使我们的国家走出了半殖民地半封建社会的泥潭，迈上了社会主义道路；在中国社会主义建设的实践中，产生了马克思主义与中国建设实践结合的产物——中国特色社会主义理论体系，这一体系回答了建设什么样的社会主义国家和怎样建设的问题，回答了建设什么样的党和怎样建设的问题，回答了实现什么样的发展和怎么发展的问题；习近平总书记在参观《复兴之路》展览时提出和阐述了“中国梦”，从这时起，“中国梦”就成为全党全社会乃至全世界高度关注的一个重要思想概念。中国梦生动形象表达了全体中国人民的共同理想追求，昭示着国家富强、民族振兴、人民幸福的美好前景，为坚持和发展中国特色社会主义注入新的内涵和时代精神。中国梦已经成为凝聚党心民心、激励中华儿女为实现中华民族伟大复兴而奋斗的强大精神力量。

第二，科学世界观和人生观教育。世界观和人生观从根本上决定着党员的人生目标、奋斗追求和价值标准，决定党员思想道德和才能素质的高度与广度，同样也从整体上决定着党思想建设的起始和归宿。科学的世界观和人生观是党的思想建设的重要内容。对于每一个干部和党员来说，无论过去、现在和将来，都应该树立正确的世界观和人生观。这个问题十分重要，因为如果这个问题不解决，或解决得不好，我们党不论搞革命还是搞建设，基础都是不稳固的，不可能做出什么成绩来。

第三，先进文化教育。马克思主义政党的党性是阶级性和先进性的统一。不同时期，党在其先进性问题上是始终如一的，就是代表人民的要求，代表历史前

进的方向。在旧社会，中国共产党代表最广大人民的根本利益，推翻了“三座大山”。在新时期，中国共产党依然要代表最广大人民的根本利益，发展先进生产力和先进文化。当今时代是一个科技进步日新月异的时代，是一个知识经济蓬勃发展的时代。在这个“快”时代，我们要保持党的先进性，必须号召全党学习先进生产力和先进文化知识，提高全党对先进生产力和先进文化的认识。如果党员干部不能始终以新的知识作为理论基点武装自己，没有始终以科学文化素质作为突破点提高自己，甚至还处于文盲或者半文盲的状态，那么党员的党性原则怎么可能真正坚持呢？党的先进性从何处体现呢？大学生党员思想建设更要注重保持自身的先进性。大学生在社会上一直被视为“天之骄子”，是文化人的代表，更要注重自身在把握根本方向的同时，进行先进生产力和先进文化的学习，作为社会的正面形象同广大劳动人民站在一起。因此，大学生党员思想建设要注重广大大学生党员的全面发展，提高他们的整体素质，不仅用科学理论武装他们，还要用先进文化武装他们，使他们成为不可攻破的“文化堡垒”，使他们拥有无坚不摧的“黄金长矛”。

2. 新的形势下加强大学生党组织思想建设的路径

思想建设是大学生党建的首要任务。大学生党建的思想建设是整个学生党建的重要组成部分。做好大学生党建就应该适应形势的不断发展，贴近高校实际，特别是学生思想实际，用切实有效的办法做好学生党组织的思想建设。

首先，要用中国特色社会主义理论体系武装学生党员。学生思想理论建设是大学生党建的根本。中国特色社会主义理论体系是我们党认真总结的社会建设经验，回答的是社会建设的根本方向问题，为全国人民指明了奋斗目标与奋斗方法。大学生作为中国社会建设未来的接班人，必须要继承中国社会建设的经验，因此这第一位的任务就是学习使用中国特色社会主义理论体系。学生党建工作者要以中国特色社会主义理论体系指导工作，引导大学生党员不断增强贯彻落实这一理论体系的自觉性和坚定性，毫不动摇地沿着中国特色社会主义道路前进。要大力弘扬理论联系实际的马克思主义学风，引导广大党员紧密结合改革开放和现代化建设的实际，紧密结合自己的思想和实际学习运用中国特色社会主义理论体系，努力掌握贯穿其中的马克思主义立场、观点、方法，做到真学、真懂、真信、真用，不断提高理论素质、党性修养、实际能力，更好地为坚持和发展中国特色社会主义服务。

第二，构建学习教育体系的多样化。在组织大学生思想政治理论学习的时候，一方面要抓好传统的学习方式，比如上党课、举办培训班、举行报告会和组织专题讨论等，有计划地组织好党员的集体学习，积极倡导党员自主学习；另一方面要注意当代大学生学习需求的多样性，采取举行活动的形式，寓教于乐进行学习。总之，要建立健全党员学习的方式方法，建立系统的述学、评学和督学制度，由党组织对党员理论学习情况做出评价，给党员学习做出有益的反馈。另外，要把政治理论学习教育和专业知识学习教育结合起来，把政治理论运用到学生工作学习中去。要加强实践锻炼，坚持理论学习与社会实践相结合，积极创新学习教育的有效形式；充分发挥优秀党员的典型引导和模范激励作用，使党员学有榜样、赶有目标。

第三，守好党校思想理论教育的主阵地。高校党校作为学习、宣传和研究马克思主义，培训党员和入党积极分子的主阵地、主渠道，在用马克思主义中国化最新成果武装党员和入党积极分子的头脑方面，以及在帮助他们树立正确的世界观、人生观方面，肩负着义不容辞的责任和使命。毛泽东曾经说过："我们办党校，就是要使我们同志的政治水平和理论水平提高一步，使我们党更加统一。"党的十九大在这方面也提出了新的明确要求。党校教学应该以党的十九大精神为指导，在教学内容、教学方法上进一步改革创新，积极主动地适应新时期提出的要求。

第四，改组学生党组织建设，强化学生党组织教育功能。学生党组织，是高校党组织最基本的单元，是学生组织生活的主要场所。高校学生党员对党的信念还不坚定，要加强学习型党支部建设，对学生党员进行经常性教育，把社会主义核心价值体系融入党员教育的全过程，这是高校党建的一项重要内容。针对学生党员思维活跃、需要多样化的特点，改进和创新党支部的工作和活动方式，创新教育活动方式，增强活动的教育效果，使党组织的教育活动既严肃认真又生动活泼，贴近学生党员的思想、学习和生活实际，成为学生党员喜闻乐见的活动方式。但是，进行活动的过程中要注意提高思想政治教育活动的针对性、实效性。加强和改进思想政治教育，需要改革的精神、创新的办法和专注的态度。在网络方面，要构筑网络思想政治教育新阵地，拓展思想政治教育工作渠道。

（二）大学生党建作风建设

1．以马克思主义作为理论支撑

培养“四有”新人是我国高等教育的教育方针，这决定了高校的办学方向必须坚持社会主义，认识问题、解决问题的方法必须是马克思主义的立场、观点、方法。这些都要求大学生党员作风建设必须要求广大师生在信仰上进一步坚定马克思主义。马克思主义的内容极其丰富，其中包含了科学的世界观和方法论、辩证唯物主义认识论、无产阶级的斗争路线、全心全意为人民服务的精神。坚持马克思主义不能停留在理论上，还要紧密联系高校改革、发展、稳定的实际，在高校各项工作中都应该使用马克思主义作为指导。马克思主义指导思想是我们党制定一切方针政策的根本指导思想。坚持马克思主义指导思想我们的工作就能顺应潮流，就能顺应人民利益和国家意志，就能凝聚起全党全国人民的智慧和力量。在高校改革建设中，要发扬马克思主义与时俱进的理论品质，运用广大师生的集体智慧，科学回答关系高校发展的重大社会现实问题。在解决广大师生关心的重大问题之时，一定要运用中国特色社会主义理论体系这一党的先进理论解决问题。高等学校是培养马克思主义接班人的地方，要把马克思主义的理论深深地植入广大师生的脑海之中，坚定广大师生对共产主义的信念，使他们真正成为社会主义事业的建设者和接班人。

2．全面提升大学生党员的综合素质

近年来，随着高校招生规模的扩大，人才培养的质量问题日益成为社会关注的焦点。很多学校出现了重教学规模、轻教学质量，重外延扩展、轻内涵建设，重学生事务、轻学生教学的倾向，这种做法对人才素质的提高有了很大程度的影响。自我国加入世界经济贸易组织以来，十分注重产业结构调整。这对高校人才

培养的数量、规格、结构以及质量提出了新的要求，高等教育要适应产业结构变化的需要，不断革新课程体系，改革教学内容和教学方法，要以培养创新人才的思路进行教学，适当加大选修课的分量，并对学生进行引导，要清晰明白地对其讲解课程与今后将走向的工作岗位的关系。无论学习任何专业，都要讲究创新。在当代，终身教育的思潮启示我们，教会学生学习与思考，比教会学生任何专业知识都来得重要。总之，要以培养一流的、高质量的大学生党员为目标，决不允许由于学校内部利益问题而影响培养质量，从而损害社会主义高等教育的信誉和形象。

3．以求真务实的态度进行工作

我们必须勇敢承认在大学生党员的积极健康向上的思想作风主流之中，不乏存在思想作风方面问题的大学生党员。这一方面源自于大学生本人的价值观和人生观错位，主要的表现有：考虑个人与集体关系时，倾向个人；理想与实惠的选择方面，倾向实惠；奉献与索取的矛盾中，倾向索取；艰苦奋斗与安逸享受中，倾向选择安逸享受。另一方面是由于大学生缺乏社会经验，比如面对就业，相当一部分大学生党员情绪悲观，思想偏激，心态不稳，当他们发现自己就业机遇不公平时，不免对社会现实表示不满。此外，不能排除网络混乱信息的干扰，整个国际互联网是充斥着“黑色”“黄色”“灰色”信息的，在一些大学生党员的世界观、人生观、价值观未完全稳固之时，他们的行为受这些信息的负面影响极大。在大学校园之中有相当一部分大学生党员有网瘾，他们甚至通宵达旦上网、泡“吧”，极易受国际互联网上的反动、色情、牢骚怪话等信息影响，从而迷失社会主义方向。这些大学生党员需要帮助和指引，坚定他们对马克思主义的信仰。针对高校出现的这些新情况、新问题、新特点，我们要以求新务实的方法和态度，指导大学生运用马克思主义认识论原理，分析这些现象，让大学生学会独自的鉴别、分析、思考，正确认识和对待社会的进步、国家的发展、个人的前途、改革的前景和暂时的困难；而且必须更多地注意解决他们的实际问题和困难，既讲大道理，又办实在事，既用正确的思想和高尚的精神鼓舞教育大学生党员，又通过解决他们的实际问题、实际困难而得人心、暖人心、稳人心。

4. 加强学风建设

学风，是学生对待学习的世界观、人生观、价值观的集中体现，同样也是一个党性问题，是对待马克思主义的根本态度问题。坚持理论联系实际的马克思主义学风，是我们党的旺盛创造力和生命力的源泉，是加强党的作风建设的思想基础。党内存在的各种不良作风，诸如教条主义、本本主义，官僚主义、形式主义、弄虚作假、虚报浮夸等，都是党性不纯、学风不正的具体表现。因此，端正学风是加强和改进党的作风建设的重要切入点。端正学风，必须有正确的理论来源，要增强大学生学习马克思主义理论的自觉性，以此武装头脑，指导行动。马克思主义理论是和实际有较强联系的科学，是不断在完善中的理论。马克思主义的生命力在于理论联系实际，随实践不断前进，不断创新。我们要用实践的、发展的观点对待马克思主义，坚持与时俱进，勇于探索，不断推动马克思主义的理论创新。其次，在加强理论学习的同时，要与时俱进地学习当代世界先进科学文化。大学时代是学习的黄金时期，大学生党员要抓住这一关键时期努力学习新知识，拓宽知识面，提高自身修养。再次，学习的知识要经得起实践的检验。要坚持马克思主义认识论的理论—实践—理论的方法原则学习世界先进文化。学习的目的还在于解决工作生活中遇到的问题。问题解决得好不好是检验学习知识是否扎实的重要依据。加深对现实问题的理论思考，做到理论与实际、学习与运用、言论与行动相统一，创造性地开展工作，是大学生学习的使命。对于大学生党员来说，就是要在加强理论学习的同时，积极参与社会实践活动，提高自身的实践能力，在运用日常学习解决实际问题方面发挥先锋模范作用。

5. 倡行高校党风廉正建设

高校有一个别名叫象牙塔，以象牙的纯白象征大学作风的纯正，以塔的危耸象征大学文化的严肃，因此，大学校园历来被人们视为圣洁的殿堂。但是，在最近几年，一些学校受到“灰色市场”的利益驱动，在办学、招生、收费、毕业方面出现了一些严重的问题。这些问题严重损害了高校作为象牙塔的形象，败坏了高等教育的学术风气，若不及时治理，将使人们对公立教育这一神圣事业的信仰崩塌，并将其视为“功利教育”。因此，为了保证高等教育的社会形象，各高校必须要进一步加强高校中党的作风建设，继续强化对师生员工的行风作风建设，继续健全对人、钱、物、事的制度建设，形成人们的自觉和大家相互监督的约束机制。对人民群众关注和社会影响较大的事项，如招生考试、上学收费、项目招投标、大宗商品采购、财务管理等，进行全过程公开。在高校办学经费筹资渠道多元化的现状下，特别要加强对非财政拨款、多渠道筹措经费的监管。坚决制止乱收费、乱招生、乱发文凭，以及其他不正之风，努力把高校建设成为廉洁公正的道德圣地。

（三）大学生党建文化建设

大学生党组织文化是高校大学生党组织及其成员的物质文化和精神文化的总称，其中物质文化包括大学生党建工作中的环境和制度的建设，精神文化包括大学生党建工作中表现出的意识形态、价值观念、组织心理等。大学生党组织文化是比较独特的一种文化形态，具体来说：第一，大学生党组织文化是组织文化，是一个集体所拥有和表现出来的文化形式，具有对组织内成员的凝聚作用和对组织外成员的吸引作用；第二，大学生党组织文化是政党文化，具有十分强烈的意识形态色彩；第三，大学生党组织文化是校园文化，具有校园文化的互动性和渗透性特征。大学生党组织文化建设就是高校大学生党组织及其成员的意识形态、价值观念、组织心理、制度规范、行为作风等的形塑、传承和展现的过程。大学生党组织文化建设主要包括以下四方面的内容。

1．物质文化建设

物质文化建设是大学生党组织文化建设的基础，是开展各种文化教育、宣传的载体，是开展各类文化活动所需要提供的重要阵地。物质文化是人们感官所能直接触及的客观存在物，是在校大学生感受党的气息和党的关怀的重要方式。校园的建筑风格、布局合理性等都在不同程度上反映出学校的文化背景和文化底蕴，各种建筑物、图书资料、广播、教学科研设备、电视和互联网等都是大学生学习、生活中需要运用到的实物。校园物质环境的构建，既是校园中物质需求的体现，也是精神需求的一种反映和满足。

2．精神文化建设

精神文化建设是党组织文化建设中最为重要的部分，是大学生党组织文化建设的核心。大学生党组织文化的精神文化建设，是一个校园传统的重要体现，是大学生接受党的思想的重要渠道。精神文化建设，涉及学生学习的方方面面。它首先涉及学生群体的世界观、人生观、价值观建设，为学生的人生指引方向；其次精神文化建设的课堂文化建设，对端正大学生党员学风有十分重要的意义；最后精神文化建设的校园文化建设，使大学生党员感受人民群众监督的重要方式。精神文化建设不是一朝一夕的事，要经过长时间的沉淀及孕育才能取得效果。建设大学生党组织的精神文化，必须有效发挥课堂文化积淀、科技学术活动促进、高雅文化熏陶的作用，进而在广大学生群体中产生共鸣，引领学生崇尚科学、培养创新精神，提高大学生文化素质及校园文化品位。

3．制度文化建设

制度是一个组织核心凝聚力的重要保证，对于组织内部成员具有较大的约束力。大学生党组织文化建设中的制度建设包括党的规章制度建设、组织机构建设、优良传统建设。在维护学生党组织的健康发展要求中，制度文化是学生党组织文化建设的框架，制度文化建设也是大学生党组织文化良性发展的保障。

4．行为文化建设

大学生党组织的行为文化除了和其他基层党组织一样具有相似的行为文化，还具有自身一些特殊性。大学生党组织的特殊性表现在大学生喜欢追求时尚、表现自己等。行为文化可以说是学生党组织的组织文化在经过内部教育、学习、领会后内化到广大党员的过程和外显，是党组织的主要显性部分。因此，行为文化建设是大学生党员党风的重要体现，在很大程度上决定着大学生党员能否在人民群众中展现先锋模范作用，直接关系到党的形象和威信。行为文化建设同样是大学生党组织文化建设的重点，不过行为文化的塑造不是一天两天就能达到效果的，良好的行为文化的养成是一个需要持之以恒的过程。

第二节　高校团组织建设

一、高校团建概览

（一）高校团建的目标

在建设和发展有中国特色的社会主义市场经济的新时期，共青团建设的目标是：坚持在党的领导下，保持团的基本性质和根本任务不发生动摇，用改革的眼光审视新情况，解决新问题，把团的思想、组织、机制、能力、文化和作风建设等各项任务落在实处，努力把高校共青团建设成为以邓小平理论和“三个代表”重要思想为指导，解放思想与时俱进，跟随党永远走在时代前列，团结带领广大在校大学生为建设有中国特色的社会主义和谐社会而奋斗的先进大学生群众组织。

为了实现这一总的目标，需要把握以下几个问题：

（1）要保证党的领导，坚持团的基本性质。保证党的领导是团委工作本质不变的根本。在社会主义初级阶段，保证党的领导就是要保证党在政治、思想、组织、工作上对大学生团的建设的全面领导。政治上保证党的领导，就是要坚持党的基本路线，贯彻执行党的方针政策，同党中央保持高度一致；思想上保证党的领导，就是要以马列主义、毛泽东思想、邓小平理论和“三个代表”重要思想以及习近平书记关于青年团组织建设的指示，在实践中深入贯彻落实科学发展观，坚持党的思想路线；组织上保证党的领导，就是要坚持民主集中制，维护党的集中统一领导，坚持党的组织路线和干部路线：工作上保证党的领导，就是既要紧紧围绕党的中心任务，同时又要照顾大学生的特点和需要开展团的建设工作。

（2）坚持改革创新。在新的形势下，共青团的建设面临前所未有的诸多问题，团的建设必须坚持改革创新精神。只有始终坚持党建带团建的根本原则，以改革创新的精神加以研究和解决，才能使团的建设适应新的要求。当前共青团事业正处在一个新的历史高度上，共青团工作要在工作思路上进行观念创新，在工作方式上进行方法创新，在自身建设上进行体制创新，推动共青团工作不断焕发出蓬勃的生机和活力。观念创新就是要在学习继承和坚持马克思唯物主义认识论优良传统的基础上，用新观念、新思维来观察、认识新情况，并努力学习借鉴先进的社会组织理论和管理经验，结合当前的形势，对团委工作实现认识上新的突破。方法创新则是指在观念创新的基础上，对团建的工作方法要提出新的举措，在深刻认识团建工作的新形势的前提下，积极探索总结团的建设工作的新规律，反思之前团建出现问题的原因，并解决工作中新的问题。体制创新是指在团建方法创新的基础上，改革团委建设过程中不符合新形势下团委建设要求的旧体制，要提倡大胆尝试、大胆创新，要敢于冲破体制格局的束缚，慎重而积极地推进团的体制改革，逐步建立起与社会主义市场经济相适应的团的建设和团的工作新体制。认识创新是方法创新和体制创新的基础，方法创新和体制创新是认识创新的检验标准，这是马克思主义认识论在团委建设的又一次重大指导。

(3)密切联系学生，发挥团组织的作用。大学生是高校共青团赖以生存和发展的社会根源。大学生不仅是共青团的后备力量，更重要的是大学生的需要和理想构成了共青团工作的主要内容和主要依据。共青团的社会职能，只有在与广大在校大学生的密切接触中才有实现的可能。衡量团的社会价值的标准之一，是看它能否代表大学生最重要的利益，对学生的发展有多大的引导作用，在学生中有多大的影响力。

（二）高校团建的功能

中国共产主义青年团是中国共产党领导的先进青年的群众组织，是广大青年在实践中学习中国特色社会主义和共产主义的学校，是中国共产党的助手和后备军。当前，党中央站在为中国特色社会主义事业培养建设者和接班人，确保我国在激烈的国际竞争中立于不败之地的战略高度，做出了进一步加强和改进大学生思想政治教育的重大部署。高校共青团必须响应党的号召，积极主动地开展工作，为高校思想政治教育做出自己应有的贡献。

1．组织动员作用

坚持教育与自我教育相结合，是开展高校思想政治教育的基本原则之一，要发挥学校教师、党团组织的教育引导作用，更重要的是要充分调动大学生的积极性和主动性，引导他们自我教育、自我管理、自我服务。只有把大学生充分组织发动起来，自觉参与高校思想政治教育活动，才能取得实际效果。高校团组织在这方面具有独特的优势。首先，高校团组织网络完善。高校团组织通过建立班级团支部—学院（系、部）分团委—学校团委三级架构，构建了覆盖全体大学生团员的基本组织网络，使团的工作覆盖到了所有大学生，动员大学生参与思想政治教育活动的能力比较强。其次，广大团干部是开展大学生日常政治教育的生力军。高校团干部的主体是大学生，他们既是大学生日常思想政治教育的对象，也是开展大学生日常思想政治教育的重要依靠力量。一方面，他们与广大同学生活、学习在一起，时刻用言传身教影响着广大学生，起着春风化雨般的作用。另一方面，他们承担着各种日常思想政治教育活动的组织发动工作，是专职政工队伍的有益补充。

2．宣传教育作用

高校共青团是大学生在实践中学习共产主义的学校，它的一切活动都必须在党的指导下进行，宣传党的基本路线方针政策，体现党对大学生成长成才的要求。团组织开展的活动，对大学生具有重要的教育作用。尤其是高校团校，长期以来充分发挥自身优势，通过政治理论的专题课堂教学，以及以时政热点为主题的研讨会、辩论会、知识竞赛等多种形式的活动，广泛开展大学生团员特别是学生骨干的日常思想政治教育工作，为高校思想政治教育工作做出了贡献。

二、高校团委建设的重点

（一）团委思想建设

1．团委思想建设的任务

（1）以邓小平理论和“三个代表”重要思想为指导，深入贯彻落实科学发展观，坚持不懈地落实习近平总书记关于青年团组织建设的相关论述，对大学生进行思想政治教育和正确引导，努力构筑团员大学生投身社会主义和谐社会建设的思想基础底线。

（2）提高团员思想素质，强化团员意识。团的基层思想建设的着力点，主要包括大学生个体素质的提高和组织群体合力的形成及加强两个方面。因此，加强对团员的教育培养，不断提高团员思想素质、强化团员意识，使广大团员坚守党的基本路线，保持先进性，在发挥积极作用中健康成长，这既是团的思想建设的出发点，也是思想建设是否取得成效的终端显示。

（3）培养集体主义精神，增强团组织的凝聚力。团的思想建设，不仅在于建设团员个体素质，还必须致力于建设群体合力，这就要培养集体主义精神，树立团员对团组织的归属感，树立正确的向上的目标，维护团组织内的学习氛围，增强团组织凝聚力。凝聚力较强的基层团组织的特征是：团员之间互相关心、互相爱护、互相帮助，干群关系融洽和谐，团组织的决定和决议能迅速贯彻落实到团员中去，团员对自己所在组织有较强的认同感、强烈的主人翁责任感和集体成就感，能自觉维护团组织的集体荣誉。

2．团委思想建设的实施要求

在新时期，团的思想建设的实施要注意以下几方面：

（1）对团员进行团的组织目标教育是形成凝聚力的前提。任何社会组织都是为了一定的目标而存在和活动的，团组织的集体主义精神和凝聚力只能在为共同的组织目标的奋斗中形成和加强。团的组织目标既反映了团组织的集体利益和追求，也反映了广大团员的利益和愿望，是凝聚人心的焦点。目标就是方向，一定要善于根据共青团的奋斗目标，结合本校党、团组织在每个时期的阶段性任务建设的需要，在广泛发扬民主的基础上，分解一个时期、一个阶段的工作目标，形成决定，通过宣传教育使团员人人明白并深入人心，将个体目标融入集体目标，决心为实现团的集体目标而努力奋斗。

（2）培养团员青年对团的归属感是形成凝聚力的纽带。共青团是一个群众自发形成的组织，有着自己的光荣传统。团组织对组织成员的行为没有经济利益的刺激和维系手段。团组织和成员之间不存在行政从属的权力制约关系。大学生团员对于团的归属感是维系组织和形成凝聚力的重要因素。因此强化团的凝聚力一方面要进行发扬集体主义团结友爱精神的教育，教育团员青年互相关心，互相帮助，相互信任，真诚交流，取长补短，一人有困难，众人齐帮忙，一人有缺点，大家善意地规劝，帮助其改正；另一方面要加强团组织内部的环境文化建设，有固定的场所，使团员能够自发地来到团组织中学习团的文化，并为团的文化建设出一份力。只有培养起这种团员对组织的归属感，引导团员青年不仅关心自己，把个人融入组织集体之中，同时也关心他人，愿意把自己的小群体融入大群体中去，建立团员对于团组织的信赖感、归属感、使命感，再进一步把集体利益置于个人利益之上，团组织的凝聚力就能得到强化。

(3)发挥团干部的带头作用是形成凝聚力的核心。团的凝聚力建设，关键是建设凝聚力的核心。凝聚力核心的建设重点是培养和发挥团干部的带头作用。团干部作为组织挑选的大学生中的优秀个体，在思想上、学习上都是其他学生的楷模。高校基层团委组织要善于培养大学生群体中的榜样文化，一方面要加强团员向榜样学习的主动性，另一方面要严格要求团委干部，指导团干部形成一定的示范作用。两个方向的努力一定能够在团委中建立起“学先进，做先进”的文化氛围，强化团组织凝聚力。

3. 团委思想建设的基本形式

团委思想建设的基本形式是坚持开展团的组织生活。团的组织生活是团组织对团员进行教育的主要形式，一般是指团的支部大会、团小组会，以及团的基层组织面向大学生开展的以思想政治教育为主要内容的各种活动等。

(1)组织学习。学习是团的组织生活的经常性、必要性内容。共青团要深入贯彻习近平总书记关于团组织建设要代表青年、依靠青年的重要指示，在组织学习时应注意经常组织大学生进行主题讨论，鼓励团员青年敞开思维、认真思考、各抒己见，加深对学习内容的理解交流。

(2)上党课。这是广大大学生学习党在现阶段的方针、政策、纲领、重要文件精神，认真把握当下党工作重点的有效途径。党课要制定好计划，组织好师资。教师要认真备课，授课力求思路清晰、简明扼要、重点突出，使大学生容易把握。内容应注意针对大学生和当前的时事特点，并进行系统安排。党课除了授课外，也可采用专题讨论、报告、演讲等各种形式。

(3)召开民主生活会。召开民主生活会是发扬团内民主、健全民主集中制的重要形式，有利于增强团结、提高团组织的凝聚力和战斗力。民主生活会要注意讲究方式方法，以集体正面教育为主，启发自我教育为辅。民主生活会是团员交流思想的重要场所，要注意通过开展批评与自我批评，统一思想，团结同志；要注意营造一种既有民主又有集中，既有统一意志又有个人心情舒发的生动活泼的团内生活局面。

(4)载体和阵地建设。思想建设的重点不仅仅要存在于现实之中，还要在网络上开展。各高校要充分利用网络手段，切实推进传统媒体的网络化、信息化进程，使课堂、校园等传统阵地面貌一新。通过整合资源，利用微博、抖音等现代化社交工具和和宣传平台统筹协调高校团组织建设的文化阵地力量。

(5)开展活动。活动是团的基层组织经常采用的一种组织生活形式，共青团组织虽然已经积累了丰富的活动经验，但仍有待继续深化。团的组织生活采用的活动形式不仅能开阔大学生的视野，增长知识才干，而且能够使团的组织经常保持旺盛的生机与活力。在团的工作逐步向社会化拓展的形势下，要认真研究和探讨如何使活动更适合团员和青年特点，坚持思想性、知识性和趣味性的有机结合。同时，要注意调动大学生的主观能动性，使他们的积极性得到充分发挥，在活动中有意识地进行自我教育、自我提高。开展团的组织生活必须坚持改革，从团的性质和大学生特点出发，注意朝着组织生活内容的针对性、形式的多样性和制度的灵活性方向发展。要针对不同层次团员青年的不同特点，设计开展以弘扬社会公德、职业道德，倡导文明、健康、科学、的生活方式为目的的大学生志愿者、青年文明号、希望工程、手拉手等大学生喜闻乐见的实践活动，使广大团员青年在具体的活动中践行道德规范，接受教育，陶冶情操，提高素质。

（二）团委民主建设

1. 团委民主建设的基本内容

团委民主建设是指团委按照《团章》要求保障团员的民主权利，充分发扬团内民主等一系列工作的总和。民主建设以团员民主为核心，以民主生活为内容，以充分体现共青团组织的民主性为目的。团内民主是团的生命。团委民主建设的基本内容主要有：

（1）团内民主选举制度。团内民主选举包括选举组织团委干部和出席上一级团代会的代表；选举决定团委出席上一级团代会代表和团委候选人的程序；选举的组织领导、基本程序、基本规则和报批手续。

（2）团内重大工作的表决制度。团委对重大的决议和决定要坚持表决制度。重大决议对团员有重大影响，比如发展新团员、表彰和处分团员、团委的倡议等必须经全体团员讨论通过，这些团员都有权利发表意见。

（3）团内民主生活制度。团委民主生活的基本形式是民主生活会。召开民主生活会是体现民主集中制的重要途径。

2．团委民主建设的目的

（1）培养大学生的社会主义政治文明意识是团委民主建设的重要目的。培养大学生的政治文明意识有着极其重要的意义。大学生是社会主义政治生活中最积极、最活跃的参与者，树立正确的政治文明意识是他们参与社会主义政治文明建设的前提条件。一方面，大学生的社会主义政治文明意识并不会自发地产生，需要教育和培养；另一方面，当代大学生处在开放、多元、复杂的社会环境之中，各种政治思潮强烈影响着大学生，各种政治势力也在激烈争夺大学生。因此，培养大学生的社会主义政治文明意识，关系到能否培养社会主义事业合格接班人的重要任务，关系到能否实现坚持党的基本路线不动摇、坚持中国特色社会主义道路不动摇的根本大计。大学生树立了社会主义政治文明意识，保持正确的政治方向，正确参与社会主义政治文明建设，中国特色社会主义事业才会后继有人，中华民族才能实现伟大复兴。

高校共青团作为党领导的先进大学生的群众组织，作为国家政权的一个重要社会支柱，在社会主义政治文明建设中担负着重要职责。要在大学生中大力倡导社会主义政治理想、政治信仰，宣传社会主义政治知识、政治观念，培养大学生对社会主义的政治情感、政治道德，彻底肃清大学生思维中资本主义、封建主义或其他落后的政治意识，构建大学生政治意识的核心价值体系，并通过政治社会化，促进大学生形成共同的价值取向、规范体系和行为准则，使大学生参与政治文明建设具有重要的精神支撑。要重点抓住以下几方面的工作：

1）要教育和帮助大学生充分认识社会主义民主政治具有强大生命力和优越性，带领青年满怀信心地走中国特色的政治发展道路。

2）要帮助大学生牢固树立发展社会主义民主政治最根本的是要把坚持党的领导、人民当家做主和依法治国有机统一起来的观念，始终与党保持一致，把人民答应不答应、法律允许不允许作为衡量自己政治行为正确与否的标准，并贯穿于社会主义政治文明具体实践中。

3)四项基本原则是我们的立国之本，是我国各项体制改革和社会主义祖国建设得以顺利建设的政治保证。无论任何时候，无论什么条件下，共青团都要引导大学生在理论学习和实践中坚持四项基本原则。

4)要引导大学生树立开放的政治意识。大学生在培育自己的政治文明意识的过程中，既要坚持从我们的国情出发，总结我国各项建设经验，又要以博大的胸襟、前瞻的视野广泛借鉴人类群体政治文明的有益成果。大学生对其他政治文明的借鉴，一定要注意采用反思的思维方式，吸收其中合理的成分。

5)要充分发挥共青团的组织优势，通过开展丰富多彩的活动，大力培养青年的民主意识、法律意识和公民意识，使青年真正成为社会主义政治文明建设的积极促进力量。

(2)帮助大学生充分认识社会主义民主政治具有强大的生命力和优越性。党的十七大报告指出：“人民民主是社会主义的生命。发展社会主义民主政治是我们党始终不渝的奋斗目标。”这是对我们党领导人民建设社会主义民主政治文明的伟大历程和显著成就的科学总结，也是激励全党全国各族人民为进一步推进中国特色社会主义民主政治制度建设而奋斗的重要思想观点。

世界上的民主，都不是抽象的、绝对的，而是具体的、相对的。根据马克思主义政治经济学原理，作为上层建筑的民主，其本质、内容和形式，都是由本国的经济文化制度所决定，并且随着本国经济文化的发展而发展的。一个国家政治的和经济的、思想的和文化的、法律的和道德的、历史的和现实的、现有的和潜在的因素，都是构成本国民主政治的国情基本条件。离开国家自身的条件来谈某个国家的民主政治就一定会陷入绝对主义的错误。共青团要从我国的国情出发，帮助青年充分认识社会主义民主政治的强大生命力和优越性。

1）通过开展近现代史教育、比较教育、社会实践等活动，帮助青年深刻认识社会主义民主政治的本质是人民当家做主，是最大多数人的民主。纵观人类社会自进入阶级社会之后的一切政治文明发现，所有的政治文明都始终表现着剥削阶级对被剥削阶级的政治统治关系，是少数社会成员对于多数社会成员的权力控制形式。即使民主存在也只是体现少数人的社会局部的民主。社会主义制度的产生第一次实现了由多数人对少数人的专政，真正确保了占人口绝大多数人的统治地位，民主的覆盖面要比历史上所有的政治制度都广大。这样的变革，使社会主义政治文明，完全可以正视并承认自身发展中的种种不足，完全有胆略和勇气吸收人类政治文明发展中的一切优秀成果，因为它提供了改革与完善自我的基本前提，保证了最大多数人参与这种改革与完善活动的主动性和积极性。中国的社会主义民主实践历史已向人类社会昭示：人类政治文明的发展并非仅局限于西方资本主义的一种选择，在中国，社会主义作为超越和优越于资本主义政治文明的现实途径，具有更为深远的发展潜力和发展前景。

2）要通过开展制度宣传、国情教育、社会实践等活动帮助青年深刻认识人民代表大会制度和共产党领导的多党合作、政治协商制度以及民族区域自治制度，是人民奋斗的成果，是历史的选择、人民的选择，是最适合中国国情的政治制度。从国体的角度出发，我国的社会主义民主是工人阶级领导的、以工农联盟为基础的人民民主专政。人民民主专政规定了我国人民当家做主的主体地位，是最广泛的专政。从政体的角度看，我国的社会主义民主是按照民主集中制组织起来的人民代表大会制度。人民代表大会确定了我国人民当家做主的形式，是我国的最高决策机关。人民代表接受人民的监督。邓小平同志指出：“我们实行的就是全国人民代表大会一院制，这最符合中国实际。如果政策正确、方向正确，这种体制益处很大，很有助于国家的兴旺发达，避免很多牵扯。”实践证明，人民代表大会制度符合我国的国情，是最有效率的政治制度。按这种制度办事，既保证全体人民一起行使国家权力，决策国家大事，调动人民群众当家做主的积极性和主动性，又有利于各国家机关在人民代表大会的领导下，分工合作，协调一致地组织实施中国特色社会主义事业建设。中国共产党领导的多党合作和政治协商制度，是在长期革命和建设实践中逐步发展起来的具有中国特色的一项基本政治制度。共产党领导、多党合作的政党体制，既不同于西方国家实行的多党制或两党制，也有别于一些社会主义国家实行的一党制。它是马克思主义同中国实际相结合的一个创造，是符合中国国情的社会主义政党制度，有利于发扬民主，活跃国家政治生活；有利于增进人民团结，维护国家政局稳定；有利于加强、改善共产党的领导和充分发挥民主党派的参政作用，从而实现统一领导与广泛民主、富有效率与充满活力的有机统一。

3)要通过开展党史教育、法制教育、国情调查等活动，帮助青年深刻认识党的领导、人民当家做主和依法治国的有机统一是我国社会主义民主政治最根本的特点和重要优势；党的领导是人民当家做主和依法治国的根本保证；人民当家做主是社会主义民主政治的本质要求；依法治国是党领导人民治理国家的基本方略。人民民主和依法治国都必须在党的领导下。社会主义国家的基本性质决定了要坚持人民民主。中华人民共和国的一切权力属于人民。这就是说，人民当家做主是社会主义政治的要求。社会主义政治文明区别于资本主义政治文明在于社会主义政治文明的人民民主不是在搞形式主义，而是在实质上确保人民当家做主，确保人民真正成为自己社会的主人。人民当家做主是党的领导和依法治国的根本要求，因为党的根本性质就是带领中国人民在新时期全力建设社会主义，中国共产党全心全意为人民服务，如果没有人民当家做主作为党的领导的根本要求，党就会变质：依法治国的主体是人民，法治是调节人民内部矛盾的手段，依法治国是解决人民内部矛盾的根本方法。因此，社会主义法制是为人民服务。依法治国是社会主义政治文明的法制保障，是在党的领导下，依照宪法和法律规定，通过各种途径和形式管理国家事务，管理经济文化事务，管理社会事务，保证国家各项工作都依法进行，逐步实现社会主义民主的制度化、法律化，使这种制度和法律不因领导人的改变而改变，不因领导人的看法和注意力的改变而改变，从而使人民广泛的民主权利和自由得到法制的确认和保证。没有为人民服务的法制核心，法律就会变成少数人的专制工具。人民当家做主、党的领导和依法治国三方面有机统一是社会主义民主政治优越性的巨大体现。

4）要引导青年认识到社会主义民主政治具有的强大的生命力和优越性，需要通过不断的政治建设和政治体制改革才能得到充分显现和发挥。当前最重要的任务是加强制度建设，实现社会主义民主政治的制度化、规范化和程序化。共青团要带领青年积极配合这项重点工作，满腔热情地投身社会主义民主政治制度建设。应该看到，社会主义民主政治的发展归根到底要取决于经济和社会的发展，社会主义民主政治建设必然是一个长期发展完善的历史过程，需要从我国的国情出发，在党的领导下有步骤、有秩序地推进。要引导青年正确看待在民主建设过程中客观存在的一些问题，树立持久建设的思想，不能急于求成，更不能错误地认识我们的民主现状，片面地看待我们的民主实践。

（3）引导大学生参与基层民主实践。“扩大社会主义民主，更好保障人民权益和社会公平正义。”在团组织建设过程中，要组织青年积极有序地参与民主选举、民主决策、民主管理、民主监督等民主实践。扩大基层民主，保证人民群众直接行使民主权利，依法管理自己的事务，创造自己的幸福生活。在高校，组织大学生参与社会主义基层民主实践是社会主义民主在高校最广泛的实践。高校社会主义基层民主实践离不开广大大学生的积极参与。高校共青团应成为我国大学生学习和实践社会主义民主的大学校，成为广大大学生有组织、有纪律、有领导地参与政治生活的渠道。高校共青团要支持大学生依法参与民主选举，实施民主决策和民主管理，进行民主监督等各项民主实践，引导大学生在实践中规范参与意识，提高参与能力，正确行使自己的民主权利，促进基层民主的扩大和发展。

在高校，要维护在校学生在基层民主政治建设中的民主权利，引导他们在党组织的领导下，正确行使民主权利，积极参与学生自治，在民主选举、民主决策、民主管理和民主监督中发挥积极作用。要开展各种形式的选举知识、自治知识教育，帮助大学生增强民主意识，了解民主知识，促进学校民主文化的形成。

引导大学生珍惜民主权利，认真参加学校选举，积极维护选举正常程序。鼓励大学生积极参加学校建设的各项事务，在校务公开和院务的各项事宜中发挥积极作用。在有关方面制定涉及大学生切身利益的重大政策时，团组织要积极反映大学生的意愿和呼声。

（三）团委文化建设

1．团委文化建设的方针

团委文化建设要始终坚持“服务、引导、建设、提高”的方针。服务即：诚心诚意地为大学生成长成才服务，为大学生就业服务，为大学生文化思想需求服务；引导即：旗帜鲜明地站在大学生文化潮流前列，引导大学生区分真、善、美与假、恶、丑，辨别文明进步与愚昧腐朽，对大学生的文化思潮和文化行为，有益的要热情扶持，无害的要宽容允许，有害的要坚决反对，保证大学生文化潮流在社会主义精神文明轨道上健康发展；建设即：前瞻性地预测大学生文化潮流趋势，创建符合大学生要求的优秀文化载体，包括书籍、报纸、杂志、网站等，组织积极健康向上的文化活动；提高即：积极组织大学生学习文化，提高文化素质，培养全面发展的大学生。

2．团委文化建设的基本要求

高校团委文化建设要改革创新、与时俱进的时代精神，以创新的思维推动大学生文化建设的发展。要着力在形成积极向上的大学生文化氛围、广泛开展丰富多彩的大学生文化活动、积极创作推广大学生文化精品、大力培养发现大学生文化人才和不断发展大学生文化事业和产业等方面下功夫，推动大学生文化蓬勃发展。要在以往开展青年文化活动的基础上大胆创造，以开放的眼光和广阔的视野着眼青年文化的发展潮流，努力形成有中国特色的青年文化体系。要创新工作机制，整合青年文化资源，充分运用社会化、市场化的运作手段，调动社会各方面参与，推动青年文化建设的发展。

团委文化建设要从夺取全面建设小康社会新胜利、实现中华民族伟大复兴的战略高度，把大学生文化建设摆在突出位置，作为一项战略任务抓紧抓好。要充分发挥共青团文化育人的优势，充分发挥大学生在社会主义文化建设中的独特作用。要积极争取党政领导和有关职能部门的支持，把大学生文化建设纳入各地文化建设的总体规划，使之真正成为发展先进文化的组成部分。要调动基层和各级各类大学生组织的积极性，调动大学生广泛参与。要大力实施品牌运作战略、汇聚人才战略、打造精品战略、活跃基层战略、市场取向战略和国际交流战略，努力形成大学生文化活动蓬勃开展、大学生文化人才辈出、大学生文化精品层出不穷、大学生文化事业和产业不断壮大的良好局面。同时，要制定必要的政策和法规，建立青年文化工作评估和奖励制度，以保证共青团文化建设的顺利进行。

3．团委文化建设的基本任务

团委文化建设的基本任务是丰富和繁荣青年业余文化生活，不断提高大学生的思想道德素质和科学文化素质。

（1）通过寓教于文、寓教于乐，提高大学生的思想道德素质。要建设社会主义核心价值体系，增强社会主义意识形态的吸引力和凝聚力，引导大学生树立远大的理想和正确的人生观，树立民族自尊心、自信心和自觉的社会责任感，养成高尚的道德情操和良好的行为规范，逐步建立文明、健康、科学的生活方式。

（2）建设和谐文化，培育文明风尚，建立有利于大学生文化科技人才脱颖而出的机制。各级团组织要自觉树立人才观念，切实做好大学生文化科技人才的发现、培养和举荐工作。要积极争取有关部门和单位的支持。大力开展大学生课余文化技能开发活动，层层建立大学生人才档案，建立各种技能的资格评定和证书制度，为大学生施展才华提供舞台，为社会提供文化科技人才资源。

（3）推进文化创新，增强文化发展活力，正确引导大学生的文化消费。按照社会主义商品经济发展的要求，积极引导大学生树立正确的文化消费观念，在服饰、饮食、消遣、娱乐、社交、旅游及生活环境设计等方面进行合理有益的文化消费，既要摒弃把合理有益的文化消费视为“资产阶级生活方式"的旧观念，又要反对不切实际、脱离现实生活水平的“高消费”和“超前消费”。在引导青年读好书、唱好歌、看好片的同时，不断拓宽大学生文化生活领域，满足大学生日益增长的精神文化需求。

（4）带领大学生积极参与扫黄除害和社会主义文化建设。要教育青年自觉抵制淫秽出版物、吸食贩卖毒品、卖淫嫖娼、赌博、封建迷信等腐朽没落文化和丑恶社会现象的侵蚀、毒害，主动参与查禁打击六害的行动。要激励大学生投身社会主义文化建设，热情关心和参与大学生文化活动场所的建设，创作和生产高质量的精神及物质文化产品。选择和确立健康美好的文化活动内容及样式，繁荣和建设有中国特色的社会主义文化。一是要加强大学生思想道德建设，道德建设的核心就是世界观、人生观、价值观的培育，要通过文化学习加强青少年基本的常识、道德建设；二是要弘扬和培育民族精神，在外来文化的冲击面前，使民族的优良传统发扬光大，薪火相传；三是要把科学和理性的精神作为主导的层面，大学生讲科学和理性，民族、民族的文化就会永远有内核，永远有力量；四是加强与世界大学生文化的对话、交流、竞争，使我们的文化更加强壮，更有竞争力，更加有力量。

4. 团委文化建设的主要内容

（1）牢牢把握青年文化建设的正确方向。大学生文化建设要坚持先进文化的前进方向，以培养中国特色社会主义事业的合格建设者和可靠接班人为目标，以满足大学生日益增长的精神文化需求为着力点。大力发展健康有益、充满活力的大学生文化，努力使大学生文化成为激励大学生积极向上、促进大学生全面发展的精神动力，成为满足大学生需求、展示大学生时代风貌的鲜活载体，成为社会主义文化中充满朝气和富有活力的重要组成部分。

（2）努力形成积极向上的大学生文化氛围。把握大学生文化脉搏，加强对大学生文化的引导，推动大学生学习、创造、奉献。跟踪大学生文化发展动态，了解青年文化时尚，关注大学生文化现象和文化热点，采取积极有效的措施，引领大学生文化潮流。充分运用新闻宣传手段，重点发挥团属青年报刊、网络、影视阵地在大学生文化建设中的作用，加强对大学生文化的宣传和引导，营造积极向上的大学生文化氛围。

（3）广泛开展丰富多彩、喜闻乐见的大学生文化活动。要立足基层，面向大学生，大力开展大学生文化广场、大家乐、大学生文化艺术节等群众性青年文化活动，推动其蓬勃发展。在广泛开展大学生文化活动的基础上，积极探索具有鲜明时代气息和社会影响力的大学生文化活动品牌，吸引广大大学生踊跃参与，广泛吸纳社会资源，促进大学生文化建设。

（4）抓住大学生精神文化需求中的热点问题，加强对大学生文化消费的引导。要用健康有益、充满活力的文化吸引和引导大学生，要帮助大学生提高思想道德素质和审美能力，在万花筒般的社会里辨别真与伪、美与丑、善与恶。引导大学生抵制消极和不健康文化的影响，建立与社会主义市场经济相适应的文化观念、价值趋向和消费导向，追求文明、健康、科学的生活方式，营造有利于大学生成长发展的良好文化环境。对于青年的文化思潮、文化现象、文化行为，有益的要积极扶持，无害的要宽容允许，有害的要坚决反对，并采取切实可行的措施进行抵制。

5．团委文化建设的基本做法

（1）形成开放的工作机制。加强大学生文化建设涉及方方面面，是一项系统工程。要动员社会各方面广泛参与，采取多种形式，开辟多种渠道，建立和形成开放的工作机制。要调动各有关方面参与的积极性，汇聚各方面的资源和力量，边实施边规范，边开展边完善，边建设边发展，不断提高大学生文化建设的水平，促进青年文化的繁荣。

（2）运用社会化的运作手段。为了适应完善社会主义市场经济体制的需要，要运用社会化的手段，推动大学生文化建设可持续发展。加强项目管理，逐步建立和完善项目论证、规划、实施、监督、评估的制度，对每个项目都按照严格的工作流程科学策划、精心组织、周密实施，做到办一个项目成一个项目，持之以恒，取得实效。要强化监督，保证项目健康发展，维护青年文化建设的良好社会形象。始终坚持把社会效益放在首位，促进青年文化事业和产业的发展。

（3）发挥大学生文化社团的作用。把大学生文化社团作为加强青年文化建设的重要力量，大力支持大学生文化社团开展健康有益、富有特色的文化活动，活跃大学生的文化生活。充分发挥大学生文化社团在培养文化人才方面的作用，通过社团活动发现、培养一批大学生文化骨干。鼓励、扶持学生年群体中的文化社团建设，加强大学生文化社团的管理，推动大学生文化社团健康发展。

（4）整合资源形成合力。充分发挥共青团组织的优势，发挥学生社团联合会及其团体会员的作用，整合大学生文化资源，形成合力，打造大学生文化建设的名牌、精品，形成大学生文化建设的强大声势，推动大学生文化发展。团属新闻出版机构、文化企事业单位、大学生活动阵地、各级团校要整合力量，在大学生文化建设中发挥重要作用。

三、建设新型团组织

（一）学习型团组织

1．学习型团组织的意义

高校共青团是广大在校大学生在实践中学习中国特色社会主义和共产主义的另一所学校，把学生培养成为“四有”社会主义新人是共青团的根本任务。从这个意义上讲，共青团本身就是一个学习型组织。尤其是自我国加入 WTO 以来，经济全球化成为我国当前的一个文化主题。在这种情况下，高校共青团工作面临的新知识、新理论、新问题、新情况层出不穷。大学生群体中流行文化更新速度之快已经超越之前所有人的想象。在高校思想政治教育建设过程中，团委自身必须要成为一个学习型团组织。只有不断更新对所要解决问题的认识，才能有创新解决问题的方法，才有为高校思想政治教育做出贡献的基础，共青团只有始终保持不断学习的状态，始终以学习提高认识，以学习推动创新，淘汰陈旧落后的思想，始终在学生群体中保持进取，才能适应国内外形势的新变化，不辜负党和人民对共青团组织的期望。

2．学习型团组织的内涵

学习型团组织是使全体共青团员和共青团各级组织具有持续增长的学习力的、能让全体团员进行创造性学习并在学习中体会到工作和生命意义的、能使整个组织获得快速应变能力和持续创造能力的组织。

建设学习型团组织，要求高校团委解放思想、实事求是，坚持结合自身的实际情况，对其他学习型组织的管理理念加以借鉴和吸收，把学习型组织的理论与党的重视学习和重视自身改造的优良传统结合起来，营造终身学习的组织环境，使学习成为一种经常化、普遍化和制度化的行为，使团组织成为团员相互学习的课堂、交流思想的精神家园和团结前进的战斗团体。

3．学习型团组织的特点

学习型团组织的特点主要表现为：

第一，强调目标。学习型团组织的创建，强调拥有一个全体团员青年接受的、能鼓励所有团员青年去积极奉献、积极创造的理想目标。这一理想目标既是全体团员青年的个人理想目标的融合和升华，也是共青团组织强大的精神信念的体现。

第二，强调学习。在经济、科技日新月异的时代，要永葆活力，就必须与时俱进，不断学习，终身学习，使自己内部的变化快于外部的变化。学习型团组织最根本的特点就是改变学习的态度，提高学习的能力。团委在团组织中建立全员持续、系统学习的制度，培养团员青年高度的学习自觉性，能够积极主动地进行创造性学习。

第三，强调思考。学习型团组织强调透过学习进行系统思考、批判，提升学习力。学习过程应该是提高思维能力、改善思维方式、培养思维意识、培养创新思维的过程。

第四，强调创新。在学习型团组织中所讲的“学习”，与传统意义的学习的概念有所不同，它不仅包含了传统的学习概念，更重要的是把学习转化为创造力。学习型团组织的学习是一个不断学习、实践、创新的过程。“创新是一个民族进步的灵魂，是一个国家兴旺发达的不竭动力”，也是学习型团组织永葆生机的源泉。

第五，强调共享。学习型团组织强调组织层面的知识共享，着力创设一个宽松的、积极向上的、适于团员青年相互沟通和知识共享的组织环境。团员青年在团组织内，相互信任，真诚交流，取长补短，能够使信息传播畅通，方便、快捷地获取知识，实现学习效果的最佳化，从而产生新思路、新观念，使个体的学习成果转化为组织的行为。这样的团组织才是最具凝聚力和战斗力的。

第六，强调奉献。学习型团组织要求团员对组织表现出高度的忠诚，摒弃个人利益和部门利益，不再抱着“遵从”的态度去完成指定任务，而是抱着“奉献”的精神去积极创造。

第七，强调人本。把每一个团员都视为组织的重要财富，服务于广大团员青年，为他们的学习和发展创造条件。要充分信任团员青年，热情关心、正确引导、严格要求、密切联系、切实帮助团员青年，让广大团员青年在共青团这所学校的培养下成为想干事、能干事、干成事的优秀人才。这是学习型团组织的根本。

（二）服务型团组织

(1)服务型团组织的含义。服务大学生是高校共青团的重要使命，是新时期高校共青团工作的总体要求。团委工作必须全面重视这一要求，把服务大学生作为高校共青团全部工作的出发点和落脚点。

第一，服务大学生是党交给高校共青团的任务。习近平总书记准确把握新时代青年和青年工作的新特点，多次发表关于青年成长成才的重要讲话，开创性地围绕青年和青年工作的重大理论和实践问题进行了全面系统的战略思考和指导部署，形成科学系统的关于青年工作的重要思想。这是新形势下党对共青团工作的殷殷嘱托。作为校园内的群众组织，作为党领导的群众组织，高校共青团工作一定要认真服务大学生，圆满完成党托付的任务。

第二，服务大学生是高校共青团性质决定的使命。大学生组织就要服务大学生，这是由团的性质和职能决定的。高校共青团只有把竭诚服务大学生作为工作的出发点和落脚点，才能尽到自己的责任，履行好自己的职能。作为高校群众组织，高校共青团的工作对象就是在校大学生，工作内容就是引领大学生。在构建社会主义和谐社会、全面建设小康社会的新阶段，只有竭诚服务大学生，才能引领广大在校大学生在推动科学发展、促进社会和谐建设上贡献自己的力量。

第三，服务大学生也是大学生对团组织的需要。关心大学生健康成长，全社会都有责任，但首先是代表大学生利益的高校共青团的责任。大学生的需要，团组织要努力去满足；大学生面临的困难，团组织要努力帮助他们克服。要通过服务让广大在校大学生真切感受到，共青团是广大青年自己的组织，在遇到困难的时候，可以通过组织的力量以及自己的努力共同去解决。

（2）团委工作服务青年的主要内容。

第一，服务大学生学习成才。“努力服务青年学习成才，为青年职工、青年农民学习新知识、新技能提供帮助。为大中学生开展实践锻炼创造条件。”青年时期是学习的黄金时期。来到大学，学习成才是大学生的强烈愿望。高校共青团要服务大学生学习成才，要在他们学习成才的道路上帮助他们解决心理上的障碍，解决知识上的困惑，指引成才的方向，让他们在身体上和心灵上健康成长。只有服务青年学习成才，才能为国家和人民培养合格的“四有”人才，高校共青团才能完成党交给的重大任务。

第二，服务大学生就业。高校共青团要重点服务当前大学生最迫切的需求，而当前最突出的就是大学生就业。因此，高校共青团要高度重视和配合政府做好大学生就业促进工作，帮助就业困难大学生做好就业工作。把党培养的优秀大学生输送到祖国建设的第一线，为国家经济建设服务，发挥大学生青年的创造力和激情，是服务大学生工作的重要方面，也是圆满完成党的任务的关键一步。因此服务大学生就业是共青团当前重大、艰巨而光荣的任务。

第三，服务有特殊困难的大学生群体。共青团服务高校大学生要优先服务困难群体，积极帮助家庭经济困难学生，深化和拓展希望工程，通过开展济困助学、勤工助学、大学生互帮互助等活动照亮学子前行的道路。

第四，服务青年的精神文化需求。高校大学生是一批有着高素质的青年群体，因此在校大学生有着很强的精神文化需求。高校青年的文化阵地我们不去服务、不去占领，西方资本主义文化就会去服务、去占领。

（三）创新型团组织

(1)创新性团组织的提出。创新是一个民族进步的灵魂，是一个国家兴旺发达的不竭动力。习近平主席在在十八届中央政治局第九次集体学习时强调：“的讲话创新是一个民族进步的灵魂，是一个国家兴旺发达的不竭动力，也是中华民族最深沉的民族禀赋。在激烈的国际竞争中，惟创新者进，惟创新者强，惟创新者胜。”提高自主创新能力，建设创新型国家，是国家发展战略的核心，是提高综合国力的关键。要坚持走中国特色自主创新道路，把增强自主创新能力贯彻到现代化建设各个方面。党中央已经把自主创新能力、建设创新型国家提高到国家发展战略核心的高度，团委自身工作能否创新，能否引导青年创造潜力，在全面建设小康社会中创新、创业，是团干部是否与党的要求保持一致，团委工作有作为和不作为的分水岭。

当代青年只有用满腔的创造活力和热情推动科学发展、促进社会和谐，青春才不会虚度。当代大学生要争做创新的尖兵，勇敢地走在解放思想的前列，敢于探索和突破，勇于扬弃和变革，在知识创新、技术创新、制度创新、管理创新和其他各方面创新中发挥聪明才智，为提高自主创新能力、推动经济社会又好又快发展做贡献。共青团员要争做创业的先锋，在平凡岗位上脚踏实地、勤勉敬业、锐意进取、争创一流，在新兴产业、新兴领域闯新路、创新业，在基层、在艰苦的环境中、在祖国和人民最需要的地方默默奉献、建功立业，书写壮丽青春，实现人生价值。

（2）高校创新型团组织的工作重点。团委工作思路创新。有思路，才有出路。解放思想，实现工作思路上的创新，是共青团创新的根本。做到工作思路创新要把握好三个方面：一是要努力把握新时期做好共青团工作的规律；二是在谋划和部署工作中，积极开辟工作的新领域和新的生长点；三是在推进工作中，要努力摆脱在计划经济条件下形成的单一行政思维模式，树立适应市场经济发展要求的思维模式。

团组织自身建设创新。团组织建设要本着走进青年的要求，大胆探索和创新基层组织建设方式，通过持之以恒的努力，不断扩大组织覆盖面，增强组织活力。共青团代表大会对全面推进团的建设工作提出了新要求，做出了新部署。高校团组织要坚持党建带团建，紧紧依靠党组织的领导，适应形势发展和大学生变化，发扬改革创新精神，大力加强团的思想建设、组织建设、制度建设、作风建设和队伍建设，不断增强团组织的吸引力、凝聚力和战斗力。面对经济社会的深刻变革，要积极推进团的建设理论创新、制度创新和工作创新，切实加强和改进团的自身建设。首先，要认真研究把握共青团工作面临的新情况。其次要在始终坚持团组织的根本性质和宗旨的前提下，着眼增强团组织的适应性，扩大团组织的覆盖面，把巩固与创新结合起来，发挥好党联系广大在校大学生的桥梁和纽带作用，努力把团组织建设成为团结教育大学生的坚强核心。最后，在团干部队伍建设方面，广大团干部要树立强烈的政治意识、责任意识、学习意识，把工作激情、科学精神和务实作风结合起来，加强团干部的教育培训，拓宽团干部培养锻炼和交流、转岗渠道，培养一支专业化、职业化的青少年事务社会工作者队伍。

第六章　高校校园班级文化建设

第一节　班级文化建设的内涵与意义

一、班级文化的概述

（一）班级文化的界定

在 20 世纪早期，西方教育学者们已经重视对“班级文化”（Class Culture）的研究。我国学者卢妍宇则对“班级文化”的含义提出了各自不同的见解。目前，我国学者对班级文化含义的理解主要有以下几种：

“观念——方式说”认为：班级文化是指班级全体成员或部分成员习得的且共同具有的思想观念和行为方式。此界定忽略了环境与教学对学生的影响。

“意识形态说”认为：班级文化是班级所有成员或部分成员所共有的信息、价值观、态度等精神方面的东西。此界定忽略了物质层面的影响。

“物质——精神说”认为：班级文化是由物质文化与精神文化共同构成。此含义相对比较全面。

学生对于班级文化的学习是一种潜在的学习。一个优秀的班集体的班级文化，应当具有以下要素：由全体班级成员共同创造、被大家所认可和接受、有利于全体成员的个体发展、能感受到较大的自我满足感。

本书对“班级文化”的定义包括以下的几层意思：

一是班级文化是校园文化中的亚文化，受校园文化和社会文化的影响；

二是班级文化是班级全体师生在一定规范下所创造的各种物质和精神财富总和；

三是班级文化是一种具体的生活方式。

笔者综合各家观点，认为班级文化是指班级成员在班主任引导下，在长期的学习生活中所形成的物质文化和精神文化的总和，它是满足班级全体成员发展需要的独特的班级生活方式和价值体系，是一个班集体乃至一所学校最具特色的部分，是学校文化的组成部分，是微观的学校文化，主要内容包括精神文化、制度文化和物质文化，在班级管理中起着重要的作用。班级文化是班级内部形成的具有一定特色的思想观念和行为规范的总和，是一个班级内在素质和外在形象的集中体现。

（二）班级文化的功能

著名教育家苏霍姆林斯基在其著作《帕夫雷什中学》中说："用环境，用学生创造的周围情景，用丰富的集体精神生活的一切东西进行教育，这是教育过程中最微妙的领域之一。"苏霍姆林斯基认为班级文化是一种教育力量，具培养人才的教育功能。班级文化是一种特殊的微观现象，它包含社会、文化和教育等因素。我国众多学者重视对班级文化的研究，提出了自己的看法，笔者将班级文化的功能归纳为以下几种：

1. 凝聚功能

形成一种团结、发展的精神风貌是班级文化建设的一个重要目标。班集体如果有良好的班级文化，处在其中的学生就能体会到同学间的和谐融洽、团结互助、相互关心，时时处处感受到集体的温暖，才能形成良好的师生关系。这些才能形成班集体的凝聚力，师生紧紧团结在一起。

2. 导向功能

积极健康的班级文化的形成，具有巨大的导向力量。具体体现在：一是对于班级成员的发展具有导向作用，班级文化对处于健康人格定型和成熟的关键阶段的学生具有积极作用；二是对班级的发展建设具有导向作用，班级文化对于班级机构的完善和班级功能的实现起到积极作用。

3. 陶冶功能

班级文化随时随地濡染着班级成员，对所有成员的人格发展和人格完善起着熏陶作用。班级文化促进良好班级氛围的形成，对身处其中的班级成员的思想、行为和精神风貌随时起着熏陶的作用，他们在思考和行为时会以班级的规则制作为衡量。

4. 约束功能

治国，应该法制和德治相结合；治班，也应该用规矩和文化相互作用来起效果。班级的规则是正式规则，在进行班级管理时发挥的是刚性的效果和力量，而与之相反，班级文化就是一种非正式的规则，它在班级管理中发挥着柔性的效果，恰恰能够弥补班级规则所不能及的效果，正是两者刚柔结合才能起到更好的约束班级成员的作用。

二、班级文化的建设

班级文化建设的基本内容包括两部分：班级物质文化的建设和精神文化的建设。

（一）班级文化的基础

班级文化的物质文化（the Class Material Culture）是指班级成员共同创造的所有物质因素，包含教室环境和教室中的各种设施。

1. 教学设备的配置

教学设备主要指学校为教室配备的硬件设施，可分为学校配置的从事教学活动的必备基础设施、教学辅助设施和班级自制的个性化设施。

班级是进行教育教学活动的基本单位。从事教育教学活动，除了教室作为场地，还要准备必需的设备和教具，如黑板、讲台、桌椅、粉笔、教科书等。

教室是学校建筑物的主体，是学生上课学习的主要活动场所。教室作为一个固定场所，它的大小决定了可容纳的人数即班级学生人数，而且影响着班级中个人与整体的空间比例。

学生在学校参加教学活动的大部分时间是坐在课桌椅上的。班级中人与人的关系和班级气氛会受到课桌椅的型号、摆放方式的影响。

黑板是教学活动中信息沟通的重要途径和信息传播的媒介。随着信息化时代的到来和多媒体技术在教学中的应用，黑板的作用已经逐渐减弱。

随着社会的发展，人类科学技术不断进步，现代物质文明的成果服务于课堂教学便产生了教学辅助设施。如录音机、电视机、校园广播、计算机、投影仪等。

这些设施对于教育教学来说，最大的影响就是让课堂教学和学生的班级活动形式丰富，使知识的呈现和交流方式不再单一枯燥。同时，教师通过使用这些辅助设施，拓展了课堂教学的时间和空间，从而激发了学生的求知欲，且节省了无关时间的浪费，提高了课堂教学的效率。

班级文化中班级的个性化设施是个性化、独特性的物质表现，它能够满足班级发展的需要，属于班级的私有设施，取决于班级的经济条件。一般而言，根据用途不同可分为智育设施、清洁设施、文体设施和艺术设施。

班级对个性化设施的需要取决于班级文化建设的目标，班级个性化设施充分展现了班级的文化，为班级发展提供条件。

2．教室环境的布置

“教室环境”（the Environment of Classroom）是班级形象的标志之一。

美化教室环境，既建设了良好的班级形象，也可以用优美的环境陶冶人，给学生增添生活和学习的乐趣，消除学习后的疲劳。更重要的是，优美的学习环境有助于激发学生热爱班级、热爱学校的情感，促进学生奋发向上，增强班级的凝聚力。

教室环境的各种因素与班级文化建设之间密切相关。任何文化活动都需要占据一定的空间，而不同的空间组织形式和空间密度对学生的身心健康和文化陶冶又会产生不同的效果。一般来说，班级文化空间最为重要的两个环境因素是班级规模与座位编排方式。教室中的各种物品材质、温度、光线、色彩、噪音控制等等的不同，会在潜移默化中对班级文化的建设产生重要影响，不仅会影响身在其中的学生的情绪状态、心境体验，也会影响人对物、对人的态度、人与人的关系和情感，从而影响学生主体的学习效果。

如上所提及的教室的空间大小和容积、教室中的各种物品材质、光线照明、温度等因素是即定因素，也许我们无法改变，但我们可以改变教室中的物品摆放位置、色彩、声音及感官刺激等方面，美化教室，从而达到优化教室环境促进班级文化建设的目的。首先要安排好固定摆放的物品，其次是要安排好课桌椅，最后是要注意有效利用装饰品美化空间。

（二）班级文化的核心

“精神文化”（the Class Mental Culture）指班级文化中所有人文要素的总和，包括各种价值观、主流精神、班级制度、活动文化等。

精神文化的建设，是班级文化中的核心和基础，也是最高目标。一个班级的精神文化直接体现为这个班级的精神风貌。

价值观的建设是班级精神文化的思想基础。形成全体成员的价值观是班级文化建设的目的，也是班级文化建设的核心和基础，更是班级文化得以实施和发挥影响的原动力。

班级价值观的形成一般经历以下阶段：

第一阶段是班级价值观建设的初期：成员之间已有的价值观的相互碰撞时期。

班级建立之初，学生的精力都放到了了解班主任和教师、了解同学并力争建立与同学的良好稳定关系。班级特点为：首先，群体成员彼此缺乏充分交往，只是由于好感或者原来有一定关系，因此人际关系是情绪性的，而不是以共同的活动目的、任务为中介；其次，由于群体的行为规范尚未形成，每个人都从自己的角度认识集体、参与活动；再次，群体的心理氛围是由这种直接的相互接触决定的，因此，群体意识差、聚合力弱。这一时期的班级表面看起来是非常平静和谐的，教师要了解学生的价值观最好在活动中间接进行，或采用不记名的问卷调查方式。

第二阶段是班级价值观建设的中期：个体成员间寻求价值观一致的时期。

根据美国的比较心理学家和社会心理学家马斯诺的观点，人有归属和爱的需要，渴望在团体中得到别人的认可，建立深厚的关系。这种需要让人渴望与他人的感情联系、在群体交往中找寻到能认同自己的人。这是一个价值“协商”的过程，他们会因价值观相同而形成一个个朋友圈，相对稳定。渐渐地，在同学关系中出现了“地盘”，形成了基于需求、兴趣、旅游倾向等类似因素结合起来的小团体。

此时，教师要重视这些小团体的教育力量，通过正确的沟通和引导，建立良好的师生关系，引导团体成员正确的价值观。

第三阶段是班级文化建设的完成期：争取价值认同的集体一致期。

这是班级价值认同中最复杂也最重要的环节。小团体稳定后，学生们为了满足团体的需求积极行动起来，而这些需求又与团体的要求相矛盾。这个时期形成了以班干部为中心的群体，他们自主活动的能力和水平越高，就越能够带领全班同学开展丰富多样的班级活动，同学们在活动中也就越能获得自我需求的满足，生动活泼的活动自然也会激发学生间的沟通，增强全体学生的亲和力、凝聚力，促进学生的主体性、自立性进一步形成。对于班级中的这些冲突，教师应当积极主动想办法解决，在恰当的时间、采用适当的语言和行为表明态度，秉承公平、公正、公开的原则。

班级主流精神的建设是班级精神文化的主要内容。班级主流精神是班级文化的核心和灵魂。班级文化建设的主要内容就是塑造特色鲜明、个性突出的班级精神。

如果一个班级具有良好的班级文化，那么他的班级主流精神肯定也是积极向上的。在这样的班级中，师生们具有探索真理、追求真理的求学态度和治学教风，有求真求实的科学精神；师生之间有良好、和谐的关系，能正确的行使民主权利，具有较好的平等互助的民主精神。由上可见，班级主流精神的建设会对班级成员造成影响。

因此积极向上的班级精神的建设，三个要素必不可少，首先是树立正确的思想意识，其次是要认真行动实践，最后是实践者具备较强的心理承受力。

班级精神实质是“时代精神”在班级的具体体现，只有树立正确的思想意识，以哲学作为指导，才能体现优秀的文化传统和先进的时代精神。“实践是检验真理的唯一标准”，建立班级主流精神，认真实践非常重要，只有不断实践，才能探索出班级主流精神的模式；只有不断实践，才能对其进行检验，才能不断总结。实践者的良好心理承受能力在此过程中非常重要，缺乏承受力或良好的心理素质，都会扭曲人们的精神。当然一些不健康的心理因素也会对班级精神文化造成倾斜，因此，要重视对心理健康的培养。

从总体上看，班级精神的建设过程中应适当利用表扬和鼓励、精心布置教室，并结合相关教育主题开展主题班会。

班级舆论、制度文化和活动文化的建设是班级精神文化的表现形式。

首先，班级舆论是班级精神文化的言语表现形式。班级舆论是班级精神文化在班级日常生活中言语方面的表现。班级舆论是班集体的言语氛围，它是全体师生在日常学习生活和教育活动中形成的评价体系。正确积极的班级舆论是班级文化建设的重要“软件”，能对班集体的成员产生好的引导和陶冶，因此必须抓好班级建设的舆论这块阵地。

其次，制度文化和活动文化是班级精神文化行为外化的表现形式。本文中指的“制度文化”是指一种规范体系，它得到全体师生的认可而形成，其目的：一是为了保护成员在团体中的权益，使个体获得发展；二是保证共同的活动目标得以实现，促进班集体的发展，因此要通过调节和规范大家的行为来实现。一个班级的制度文化的建立和形成，需经历四个过程：

第一是树立，根据班级的实际情况，经过提议和讨论，充分实行民主后确立。

第二是服从，这要求班级的成员必须遵守经过民主讨论后确立的班级制度。大家须在班级舆论的压力下，转变自己的思想观念和态度。

第三是认同，班级成员在服从班级制度文化的基础上要把群体的规范、舆论吸收过来，在心理上与之保持一致。

第四是内化，个体把自己认同的制度与自己原有的价值观念相结合，纳入自己的结构体系中。

一个班级的制度文化体系一般包括：作息制度、卫生制度、学习制度、文体活动制度、选举制度、出勤与请假制度、奖惩制度、干部职责和工作制度等。

第二节　班级文化建设的现状

一、当前我国高校班级文化建设现状

目前我国高校班级文化建设呈现出以下特点：

（一）班级凝聚力较弱

集体凝聚力对于集体的存在和活动有着非常重要的作用。一个班级，是不能没有凝聚力的。如果像一盘散沙，这个班级也就没有了它本身的意义。也就是说，班级需要凝聚力。如果班级有了很强的凝聚力，那么它将潜移默化的促进班级成员的发展和成长，集体成员团结一致、齐心协力，神面貌积极向上。班级凝聚力的情况将直接影响班级成员在学习、生活、集体活动中的各项表现。实际上大部分学生都认为自己热爱自己的集体，能把集体当成自己的家，认为自己的成长与班集体密切联系。目前高校的班级文化建设比较忽视班级凝聚力的建设和培养，班级凝聚力普遍较弱。部分班集体组织涣散，精神不振。班级凝聚力的培养和提升是高校班级文化建设的重要内容。

（二）宿舍中人际关系被忽视

在学生生活中有相当一部分学生对寝室的人际关系并不满意。交往是人际关系形成和发展的手段，其主体结构决定着人际关系的性质和水平。宿舍作为大学生活动的基本单位，具有多样功能，集住宿、娱乐、学习、交流、生活于一体。宿舍成员固定，相互之间接触频繁亲密，久而久之容易因为一些生活中的小事情而产生冲突，积累矛盾。如果冲突和矛盾不及时化解，就会越演越烈，也会影响成员的心理，甚至产生心理疾病。据调查显示，大学生最紧张的人际关系是宿舍人际关系，很多在校大学生都有宿舍人际关系焦虑的倾向。

宿舍中的人际关系是指宿舍成员在共同的学习生活中结成的以精神关系为主要内容，以语言、思想、知识、情感为媒介的关系。人际关系与人们日常生活和各种社交活动密不可分。著名心理学家马斯洛的需要层次理论将人的需要分为生理需要、安全需要、归属和爱的需要、自尊需要和自我实现的需要，需要的层次越高，其表现和满足就越依赖于外部条件。只有在和谐的人际关系中，人的高级需要才能得到满足和实现。

导致大学生宿舍人际关系紧张的原因主要有：大学生在性格、成长背景、生活习惯、地区习俗等方面的差异和利益的冲突。加之大学生心智尚不成熟，个性特征突出，在长期的狭小宿舍空间里生活，会产生很多他们自身不会解决的矛盾，这些不解决，都不利于班级文化建设的开展，并会影响到班级成员之间的关系。

（三）忽视培养学生的合作意识

班级文化建设的重要内容之一是学生学会共处。人不仅仅是自然的动物，更是社会性动物，人应当学会在群体中体现自身的价值，应当学会群体中的协作和团队精神。善于合作，不仅能从工作中找到乐趣，而且也能从生活中找到乐趣；善于合作，不仅能充分调动成员的积极性，而且也能挖掘成员的资源，提高解决问题的效率。

由于中国目前的家庭结构发生了较大变化，独生子女人数占据在校生人数的绝大多数，而他们具有“以自我为中心、唯我独尊”的意识、自私、任性等性格特征，因此当前班级文化建设存在以下难题亟待解决：如何让他们学会处理个人与集体的关系，如何帮助他们在集体中改掉毛病，注重合作……等等。

（四）辅导员（或班主任）没有充分发挥班级文化建设的“引导者”作用

辅导员（或班主任）工作繁杂，涉及面广，凡是涉及学生的事情都是辅导员的工作。辅导员是班级的组织者、教育者和指导者，在班级文化建设中行使着多种职能，扮演着多种角色，起着主导作用。

但在实际的教育教学工作中，由于辅导员管理的学生人数多、班级多，常被许多繁杂的事务性工作缠身，大部分处于“哪里出问题跑哪里”的状态，工作缺乏计划性，不能抓大放小，更谈不上从繁杂的工作中抽身出来对班级文化的建设进行整体性规划，或即使有整体规划也不能按照目标和计划步步实施。在班级文化建设中，他们的“引导者”作用不能得以充分发挥。

（五）班级文化活动的开展流于形式

要建设班级文化应特别重视活动的重要性。它是班级组织形成和发展的主要因素，通过活动能够挖掘班级成员的素质。主题班会、团组织生活等，可以让学生形成统一的思想、端正学习态度、规范行为、形成班集体良好的班风和学风。

当然，班级组织的积极性的特色活动，可以充分展现学生的个性、发挥学生的才能。

而在民办高职学院中，班级活动的开展具有以下特点：被动性、形式化、盲目性。班会文化活动的开展不是为实现班级目标和进行班级成员教育而开展，大部分时间是当班级出了问题时才举行活动，而且活动主题单一，有时甚至没有主题，活动的形式枯燥。有些活动表面看来形式丰富生动，而实质却是为应付检查而走形式、走过场。因此一切都是早安排好的，学生们并不能积极主动参加到活动中来，即使想参加也没有机会。长此以往，学生们便丧失了对班级文化活动的兴趣和积极性。

（六）对班级学生干部的培养停留于表面、不深入

在班级学生中有一个特殊的群体——班干部，干部角色对于学生的成长具有重要的价值。他们为同学服务，代表同学对班级进行管理，以组织者的身份将同学聚集在一起。凡是做过干部的同学，在合作精神、民主意识、管理协调能力等方面都有较出色的表现。对于班级来说，班级文化建设就要打造一支具有高度威信力、团结、高信用、有能力的“亲民”的班干部队伍。

为提高班级干部的威信，许多班级采用民主选举的方式产生。但也正因如此，他们的工作方式、对他们的培养教育，往往被辅导员老师所忽略。他们被老师当成了传话筒、录音机，他们不会思考如何主动工作、如何用更好更适合班级同学的方式来工作、如何让工作达到更好的效果。有些干部工作缺乏技巧、责任心，服务意识不强；有些干部工作不能落到实处，缺乏执行力，工作效果不好；有些干部不能协调好工作和学习的关系，要么为了抓好工作而成绩下降，要么即使担任干部也不作为，只一心认真学习。有些辅导员老师对于学生干部的培养只停留表面，平时不加强对干部的培养、教育和引导，只有在干部工作出现问题的时候才进行简单、粗暴的批评和指责。这样并不能解决问题，只能将问题扩大化，同时会对挫伤到干部的工作积极性，让他们失去威信。

（七）学生校外实践实习时间长，班级文化建设成效不佳

高职院校是普通高校，实施高等职业教育。但培养学术型人才并不是高职教

育的培养目标，人才的应用性和技术性是高职教育的人才培养的要求。高职院校培养的人才只需要掌握从事某一职业或某一行业所需要的基础理论知识，对于他们来说更重要的是掌握相关的技术和把理论知识有效运用到实际中的能力。这样的培养目标势必要求学校在制定人才培养方案时要加大实践教学、顶岗实习、实训等的时间和课程。学生的实践、实训、实习大部分在校外进行，采用分组的方式或自行联系的方式进行，在这个过程中班级的界限被打破，学校管理的难度增加，势必也影响到班级文化的建设。

二、高校班级文化建设现状形成的原因分析

我国民办高职院校班级文化建设之所以呈现出以上特点，其原因主要有以下几点：

（一）重视程度不够

民办高职院校极为重视安全问题，这是一切工作的底线，也非常重视招生问题，这是一起经费的来源和学校生存的动力来源。而这些问题也是花费学校大量的人力、物力、财力的事情。相比较而言，班级文化建设在这些问题面前显得分量不够，从领导层面上看对它的重视程度远远不如安全问题、招生问题、就业问题。

（二）班级规模较大

由于民办学校投资办学的主体是国家机构以外的社会组织或者个人，办学资金来源是非国家财政性质的经费，资金来源属于民间投资，投资方首先考虑的是办学成本和投资收益的问题，因此为了节约办学成本、创造投资的最大回报，班级规模一般都比较大，一些热门专业甚至达到近 70 人一个班。

在这样的班级中，很多同学并不能主动与其他同学交流，更有甚者在大学毕业时也不能将班上同学全部认识。这无形中对班级同学增进友谊、形成凝聚力起到了阻碍作用，不利于班级建设。

（三）学生进取心不足

在进行学生和辅导员老师访谈时我们也发现，不少学生进入大学完全没有学

习的目标和动力。进入大学的目的是应家长的要求而不是自己愿意，即便是自己愿意，唯一考虑的也是自己高中毕业还太小，先在大学混三年才好出入社会。学生学习目标不明确，行为习惯不好，痴迷游戏，自我中心，不关心班级和他人，对周围的一切冷漠，心理问题较多，这些都是影响班级文化建设的直接因素。

（四）是教师流动性强

由于学校没有财政事业拨款，实行人事代理制度，高校的教师普遍缺乏安全感和归属感，对学校的未来难以充满信心，许多老师将在高校工作作为暂时的过渡，工作的同时另谋打算或等待时机，一旦找到更好的单位或岗位就会立即辞职。曾经有些班级从大一到大三毕业，陆续更换过 3 名辅导员老师。教师的流动性大，班级的教学、管理工作很难做到有计划、有落实，对班级文化建设必然带来极大的影响。

当然，影响民办高职院校班级文化建设的因素还有很多，诸如经费投入不足、工作不落实、应付检查敷衍了事等等。我们要做好民办高职院校的班级文化建设，必须对影响因素进行深入剖析才能对阵下药。

第三节 班级文化建设存在的问题及应对策略

一、高校班级文化建设面临的问题与挑战

（一）学分制的推行使班级概念日益淡化

近年来，为更好地尊重学习者的个性差异，保障大学生自主学习的权利，激发他们的学习潜能，培养创新人才，全国的大多数高校都结合自己的实际情况实施了学分制。在学分制下，大学生出现了“同班不同学、同学不同班”的现象，新型班级出现，传统的班级概念日益淡化。这种情况往往导致以下问题的产生：同一班的同学不一定能经常见面和交流，班集体观念淡漠，集体活动也会经常因选课或参加社团活动不能正常开展；在学分制的条件下，如果不是一个宿舍的同学，他们很有可能一个学期都没有机会见上一次，同学关系尚且不如路人关系。

学分制的实施使部分学生在取得学分利益的驱动下，忽视对自身集体意识、纪律观念、团结协作精神的培养；有些学生只专心于学习，注重学分，一切以学分为中心，对于集体活动漠不关心。

而且高校辅导员的配备不足，无法照顾到每一个学生的思想状况。根据有关文件，高校应按照不低于 1∶200 的比例设置一线专职辅导员岗位，但现实情况中，部分高校的辅导员配备标准却没有达到这一标准，实行兼职辅导员制度。在学分制的前提下，辅导员很有可能不清楚学生上的什么课，阅读的什么书籍，无法监测到学生思想发展状况。尤其是很多学校的兼职辅导员，他们自身的工作也很繁重，比如他们需要从事一定的研究，担任一定的课程教学等等，因此他们根本没有时间去了解学生，管理学生。

（二）后勤社会化改革部分地抵消了班级文化建设的效果

始于 20 世纪末的高校后勤社会化改革，解决了制约高等教育发展的资源“瓶颈”，促进了高等教育跨越式发展。但它也给班级建设带来一定程度的挑战。一方面，高校后勤社会化改革使后勤职工的身份发生了变化，由改革前的学校教师、管理者转变为经营者，学生成为他们的顾客，由此带来盈利意识增强，育人意识淡化。在安徽高校后勤网的论坛上，有一篇文章提到后勤社会化的基本原则，“实事求是、逐步推进、讲求效益、量力而为”。这个十六字方针，竟没有提到育人！效益却是这个方针关注的重点。实事求是地将高校建设应该节省经费，把资源放到真正要用到的地方去。但是这里毕竟是学校，在学校，一切问题都应指向育人。另一方面，高校后勤社会化改革后，后勤服务都实施有偿服务，学生的身份也发生了变化，其兼有受教育者和顾客的双重身份，“消费者心理”也会随之加强，市场经济的利益原则逐渐浸入部分学生的思想，使以说服、灌输为主的传统班级建设模式受到强有力的挑战。这种情况下，高校教师便不再有很强的说服力，学生与教师的关系也会发生一定程度上的转变，“顾客”与“经营者”的思维模式渐渐地会主导高校的教学模式。这一切都给新形势下的高校班级建设和学生日常思想政治工作增加了难度，部分地抵消了班级的管理效果。

（三）独生子女独特的人格特征，使班级文化建设难度加大

现在的大学生，基本上都是独生子女。独生子女家庭，经济条件比较优越，孩子得到更好的抚养和教育，他们的一些合理要求，如参观游览、购买玩具等，家长一般也会尽量满足，这就使得独生子女见多识广，智力发展较快，自尊心、自信心强。但由于他们是在“独生”的这一特定环境中成长的，因而也容易形成他们独特的人格特征，其负面性主要表现为骄横、任性、孤僻、自私、独立自主能力差，占有欲强，以自我为中心、集体观念淡薄，不善于吃苦耐劳，不愿意接受批评，批评稍微重点，就会引起他们的反感，产生一种抵触情绪等，给班级建设在班级文化建设，和谐班级制度建设，重视集体主义的班级价值观建设方面都带来了很大难度。独生子女在家庭生活中养成的不良习惯给班级其他同学带来了很多的不方便，这也不利于和谐的同学关系的建立。

（四）班级管理方式陈旧落后，难以适应新形势文化发展需求

当代社会的快速发展，大学生平等意识的增强及其求新求变的心理特征，都对传统的班级管理方式提出了变革的现实要求。但我们的教育者，尤其是班主任和辅导员大部分还沿袭以前的管理方式，没能跟上时代前进的步伐，及时更新管理理念，采用新的管理方式。主要表现在：一是运用新理论、新知识的愿望不强，对教育理论和管理理论的学习和运用不够。教育家马卡连科深有体会地告诉我们：“我非常尊重教育理论，离开了教育理论，我是不能工作的。”班级管理和学生工作是一门科学，必须用科学方法去研究、分析教育过程中的一切现象和问题，对班级实施科学管理。但由于体制机制上的原因，我们的学生工作队伍尚未实现专业化和职业化，其主体是承担着繁重的教学和科研任务的兼职的班主任和虽然是专职但却有转岗思想的辅导员，其直接后果就是班级管理主要是依靠经验，潜心研究管理理论和教育理论的班主任和辅导员很少。二是班主任和辅导员对信息技术在班级管理中的重要敏感度不够，运用信息技术管理班级的能力不强。在班级管理中运用信息技术既能提高管理效率，又迎合了学生求新的心理，是增强班级

管理效果的重要方式。但目前，充分探索、运用信息技术为班级管理服务的工作还做得不够。三是管理方式单一，系统性的、综合性的管理方式较少运用。传统的班级管理主要依靠说服、灌输的方式，有时候甚至是粗暴的、命令式的管理，造成师生之间的对立情绪，引发学生的“逆反心理”，极大地影响了教育效果。

二、着力增强班级文化建设的主要途径

进入新世纪以来，立足新的历史起点，着力加强班级建设，充分发挥班级的思想政治教育功能，成为推动大学生思想政治教育发展的重要任务。

（一）优化班级建设的运行机制

在弹性学分制等因素的影响下，班级成员在时间和空间上的离散程度高，“同学不同班，同班不同学”的现象突出。同学间相互交流和有效沟通的机会减少，在一定程度上拉开了同学的距离，很容易造成班集体组织观念的淡化。在这种情况下，建立通畅的沟通渠道是非常有必要的。一方面加强班会的开展，只要班主任和学生们对它善加利用，就可以在学生之间、师生之间、老师之间创造更有成效的沟通机会。如果考虑到班级主题活动的策划、组织和实施、反思等过程，就可以看到，其中可供自由发挥的资源非常丰富。另一方面组建学生合作小组，形成富有活力的小团队。在班级人际关系网中，小组是一个值得开发的重要节点。组建小组的方式可以多样化，并根据实际需要灵活调整：既可以将不同发展水平的学生组成一个小组，也可以在另一阶段、另一领域根据学生成绩组建学习小组，还可以根据学生自愿组合的原则，将非正式群体转变为班级正式群体。无论采用哪种方式，小组都应该成为富有活力、能切实促进学生个体和班级整体发展的小团队。如果我们愿意进一步努力，学生合作小组还可以成为供同一班级所有学科教师共同利用的一个平台，以促进学生在每一门学科中的学习和发展。

（二）注重班级建设的自我设计

要着力加强班集体建设，组织开展丰富多彩的主体班会等活动，发挥团结学生、组织学生、教育学生的职能。第一，关注学生的不同特点，将个体发展纳入

班级整体格局之中。学生发展存在差异：就学业表现来说，有成绩优秀者、成绩居中者和暂时落后者；就行为表现来说，有班级活动的骨干分子、积极参加者和暂时孤独者。这些差异都可以成为班级管理的教育资源。学生生活中必须要和自己周围的人做各种各样的人际交往。建立三个层面的班级人际关系网络，有助于同学们联系之间的感情，也有助于培养同学们为处理之后的人际关系发展自身能力。第二，做好学生的心理辅导，帮助他们形成健全的人格，保持阳光积极乐观的心态，解决好学生的实际困难，实现资助与育人相结合。

（三）整体安排系列主题活动

大学生在踏出大学校门的那一时刻，就标志着他是一个心智成熟健康完备的社会公民。而在此之前，大学生的心理发展还是处于阶段性系统性的发展状态中。为了适应大学生思想政治教育工作，班级管理需要形成跨越几个学期的长期教育主线，提炼每阶段的发展主题。在此基础上，还需要在每个学期中，围绕发展主题，整体策划班级发展。其中，系统安排一个学期的系列活动，应当成为一条必用的方法。

第一，根据班级发展计划，协调不同阶段的活动。在制定班级计划时，比较常见的情形是照搬学校层面的“德育工作计划”之类的文件，将学校部署的相关活动填写在本班计划之中。这固然可以直接响应“上级”指示，但也有忽视学生需要的可能。相比之下，我们更需要创造性地执行学校或上级德育主管部门整体部署的任务，尤其应将其落实于研究和满足学生成长需要的活动之中。我们可以根据自主的班级发展计划，开发并协调一学期中不同阶段的活动。在创建“民主型班级”的第一学期，一位班主任就尝试着让班级活动形成系列，前后呼应，构成整体思路。

第二，根据班级活动需要，安排学生分工合作。要开展立足于学生成长需要的班级活动，班主任和学生们就要进行自主创造，而不是机械地搬用各种现成的做法。其中，将学生组织起来，让他们分工合作，可以有效地开发班级活动的教育价值，让每一名学生在积极参与活动中获得多方面的发展，包括融入班集体、加深同学间的相互了解和情感联系、充分锻炼并合理展示才能。例如，在确定班级活动主题后，可以成立班会筹备组，由班干部、班主任、学生代表组成。筹备组采用自荐与推荐相结合的方式确定主持人、总负责人、后勤人员等。然后，召开第一次筹备会议，主要由班干部、主持人、后勤及学生代表协商班会的形式、活动内容、环境布置、需采访的对象、联系工作等，分头落实，总负责人予以协调。在此基础上，有的班级还利用双班委制、小组合作等方式，让两个或多个小组轮流策划和组织班级活动，同时，在小组内部又进行合理的分工，从而为更多学生提供成长机会。

（四）协调学生群体活动

在“民主型班级”中，应形成一个由个体、小组（一定要打破舍友关系）、班级组成的人际关系网。其中，每一个学生个体的发展活动都应该在班级整体中产生更充分的教育价值，每一项班级活动也应对所有学生产生教育作用。为此，辅导员应以更高境界的教育思想，梳理、整合并协调学生的活动。

1. 关注学生的不同特点，将个体发展纳入班级整体格局之中

学生发展存在差异：就学业表现来说，有成绩优秀者、成绩居中者和暂时落后者；就行为表现来说，有班级活动的骨干分子、积极参加者和暂时孤独者。这些差异都可以成为班级管理的教育资源。学生生活中必须要和自己周围的人做各种各样的人际交往。建立三个层面的班级人际关系网络，有助于同学们联系之间的感情，也有助于培养同学们为处理之后的人际关系发展自身能力。在这种情形下，教师也能轻松的进行工作。教师能以人际网络为背景，深入了解每个学生的发展状态，并在适当的时机对处于网络节点地位的人和事予以指导，从而“牵一发而动全身”，激活学生的思想，引导学生成长。当然对于这种状态一定要持之以恒，并且对学生做出严格要求。

2. 组建学生合作小组，形成富有活力的小团队

如上所言，在班级人际关系网中，小组是一个值得开发的重要节点。组建小组的方式可以多样化，并根据实际需要灵活调整：既可以将不同发展水平的学生

组成一个小组，也可以在另一阶段、另一领域根据学生成绩组建学习小组，还可以根据学生自愿组合的原则，将非正式群体转变为班级正式群体。无论采用哪种方式，小组都应该成为富有活力、能切实促进学生个体和班级整体发展的小团队。如果我们愿意进一步努力，学生合作小组还可以成为供同一班级所有学科教师共同利用的一个平台，以促进学生在每一门学科中的学习和发展。

3．利用学生友情小组，丰富班级生活内容

因为友情和共同爱好而常在一起活动的学生组成的群体，往往被看作班级非正式群体的一种。对于这类群体，教师可以给予关注、指导，并加以利用，甚至使它们与班级的正式群体融为一体，而不必像传统的做法那样将它们视作班级整体发展中的消极因素。实际上，大部分学生都很看重与他人的交往，把这视为自己获得友谊、支持和进步的有效途径。他们常常聚集在一起学习，共同欣赏一些流行歌曲、打球、玩游戏，也常常谈论起班级中的事情。在需要召开主题班会时，教师可以采用“招标”等方式，让小伙伴们相互合作，共同排演一些节目，参与班级活动的策划与实施。有时候，这些小组的创意还会大大超出教师的预想。在此基础上，教师还可以引导他们达到更高境界。例如，在教师的引导下，他们策划的活动、编排的节目，可能会摆脱程式化，而更多地反映他们内心的真实想法，展现他们的深入思考。

（五）注重班级文化建设

班级文化建设是班级建设的重要内容。班级文化引领着学生的精神生活。班级建设不仅仅是维持有序的教学秩序与形成良好的团队氛围，更重要的是使学生掌握学习的方法，使学生学会做人与做事，使学生能够自觉地肩负起社会责任，创造性地融入社会生活。班级建设要着眼于工作方式的转变，调动学生的积极性，发挥全体学生自我教育的主观能动性，发挥学生干部的模范作用，使学生真正成为班级建设活动设计的参与者、活动内容的执行者、活动成果的分享者。班级建设要注重实现人文性的实现，建立和谐融洽的文化氛围，多倾听学生声音，自下而上进行反馈，使学生担任主角，成为教育的参与者和执行者。

（六）建立通畅的沟通渠道

要建设“民主型班级”，当然要在师生、生生乃至其他相关者之间建立畅通的沟通渠道，以便使交流更为广泛、深入，为落实“敞现——交流——辨析——提升”的教育思路提供基础。在这方面，教师可作如下尝试：

1．利用常规沟通渠道，及时交流成长体验

与学生沟通的常规沟通渠道，仍可以被有效利用。这里的“有效性”需要超越通常的标准，从提升学生精神生命质量的角度来衡量，即做有意义的沟通。因此，辅导员需要通过这些常规渠道，引导学生学会反思、提炼和表达自己的成长体验，而不是报流水账式地应付了事。同时，辅导员还要从中体会学生的成长感受，发现其需要，通过及时的反馈、提炼，将这些感受和需要纳入班级建设的整体格局之中使之产生更大的教育价值。

2．开发利用网络平台，提升学生交往质量

随着网络的普及，许多教师已经开始利用网络平台中的QQ、电子邮件、BBS等工具，加强与学生的沟通。网络工具不仅能弥补常规沟通渠道的不足，而且还能产生超越后者的新功能。其中，加强互动，尤其是学生小组内部和相互之间的互动，应当成为辅导员的一个努力方向。

3．利用班报深化理性思考

班报，可以用一个相对正式的方式，弥补其他交流反馈方式的不足，集中呈现平时分散呈现的交流情况，凝聚师生共同思考所产生的智慧，使学生在更深层次上对自身发展、班级生活进行理性思考。它还能活跃班级文化生活，让学生们在办班报的过程中建立深厚的友情，培养他们的团结协作精神，使他们学会与人为友，建立和谐的人际关系。同时，办班级小报，也为学生提供了展示文学才华的天地，提供了编辑组稿的工作经历。此外，随着现代化媒体技术的普及和网络的流行，发动班内学生专门成立一个网页小组，制作班级网页，甚至编辑电子版的班报，能够让他们在不断丰富网页内容的过程中增强集体荣誉感，感受到作为这个班级的一员的自豪与快乐，也让班报有了新的载体。

4. 利用班会全面加强沟通

班会，实际上是比课堂教学更为开放，也因此拥有更为广阔的自由创造空间的教育机会。只要班主任和学生们对它善加利用，就可以在学生之间、师生之间、老师之间创造更有成效的沟通机会。如果考虑到前述的班级主题活动的策划、组织和实施、反思等过程，就可以看到，其中可供自由发挥的资源非常丰富。

（七）自主构建多元评价机制

辅导员要通过班级管理提升学生个体和班级整体的精神生命质量，就需要不断激活学生的自主意识、培养他们主动发展的能力。在这方面，辅导员可以发动学生一起构建让每一种班级生活因素都发挥作用的多元评价机制，以促进学生发展。

需要特别强调的是：此处发挥“反馈”作用的评价，不同于通常意义上的起着“汇报”或“报告”作用的评价。它们之间的关键区别在于是否让学生发挥了发展主体的作用。在通常的评价（如成绩报告单、“三好学生”的评选）中，评价对象主要是学生个体。评价过程固然要有激发学生的作用，但其指向在于给学生一个评价结果。在评价结束后，评价结果能发挥什么作用，则由学生自己把握，似乎是“我告诉你这个结果，你自己看着办”。相比之下，起着“反馈”作用的评价，则有如下特点：①评价对象不仅有学生个体，也有学生群体；②评价的指向不仅在于给出一个结果，还在于通过评价过程促进学生个体和群体的反思；③评价结束后，评价结果成为学生成长过程中的一个标志，在学生的后续发展中发挥更多启发作用，以便促使学生更加自觉地主动拓展发展领域、提升发展境界。因此，这样的评价不仅呈现结果，更为学生指明发展中有所进步之处和还需要努力的方向；不仅对照一定标准指出学生的不足，更是充满希望地启发学生看到新的发展空间。

简单地说，我们希望对学生的评价发挥出更多教育作用，它应该属于发展性评价，而不是终结性评价。在这方面，教师可以尝试如下做法。

1. 评价岗位职责的履行情况

与前面在“班级管理工作的策划”中“系统设计班级工作岗位”相配套，在班级生活中，有必要定期或不定期地对学生在各种岗位上履行职责的情况进行评议，从而让学生对自己在集体生活中的角色表现有更清醒的理解，对自己可以发挥的积极作用有更好的认识。

2．评价发展目标的实现程度

在前期策划班级整体、合作小组和学生个体发展时，学生可以自主确立发展目标。随着教育活动的进行，教师有必要及时组织学生自主评价这些发展目标的实现程度，并指导他们以此为基础辨析自己的发展状态、反思自己的发展方式、展望今后的发展方向。教师可以尝试：①评价主体多元化，改变过去由班主任一人说了算的做法，改以“学生自评、小组评价、班委评价、班主任及科任教师评价”相结合的方式进行。②丰富评价的内容，例如，在“三好学生”“优秀班干部”外，还设置多种奖项，如学习、劳动、体育、宣传“积极分子”，“文明学生”，阶段性的“班级之星”等。③阶段性评价与日常评价结合起来。每周通过班务会及时表彰班内表现突出的学生，通过班级日志记录班内的好人好事，或指出学生存在的不足与问题。④建立学生成长档案袋，由学生自主收集本人成长过程中最有代表性的各项材料，如最满意的一份作业、试卷、作品、奖品等，每学期进行一次整理，由学生保存建档，记录、反思成长过程。

3．评价班级活动的教育价值

班级活动的教育价值，最终体现在学生身上。学生作为发展主体，应该形成并彰显出对这些教育价值予以反思、评价的能力。只有这样，学生的主动发展意识才能被真正激发出来，他们的主动发展能力才能真正得到培养。实际上，正如我们在第二章论述教育思路时所说的，这体现了班级管理之不同于学科教学之处，体现了班级管理促进学生发展的独到优势。学生个体的学习活动、学生小组的合作活动、班级整体的主题活动，这些活动的成效都可以由师生共同评价。其中，具体的评价内容可以根据班级发展不同阶段的实际情况而有所调整。不过，一般来说，大致可以分成三个方面：人，即活动主体，包括学生个体、小组、班级，还可以包括班级教师团队的成员；事，即活动本身，包括活动的策划、组织、实施和反思的成效；作品，即活动中产生的各种作品，如周记、相声、小品、自编歌词、演讲词、班报、网页等。

第七章　高校校园宿舍文化建设

第一节　宿舍文化及其建设的意义

一、宿舍文化的内涵

宿舍属于校园中的实体，不仅是大学生生活、娱乐的场所之一，还是架设学生关系的桥梁。高校宿舍文化与校园文化联系密切，它是在校园这一特定的环境中存在和发展的，所以宿舍文化是校园文化的组成部分，它的发展受校园文化的主导。因此，了解校园文化的内涵是探讨宿舍文化的基础。

近年来，校园文化建设引起学术界、教育界的广泛关注，对于校园文化的研究提出各自不同角度的观点，关于“校园文化”的概念，到目前，仍然没有达成共同的认识。有人认为，高校校园文化贯穿于高校整个教学过程中，它是在校园精神建设的指导下，以培养学生成才、丰富生活为目标，教师发挥主导作用，并以学生为主体，在不同领域相互作用，共同创造出的一切物质和精神成果。还有人认为，校园文化是大学所独有的特色文化，它的创造和形成来源于长期的办学实践，包括物质、精神、制度文化，这种文化渗透的独特理念和精神被全校师生、员工认同和遵循。

本书根据各学者的观点将校园文化的概念界定为：校园文化是社会大环境的一部分，以完成高校某些职能为目标，在校园全体师生的共同作用下产生和体现的物质硬实力和精神软实力、规章制度和行为方式的总和。

由于学者从各自研究的角度出发得出了对校园文化理论的不同认识和理解，那对于宿舍文化内涵的表述也不同。主要有以下三方面表述：

一从大学生宿舍从属范围来看，宿舍是学生居住的地方，面向全体学生，由学校组织管理，属于学校的基础设施，从属于校园的一部分，而居住宿舍的学生通过实践活动形成的文化，必然也就属于校园文化。因此，宿舍文化是校园文化的缩影。

二从宿舍的主体组成来看，宿舍文化是由主体在长期的实践过程中形成的，主体即学生。高校宿舍成员由四人、六人、八人的小群体组成，群体中的个人由于家庭条件、自身思想修养和经历不同则带有不同的思想观念、行为习惯等，这些观念及行为在宿舍生活中将表现出不同的氛围，他们在参与创造宿舍文化的同时，也不知不觉地被自己创建的文化氛围所影响。因此，宿舍文化必然是一种群体文化。

三从宿舍文化的构成来看，宿舍文化是校园文化的组成部分，同校园文化一样，包括物质文化、精神文化、制度文化和行为文化。物质文化包括宿舍空间及床位的大小，宿舍内外环境及卫生情况、整体的格调布局和硬件设施等展现大学生宿舍外在形象的直观感受。精神文化指在宿舍活动过程中主体成员所形成的积极的精神状态、思维方式和意识形态，共同远大的目标和追求，正确的认知和价值观念。制度文化旨在为促进对学生宿舍的正常管理，在宿舍建立管理规章制度、行为准则和奖惩办法的约束机制，对宿舍成员的日常生活所表现出的不良行为以及不正确的价值取向加以强制管束和纠正，以完善人格，形成好的道德标准。行为文化是宿舍个人或群体共同开展的文化活动、建立起的人际关系，表现出来的道德修养及在私密场所展示出的独特个性的个人行为等。因此，宿舍文化是物质、精神、制度、行为文化的总和。马克思、恩格斯认为环境和人个性的联系在于，人既能创造环境，又能被环境所创造。因此本书将“宿舍文化”界定为，大学生长期在宿舍这一特定的生活环境中共同生活，彼此接纳学习和生活中养成的行为习惯和准则，并在相互影响下潜移默化地建立起来的共同信仰和价值追求等，是反映大学生这一主体在行为上共有的价值观和生活状态的一种文化现象和群体文化氛围。

大学生宿舍文化受校园文化的影响和制约，良好的校园文化会影响着宿舍文化向健康的方向发展，宿舍成员受到大学文化和校风、学风的熏陶，在共同努力下使宿舍文化的育人功能充分渗透。而宿舍文化又反作用与校园文化，积极的宿舍文化能促进校园文化的发展，促进和谐校园的建设。

二、宿舍文化的特征

（一）时代性和开放性

任何一种文化都是时代发展的产物，都是在特定时期内展现出的时代精神和追求。宿舍文化建设的主体是教育者和受教育者共同参与的实践活动，文化不仅需要借鉴中华民族优良的传统文化，还需要不断吸收先进文化，而先进文化又表现出符合时代发展的趋势和适应学生当前活跃的思维。当代大学生由于具有独特的思维能力和追求新奇事物的特点，使其易于卷入社会潮流，思想观念和价值观念容易受社会的影响，所以在宿舍文化建设的过程中必须根据时代发展趋势和学生特点，培养学生正确的思想观念，在接受新事物时取其精华，去其糟粕。

高校作为社会的一部分，与社会有着密切联系，大学生生活在校园中，居住在宿舍里，自身带有朝气蓬勃、思想活跃、精力充沛，接受新事物快的特点。随着信息技术不断发展，越来越多的信息足不出户就可以得到，信息的获取途径不断丰富，广泛接触社会的机会得到拓展，在与社会的接触、交往中，不断受到校外社会环境的影响，接收到大量有价值的正面信息或无价值的负面信息，在宿舍广泛分享，大学生宿舍就变成学生的信息交汇中心和交流场所，这使大学生宿舍的开放性得以明显的体现。但大量的正负面信息对大学生发展无疑是一个考验，如果得到健康、正确的信息，那将有利于学生形成正确的思想、价值观和行为方式，但如果恰似相反，则将对学生产生不利影响。

（二）差异性与趋同性

每个人都是有自己独特个性的差异个体，每个人身上都表现出不同的性格特点、兴趣爱好、生活习惯、行为方式，甚至个人人生观价值观也存在差异，人的差异性呈现出了宿舍文化的多元性，同时也为彼此间逐渐同化提供了机会。经过长期频繁的朝夕相处，在生活、学习、交流、娱乐的相互磨合中，个人行为很容易被其他宿舍成员的生活习惯、认知和行为方式同化，形成自身独特、相对稳定的宿舍风气。宿舍文化对大学生的影响来自于群体共鸣引起的群体效仿，并非来源于强制灌输，个体在创建的物质环境和精神氛围中，情绪、心理和行为受到启发和感染，逐渐与群体趋于一致，达到感染、塑造和规范的结果。在高校中我们发现大部分学生都是以本宿舍为单位形成小集体交往，有的宿舍内布置井井有条、环境卫生良好，成员心态阳光、积极向上，思维活跃、热爱学习、成绩优秀得奖学金等；而有些宿舍则是环境脏、乱、差，成员表现涣散、死气沉沉、钟爱网络游戏，逃课、挂科现象严重。

（三）广泛性和不稳定性

高校校园是科学和学术成果的汇集地，是各种意识形态相互较量的场所，能及时反映当代社会文化的最新成果。校园文化的内容无所不包，不仅涉及国内外的政治、经济、科学、学术研究等内容，还包括社会、校园中发生的与大学生生活息息相关的大小事件的最新动向，所以决定了宿舍文化有同样广泛的内容。大学生就引起共鸣的大小事件话题通过班会、座谈、卧谈的方式发表自己不同的观点和感悟，这些讨论方式已经成为构建宿舍文化的过程，在谈论的过程中既培养了感情，增进了友谊，又相互影响。

大学阶段是关乎大学生人生成长的重要时期，单纯的思想和强烈的好奇心容易使大学生在判断是非对错上缺乏理性，而且在校园文化和社会文化的双重冲击和影响下易形成多元价值观，他们在心理上和情绪上都处于一种不断波动起伏、急躁易怒的状态。所以，宿舍文化必然在一定程度上也是多变的、不稳定的。

三、宿舍文化建设的意义

（一）宿舍文化可以引导学生形成积极向上的思想

文化本身就是物质财富和精神财富的综合体，具有渗透力强大、生动形象、潜移默化的特点，散发出的无形的感染力量在长期影响下被人不知不觉地所接受，影响着人们的思想和价值观念。由于当今大学生宿舍内部受不同的地域文化、阶级思想、性格特征、认知水平的交流碰撞，在相互影响和不断融合的过程中，指导着宿舍个体和整体的行为。因此，对大学生进行正确的引导既要打破统一，又不能放任自由、任其随意发展。大学生此时的年龄特点造就了偶像崇拜的现象，多数大学生会以偶像为榜样，树立远大的奋斗目标并为之努力，往往那些各方面成绩突出的学生将会作为焦点影响并引导着身边的同学建立起共同的价值取向。教育家杨贤江曾说过，群体力量对习惯既能起到抵制作用，又能起培养作用。一个好的集体能够在宿舍成员心中产生一种自我教育的强大力量，引导自身产生一种个人利益是与集体利益相一致的意识，认识到集体的责任和荣誉，并能产生热爱集体的情怀，实际上这就是宿舍成员间产生的群体压力。高品位、健康、文明的大学生宿舍文化，其表现出的价值和强烈的导向功能，能够引导大学生形成积极健康的精神风貌，学会生活，引导大学生向共同的方向前行，树立共同的思想道德观念、理想信念和价值目标，学会辨别是非，最终实现道德升华。

（二）宿舍文化可以调节大学生心理的调节

作为思想政治教育的文化载体，宿舍文化对帮助对大学生调节心理，形成健康的思想品德具有重要的作用。在宿舍的集体生活中难免出现很多思想和心理上的问题，如，在人际交往上与舍友的不和谐而导致的心理矛盾，或者遭受到外界刺激使自身的思想发生改变。再加上学习任务的繁重而导致长期集中精力学习形成的压力，在对未来目标的规划和思索过程中出现的迷茫状态，在即将走向社会，无法实现自己理想等多方面问题而感到心力交瘁。在重重压力下，大学生更喜欢在宿舍释放自己的情感，在宿舍里就可以将自己心中的负面情绪和困惑用合适的方式合理地表现和发泄出来，逐渐放松身体，摆脱压抑心情。因此，高校宿舍文化建设也就涉及如何帮助学生解决心理问题，涉及如何提高学生的身心素质，引导学生实现自我调节。

学习压力和心理问题仅仅依靠教师理论知识的灌输和心理疏导的方式，其实效性不高，创建一个健康、和谐、高雅、宽松的宿舍文化氛围，就要组织富有思想政治教育内容和意义的文化活动进宿舍，运用丰富多彩的形式渗透思想政治教育内容。通过宿舍群体间的互动和相互影响，展现娱乐的大学生宿舍文化氛围，不仅能帮助大学生对负面情绪带来的烦恼和压力进行有效的疏导、控制和调节，塑造个体健康人格，实现个性发展，还能为大学生提供调节人与人关系的实践平台，一定程度上增进团队间的相互合作、交流和沟通，提高组织能力。同时获得的社会角色经验，使大学生能清晰地面对未来社会，并对适应未来社会充满信心。因此，为了实现大学生的身心得到共同发展，建设家一样的和谐宿舍文化氛围，使其拥有较大的自由度，才能调节大学生的生活，实现自我塑造。

（三）宿舍文化建设可以改善学生人际关系

宿舍把来自不同地方、具备不同性格、不同习惯和不同兴趣的人聚集在一个共同的环境里，从刚入校门时的陌生到随着时间流逝的相识、相知，逐渐产生的归属感会使学生认识到，身为这个独特“家庭”的一员，自己有责任将个体目标整合于总体目标，以大家的共同信念和准则为中心。建设宿舍文化的过程中，能够在成员间的相互学习、讨论和交流中影响各自的价值取向，在小集体中培养集体主义精神，形成强烈的向心力和使命感，不再以自我为中心，学会理解和宽容。这种变化是通过长期的交流和沟通产生的，代表人际关系的形成，通过人际交往逐渐实现整体性融合，充分感受着群体凝聚力对个人正确观念树立的作用，为以后走向社会奠定基础。

（四）对行为的约束功能

大学生宿舍文化约束包括制度约束和道德约束，即为了维护宿舍的正常秩序而制定的硬性的规章制度，以及在大学生日常共同生活中形成的道德规范。宿舍文化中的制度约束是在宿舍文化氛围的熏陶中，逐渐规范学生的心理，形成一种使宿舍成员自觉遵守高校各项规章制度的行为规范。

宿舍文化中的道德约束主要是在长期的生活交往中，引导大学生培养集体意识和合作精神，在产生了共同的感情共鸣后形成的为别人着想的处事方式，学会人与人之间的交流和交往，这是一种自觉将自身的行为规范到活动准则中去的自我管理，在二者共同配合控制和约束下，能够潜移默化地规范学生的日常行为。

第二节　宿舍文化建设的现状分析

一、大学生宿舍文化建设取得的成绩

（一）基础建设完善

大学生宿舍物质环境是满足学生需要的生活资料，主要包括宿舍周边环境及某个生活圈里的内部环境、空间、装饰等反映出的独特的文化特点，是大学生生活条件的反映，完善的宿舍物质文化建设是大学生正常生活和学习的物质保障。经笔者对大学生宿舍区周围设置的公共场所、宿舍内基础的生活服务设施的满意度不断提升。

随着国民经济的发展，国家对教育事业的重视，许多高校为了实现自身的发展，扩招高校人数，将大量资金投身于新校区建设，很大程度推动了高校物质水平的提高，学生宿舍基础设施建设水平也随后勤社会化改革步伐的加快得到进一步提升。在大学生宿舍周边不仅设置了有利于学生身心健康、调节情绪的绿化带，构建赏心悦目的环境，还在宿舍周边大力建设银行、食堂、超市、运动场等，既利于锻炼学生身体，又方便日常生活；为丰富大学生精神世界，在宿舍走廊区设立报刊栏、宣传栏；为方便学生生活、学习、娱乐，在宿舍内安置洗衣机、饮水机、网络等基础设施；在空间布置结构上按照一人一床一书桌的形式，充分满足学生的学习要求。因此，总体上可以看出，高校宿舍区的基础建设在生活服务上给学生提供了更多便利，宿舍环境的极大改善也一定程度地满足了学生最基本的需求。

（二）人文氛围浓厚

高校宿舍的人文环境是建设起来最难、效果最不明显的一部分，可以说是宿

舍文化建设的核心。笔者在访谈、调查大学生宿舍生活的过程中，发现大多数大学生对宿舍生活还是感到十分愉快和满意的，部分学生认为自己对集体是有责任的，表示愿意为集体的荣誉而努力，愿意和宿舍成员分享和讨论当前的热点话题，包括政治、经济、娱乐等，或分享自己的理想、追求，现实中的喜怒哀乐等。调查显示，每个大学生宿舍几乎都有“卧谈会”，女大学生在宿舍聊天的话题通常为娱乐八卦、美食、生活中的乐事，有时还会谈及人生理想，男生宿舍讨论的多为国家的政治新闻，时刻关注国家大事，休闲娱乐中还会谈及游戏和体育话题。话题来源的途径有些源自社会经历，有些源自智能时代，他们通过智能手机、电脑上网聊天、刷微博等新型网络媒体接受热点话题，彰显出当代大学生乐于学习，蓬勃向上的精神面貌，易于接受新鲜事物的能力。以此看来，在集体生活中，宿舍中占主导地位的仍属主流文化，他们积极的态度形成了健康向上的整体人文环境氛围和精神面貌。

（三）管理制度健全

夸美纽斯说过，制度是学校工作的执行标准，它如同钟表的自动装置，其运作状态决定学校呈现出的状态。可见，建立制度的目的就是使学生的行为日益规范，起维持高校秩序稳定的作用。高校的任务是把学生培养成为各方面全面发展的高素质人才，而前提就要高度重视对学生的管理。无论班级或宿舍，健全的规章管理制度都不容许有一丝懈怠。据了解，在对高校的宿舍管理制度方面，大学生宿舍内不仅建立了严格有序的基本制度，还要求大学生严格遵守，如定期卫生评比检查制度、定时熄灯制度、门禁制度、限电制度、保护设施制度和网络管理制度等。

（四）文化活动内容丰富

大学阶段的学生是一个充满朝气和斗志的群体，对各种宿舍文化活动充满好奇，单从学科知识涉及的范围上看，它涵盖文科、理工科的各个领域；从宿舍文化活动内容上看也是丰富多彩的，有思想道德教育类、科技竞赛类、文体娱乐类、社会实践类、检查评比类等各种活动。这些文化活动的开展为大学生提供了更加广阔的交往平台，能够唤醒大学生的活力，使其表现出这个阶段应有的朝气，有利于促进其能力的提高。

二、大学生宿舍文化建设的困境

（一）创新意识需要增强

随着生活水平的日益提高，现代、个性和人性的宿舍文化氛围更能为大学生营造家的感觉。正是当代大学生张扬的个性，对自我主体性的追求，“教师主导”的陈旧思想使大学生宿舍文化建设处于相当不利的境遇，虽然我国在教育上反复强调“以人为本”，但给予大学生人性化的人文关怀和高度的创新意识仍是当前高校难以完成和做到的。

1．物质文化建设方面

第一，宿舍整体缺乏现代化气息。从宿舍楼栋的设计上，楼体的样式设计和颜色不论男女、年级、专业都毫无区别，加上宿舍内的墙体颜色不是灰就是白，简单的装饰使宿舍内缺少文雅气息；大部分楼体的设计都是呈“一”字型布局建设的，这种布局存在噪音相互干扰的缺点。

第二，舒适度考虑不周。传统高校居住人数本科生大多数为 4、6、8 人，完全不符合标准化宿舍条件，不仅占地空间狭小，连橱柜空间设计也不合理，有的橱柜太小，放不下衣服，有的则为了节省空间把橱柜设计在床顶，既费事又费时；大部分宿舍没有独立卫生间，每层居住的学生共同使用一个公共洗漱间，洗刷高峰期会出现拥挤、排队的现象，甚至还有因占用位置发生矛盾的情况；没有阳台，晒衣服相当不方便，天气晴朗的时候，宿舍楼下的围栏上挂满了被子；有的宿舍内部没有设置洗澡间，学生洗澡要去宿舍外面专门的澡堂，加上未按男女比例分配，设施分配不合理，女生洗澡用时较多，经常出现排队、拥挤不堪的情况；有的学生抱怨宿舍公共区虽然设置了洗衣机、饮水机，但因数量太少造成生活的不便；有的高校宿舍内没有空调和暖气，以至于在天气炎热、寒冷的时候无法入睡，影响第二天的学习；宿舍设施老化现象也都普遍存在着。作为宿舍的使用者，高校剥夺了选择居住环境的权利，被动要求大学生接受，根本的舒适度也无法达到，最后造成对宿舍的各种不适应，更何况营造出家一样的感觉。大学生更希望能根据自己的生活条件自行选择宿舍的居住条件，更希望能够增加公共设施的数量，同时希望设置娱乐设施，丰富业余生活，增大交往空间，比如运动房、游戏室等等。

第三，私密度无法保障。由于当代大学生多数为独生子女，从小习惯了自己一个人住的生活习惯，且对个人隐私的保护意识比较强烈，当进入集体生活时难免出现不适应的状况。在走访的过程中发现很多宿舍都有挂围帘的情况，形成自己的独立、隐私空间。还有同学抱怨，这么多人住在一起，没有自己的独立隐私空间，接听电话都要跑到走廊，生怕打扰到室友。私密空间的缺乏降低了大学生对宿舍的满意度，影响到对宿舍的归属感和对宿舍文化的认同感。

2．制度文化建设方面

首先，从当前高校宿舍管理制度运作模式上看，高校实行的管理模式特点多为统一化。据了解，有的高校宣传宿舍管理制度的方式通常只是向学生发放《学生手册》或《学生日常行为规范》，由学生自己参考；或者在学生大会上将《学生行为规范》中明令要求学生在宿舍中禁止的、或倡议的行为和举止向学生表述出来，但没有针对宿舍文化建设制定明确的制度。这种“一刀切”的管理模式虽然在一定程度上保证大学生在日常学习、生活上具有可操作性，但却与国家当前的教育体制相悖，也不符合大学生的特点与需求，日益显现出影响大学生健康成长的弊端。

其次，在管理制度的制定和执行上，实行的是自上而下的管理模式，由高校根据自己的想法制定宿舍文化制度，既要求后勤部门坚决实施，又要求学生坚决执行。虽然宿舍各项制度的设立都是以为学生好为出发点，但完全不站在学生的立场考虑制度的合理性，毫无科学、人性的管理制度的建立脱离人本思想，不仅导致建设主体认知缺失，还会使学生因不受尊重的感受产生不满情绪，引起逆反心理，同时遏制他们的独立思考能力，使大学生创造宿舍文化建设实施方案的动力在无形中被扼杀，参与宿舍文化建设的积极性、自主性、丰富性也因此被挫伤，从而使积极、高雅、和谐宿舍文化的建设缺乏思想基础。

最后，在宿舍管理过程中，宿舍管理员对宿舍各方面的监督和检查责任落实不力，存在安全隐患。在大学生生活中，很多学生表示：“宿舍设立的门禁虽然每天开放，但管理员不是全天都要求学生刷卡进入，在上下课、吃饭的时间段中，由于出入学生较多，就不再硬性要求刷卡，在这种情况下，管理员的管理是没有做到位的，一旦有外来人趁此小小漏洞混进宿舍，我们的财产安全、人身安全是无法保障的。”另外，高校宿舍禁止使用大功率电器，规定小家用电器如电吹风、电饭锅、电热毯等大功率电器在宿舍不得使用，但只是口头上的要求，在实际检查时并不对宿舍进行仔细检查，仅仅通过口头询问是否有违规电器，而且目前市场上已经生产出适合宿舍用的小功率电器，即使功率符合宿舍的使用条件，但是如果学生使用不当，同样会存在安全隐患。还有学生抱怨：“每晚都会有商贩到宿舍推商品，不仅在门口叫卖，有时还会到每间宿舍里进行推销，不买还不愿意走，直到有人买了才会出去，外面的管理员也不管。”“门上插小广告的现象经常存在，乱七八糟的人随意进出，让人感觉这不是宿舍，而是外贸市场，丢了东西谁负责？”

3．文化活动方面

开展文化活动关键是将思想政治教育渗透在每个宿舍群体心中，营造出积极向上的氛围。

首先，当前许多高校为了调动学生的热情，每年都会举办“宿舍文化建设月”活动，多将文体娱乐活动作为宿舍活动的重点开展手段，但文体活动的形式基本上都大同小异，无过多改变，难见特色和新意，以至于宿舍集体活动不是停留在单调的吃吃喝喝和唱歌跳舞，就是过分依赖上网消磨时间；有些高校还单纯地认为宿舍文化活动仅仅是宿舍内务环境和卫生情况检查，更多注重的是学生是否养成了健康的生活习惯，将工作落实在评比“文明宿舍”这样注重外表的活动上，通常是“一阵风”“走过场”的形式主义，其结果不仅会导致大学生对活动的片面认识，还完全达不到育人效果。

其次，当前宿舍文化活动弥漫着商业化气息，功利色彩严重。活动的策划和组织需要活动经费的支持，部分社团为了筹集经费，迎合打着赞助文化活动幌子的商家，将其商品在学生宿舍大肆宣传和推销吸引潜在的消费者，甚至有部分文化活动是纯商业性的活动，以达到“双赢”的目的，一定程度上使高校或个人获得名或利，并以是否获利为标准来判断活动是否举办成功，这种扭曲的出发点散发出的浓郁的商业化味道使固有的宿舍文化活动的教育性淹没其中。

4．教育方式方面

当前强调“以学生为主体”的教育模式依然无法打破“师教生听”式有形教育的栓桔，教师依然要求学生完全被动接受所提出的要求，却忽视单一的灌输方式是否符合学生发展特点，枯燥、单一的教育方式限制了当代大学生多样化的需求，阻碍了思想意识的发展，最终反而激发不出大学生对宿舍文化建设的积极参与性。针对这种现实情况，高校既要帮助大学生读万卷书也要帮助他们行万里路，迫切需要高校运用新的教育载体，增强思想政治教育的实效性。

（二）偏好单一建设

通过走访部分高校，笔者发现，有的高校认为宿舍文化建设就是宿舍的物质建设，只要把宿舍周围的环境营造好，统一把宿舍的基础设施配置好，就能使大学生在优美环境的映衬下更好地学习与生活，而认识不到健康、和谐的精神文化体现的内涵和价值，忽视建设中对人真正的教育。有的高校则认为精神文化建设才是影响大学生成长的关键，从而在物质文化建设上设计单调，随意性明显。有的高校为应对近年来高校扩招致使人数剧增的形势，在新宿舍的建设上投入不少财力，但新宿舍比起老化的宿舍无论从环境上还是条件上都存在鲜明的对比。新宿舍有限的数量无法兼顾所有人，于是出现不同院系、或同一院系，甚至同一班级的学生住着不同条件的宿舍，有些学生还是只能住在外观上就破旧不堪，内部条件也很差的宿舍里，虽然在住宿费用上也有较大差别，但可以想象这种差距势必造成学生心理上的不平衡，很难形成一种良好的文化氛围。有的高校认为校园环境代表了整个高校的形象，只要把校园的绿化整治好，大自然的美就会充分渗透到大学生的感官，因此，投入更多的精力，在公共区域设置绿化带，种植绿色植物，而忽略了人员密集的学生生活场所，空气质量得不到改善，宿舍的生活质量自然受到影响。还有高校认为时代在变化，活动越新颖越好，往往一味地追求现代化而抛弃宝贵的传统文化，最终使活动失去了传统文化的根基，传统道德观难以普及，育人环境无法发挥积极作用，对塑造学生健康人格的成效也不明显。

（三）校园精神凝聚作用弱化

大学生在年龄和文化水平上没有太大差异，他们在集体生活中表现出的精神面貌和文化氛围在总体上看似积极、向上，但由于个体的自身差异，并不能肯定宿舍文化是毫无问题的，或多或少会导致大学生出现一些消极的思想价值观念和发展不健全的问题，弱化大学精神本有的凝聚作用。

1．崇尚个性自由，追求自我

当代大学生接受事物广泛，对西方文化并不抗拒，他们往往受西方文化思潮的影响，西方个人主义思想观念强烈，注重市场经济中的自由竞争，社会行为上坚持独特的“价值第一、利益至上”的道德标准。加之当代大学生群体，独生子女占多数，从小受到过多宠爱，个性张扬，过分追求个人自由，由于远离了家长的束缚，便我行我素；在人生观上，大多数学生过度强调自我，形成了以自我为中心的个人主义价值观，养成了以自我为中心的习惯，个人本位主义思想严重，注重个人利益，行为上“我行我素”，完全不考虑舍友的感受和利益，一味追求所谓的“自我价值的实现”，充分彰显自己的个性，“自己想怎样就怎样”，不喜欢与人合作、分享，交往面狭窄，忽略与宿舍成员处理好关系，缺乏整体观念和集体意识，奉献精神淡漠。这些行为既违背了道德规范，也不利于人际关系的和谐，久而久之还会影响到心理健康的发展。

2．价值观模糊

据调查，在当代大学生中，有些人缺乏对我国文化的信仰，对我国的高雅文化不屑一顾，而把与我国思想相悖的西方文化奉为信仰。大多数大学生都喜欢过西方的情人节、圣诞节，他们认为这些节日才是符合当代大学生追求的价值观，对于我国传统的端午节、中秋节虽然也很期待，但仅仅归因于传统节日放假的心理。有些宿舍充满了功利主义、拜金主义气息，大多数学生在校外打工做家教、代课、做服务员、发传单挣钱；有的追求生活便利在校外租房做小买卖、炒股赚钱；有的大学生干脆在宿舍里开起了小店，日夜向所有学生兜售商品。大学生为了满足生活需求每天早出晚归，将这种强烈的功利主义和拜金主义思想带进宿舍，在宿舍的时间越来越少，没有多余的时间关心宿舍的人和事，更无法参与到宿舍文化建设中来，造成大学生人生观、世界观扭曲。

3．过分攀比，抛弃艰苦奋斗的传统美德

勤俭节约、艰苦奋斗是中华民族的传统美德，应提倡艰苦奋斗为荣。但大学生在衣食住行、娱乐消费方面的铺张浪费、物质相互攀比现象屡见不鲜。一味将名牌作为追捧的对象，大多数时间和金钱都浪费在奢侈品的攀比上，现代化电子装备也不断升级，带来学费外支出迅速增长，他们购买这些商品不在于商品本身的实用价值和它带来的乐趣，而是出于“人无我有”的炫耀心理，勤俭节约美德逐步淡化。这种冲动购物、不健康的看重金钱价值的消费心理，对整个宿舍成员的身心健康都将造成不良影响。

4．环保意识淡薄

学生是宿舍生活的直接参与者，养成自我管理和自我监督的良好习惯，自觉维护宿舍的卫生环境，杜绝浪费各种资源是其分内的责任和义务，但据走访宿舍所观察到的现实情况来看，破坏公共设施、乱丢垃圾、浪费水电资源等不道德、不文明行为普遍存在。楼道中存在乱扔、乱吐等不文明现象，部分学生宿舍内值日表形同虚设，内部环境脏乱差，垃圾随处可见，卫生情况堪忧，还有个别学生只打扫自己活动范围内的卫生，毫无互相帮助、团结合作的意识。有的宿舍不爱惜资源，离开宿舍不关灯，一天 24 小时让电脑处于待机状态，不仅使电力资源遭到浪费，还使超标的辐射影响了大学生的身体健康。

（四）参与积极性有待提高

根于一项数据统计调查，“宿舍文化建设与你有无关系”的问题，只有不到半数的学生认为与自身利益有关，是其共同的责任和义务，其余学生都一致认为是学校的责任，自己无权干预。在对高校大学生参与宿舍文化活动情况的调查中，数据显示只有少部分大学生是愿意经常参加宿舍文化活动的，整体上呈现出参与积极性不高的状态。

当代大学生对宿舍的依赖性日益剧增，网络伴随大学生的学习和生活无处不在，他们越来越离不开网络，网络已经成为当代大学生生活中不可缺少的一部分，成为他们日益依赖的一种生活方式。青少年成长阶段最重要的当属大学时期，如果网络和智能设备的存在，使“宅”风气深化，不仅会阻碍大学生了解世界、认识世界的机会，阻碍学生之间互相交流和关系的建立，还会对其学业和身心健康造成不良影响，如何控制好智能设备在大学生宿舍中的使用尺度，成为一个至关重要的课题。

（五）人际交往现状不容乐观

当前很多大学生朋友圈都仅仅局限于同宿舍范围内，无论是学习，还是娱乐都是和同宿舍成员一起，在被问到与其他宿舍成员关系时，都表示说关系一般，除了认识自己同班的同学，其他不认识。另外，由于出身不同，成长环境的差异造就了大学生千差万别的性格、兴趣爱好、行为习惯、价值观等，在这样的情况下，宿舍内会因差异性的存在形成小团体，学生通常喜欢和自己某些地方有相似之处的同学交往，一定程度上对扩大交往面造成阻碍。

同时，宿舍产生矛盾摩擦也是时有发生的事情，有的大学生心理尚未成熟，也不擅长人际交往，在矛盾和摩擦产生又缺乏处理技巧的情况下，对宽容和忍耐得不到真正的理解，从而使矛盾升级，严重的会使大学生出现心理障碍或沉迷网络等现象。

三、当前大学生宿舍文化建设存在问题的原因分析

（一）顶层设计滞后，难以突破创新

高校对大学生宿舍文化的重视程度决定了宿舍文化建设效果的好坏，大学生宿舍文化涉及的范围广泛，建设复杂。高校领导对这个巨大的系统工程产生的认同感，不仅影响宿舍文化在整个校园文化中的地位，影响高校校园的和谐稳定，也影响着具有育人功能的思想政治教育在宿舍文化中凸显，影响高校大学生是否能够得到全面健康发展。

高校对大学生宿舍文化的功能和作用的认识往往缺乏深入了解而被忽视，许多高校认为校园文化才是弘扬社会主义先进文化的重要内容，从而忽略宿舍文化的育人功能和作用对大学生的重要性，加上落后的思想，使得大学生宿舍仅仅被定义为学生休息、生活的场所，忽略了过多人力、物力和财力的投入，因此出现了宿舍物质、制度、精神和行为文化的落后现象。在物质建设上仅仅停留在满足学生最基本需求的层面上，在精神建设上更加注重灌输式理论教育对大学生的培养，制度建设上缺乏以人为本的理念，也不会把资金用在请经验丰富的专业人员从事宿舍管理工作，将宿舍管理只定义为简单的行政管理，只强调对学生的“管”，而忽视对学生的“教”，对于行为文化的建设也只是开展些形式化的丧失教育意义的活动。这种没有把宿舍视为重要育人阵地的思想和满足现状的状态，导致年复一年的大学生宿舍文化建设都是流于形式和注重表面的工程，最终不仅无法将文化建设的育人功能和作用发挥出来，还会相继产生一系列问题。

（二）存在认识误区，无法统筹协调

长久以来，许多高校在制定的长远计划中并没有把宿舍文化建设列入高校整体规划的一部分，对宿舍文化建设的认识，在根本上依然存在偏差和误解。有的高校在宿舍文化建设过程中，过分重物质基础设施轻精神；有的则重精神轻物质；有的只追求传统，跟不上时代；有的又只追求现代，忽略传统。可见，宿舍文化建设大都是积极、先进的高校按统一的大方向和大原则为参考，而不关心细节是否统一的局部、小规模建设，无法实现物质文化、精神文化、传统文化和现代文化的统筹与协调。造成这样的认识，一方面是由于思想狭窄，理解不够全面，没有深刻认识到宿舍文化的本质，也就造成了大学生对宿舍文化建设的理解不清晰，不能够清楚地认识到宿舍文化对思想政治教育的重要性，从而产生厌恶性、盲目性和抵触性心理。另一方面，缺少系统的、整体的、长远性的指导规划和明确的建设目标，使得宿舍文化建设必然是杂乱无章、毫无内涵的堆砌，让大学生难以体会到宿舍文化的真正价值，从而失去认同感和归属感。

（三）忽略层次发展，绿色难以维持

1. 家庭成长环境对宿舍文化建设的影响

改革开放政策的推动，带动我国经济不断发展，人们的生活水平日益提高，相比“70 后”“80 后”，当代“90 后”大学生大部分为独生子女，他们成长在物质条件极大改善的幸福生活中，饱受社会的关怀和家庭的爱护，他们的父母为了避免子女输在起跑线上，都尽心竭力地想办法为孩子提供最好的学习环境，使孩子接受最好的教育，希望子女赢在起跑线上，为以后创造更好的人生铺路。所以，他们被认为是最幸福的一代。

从幼儿园开始就参加兴趣班的学生比比皆是，如学习乐器、舞蹈、美术、书法等，有些学生从小学到高中课程都是在贵族学校完成的，甚至有些学生从小就被父母带到国外学习西方文化。在优越环境中成长的孩子，与生俱来的自我优越感比较明显；从小在父母溺爱的环境中生长的孩子，父母对他们千依百顺的行为会滋生理所当然的心理，性格霸道、任性、一切以自我为中心，毫无集体责任感和包容心，不懂分享是这类人的主要特点；有的大学生家庭条件殷实，养成了对任何事物都要求最好的习惯，享乐主义心理或炫富心理较严重，易拉远与其他宿舍成员的距离。当这些享受过高物质生活经历的学生走入大学校门融入集体，在还没有实现角色转换，没有任何经历，或在心理素质低下、独立生活能力差的情况下，面对毫无隐私的环境、他人的各种差异经常使他们对集体生活感到无所适从，甚至产生强烈的抵触感。如果支撑大学生宿舍精神文化建设的支柱坍塌了，那么对人际关系的维系和宿舍文化的和谐都会产生不利影响，宿舍文化建设的凝聚力也就无从谈起。

2. 个人对负面影响的自制力给宿舍文化建设的挑战

第一，经济全球化与文化多元化对价值观念的影响。改革开放带来的巨大社会变革，让“90 后”大学生看到了一个正处在转型期的日益强大的中国，我国在这个时期经济得到迅速发展、科学技术突飞猛进，综合国力也在不断增强，逐渐走向世界一体化的进程。由于社会一体化进程的推动，世界呈现文化多元化的形势，大学生思想活跃，通过书籍、影视等传媒途径，广泛地接受、吸收与我国的

传统民族文化相抗衡的西方各种文化思潮。它在为开放的宿舍文化带来丰富的生长土壤和养料的同时，也挑战着我国的主流文化，使人的主流价值观遭到不同程度的侵蚀。西方注重自由、独立、民主与平等，大学生深受西方文化的影响，很容易形成个人本位主义思想，不利于宿舍文化建设。加上宿舍本身的开放性特点，一些大学生对一些事物的理解和认知有偏差，难以把握意识形态的正确方向，无法辨别落后文化和先进文化，从而形成崇洋媚外、拜金主义、享乐主义、自由主义等思想观念。世界各国之间、各民族之间实现的融合和发展虽然得益于经济和社会的快速发展，但社会快速发展的背景下造成的不利因素却给当代大学生的健康发展带来了挑战。

第二，高校大学生深受市场经济的影响，面临多元的价值选择。大学生缺乏强烈的自控能力和判断能力，容易分不清是非，在目的和利益的驱动下使商业化气息弥散在宿舍的各个角落。有的大学生是出于减轻家庭经济负担，解决费用来源问题而寻找各种挣钱方式，再加上因校扩招而变得不容乐观的就业形势，大学生的就业问题成为大学毕业生不得不面对的严峻问题，为应对激烈的就业竞争，在未来的社会中能占有一席之地，不得不对外寻求就业途径，增加工作经验。虽然大学生通过多种途径赚钱属于培养适应社会能力的做法，但此时正是大学生人生观、世界观、价值观形成的最重要阶段，他们最主要的任务是学习，如果不能正确地引导学生把学习、赚钱和培养能力分清，久而久之会因多元价值取向的影响打破原有的文化氛围，使得大学这片净土在物欲横流的环境中变得污秽不堪，金钱观越来越重，宿舍文化凝聚力也越来越弱。这就迫切要求用正确的绿色理念来引领，还原大学本有的纯净的生活、学习氛围。

（四）网络过于开放，降低建设参与度

随着当前社会经济、信息技术的高速发展给大学生的宿舍生活提供了深厚的经济基础和物质保障，但也影响了大学生对宿舍文化建设的参与度。信息技术的发展使网络文化走进宿舍，网络技术不断出新给各个领域的发展带来巨大的推动作用，让人感受到网络的丰富性，信息传递的及时性，但其自身的虚拟性和超时空性使大学生更喜欢把活跃的虚拟空间作为互动的第二生活区。虽然网络文化对

开拓大学生视野，丰富大学生日常生活，开辟新的信息渠道，拓宽社会交往平台有极大帮助，但网络文化作为一把双刃剑，良莠不齐，健康向上与暴力、腐朽同在，其负面影响在无形中成为大学生宿舍文化建设的不利因素。受网络虚拟性、娱乐性、交互性、不受限制特点的影响，一方面大学生在日常的学习和生活中如果遇到了压力和烦恼，在没有排解压力、烦恼的能力和正确方法的情况下无处宣泄，此时虚拟的网络便成为缓解压力和释放不满情绪的途径。另一方面，大学生需要更多的交友方式和途径来满足自己的情感需求，在网络上不需要面对面的交流就能够轻而易举的交到很多不同类型的人，在需求上实现了他们多层次、多平台的交友愿望。因此，在这些情况下，易使大学生对网络产生依赖。

网络的过于开放使他们没有心思投入到宿舍文化建设中，更不利于宿舍良好文化氛围的形成，阻碍大学生在现实中人与人之间面对面的交流，淡化人与人之间的人际关系，弱化适应社会的能力和现实交往能力，模糊价值观和理想信念，形成孤僻、冷漠的性格，对学生的心理健康、身体健康都将带来巨大危害。

（五）德育工作落实力度不够，交流共享困难

开展思想政治教育工作的任务就是要秉持“育人为本、德育为先”的理念，促进大学生德育发展。但近年来随着高校体制改革的推进，高校实施扩招政策，学生数量和规模呈不断增长趋势，师生比例严重失调，更多大学生把宿舍作为生活、学习的主要区域。通过走访部分学生了解到，在管理制度上由于学校资金有限，不会将资金用在聘请资深的专业人员来从事宿舍的思想政治教育工作，对于宿舍人员的配备，多以教职工家属或临时工担任，在年龄、性别、学历、经验上也并不作要求，在职宿舍人员的整体素质状况无法对大学生起到思想政治教育的作用，无法为大学生提供生活和心理上的帮助，无法与大学生开诚布公的交流，使教育效果适得其反。另外，高校对宿舍德育工作的监督不够，导致部分教育者缺乏定期检查宿舍的积极性、耐心和责任心，从而无法落实德育工作，使宿舍管理工作日渐复杂化，出现教育漏洞。教育者无法兼顾对大学生的思想政治教育，无法深入关心大学生及其生活，无法与学生心与心的交流，使学生在人际交往方面缺乏一定的技能，与人正确沟通和协作较为困难。

每个人都不是孤立存在的，人际交往起着十分重要的载体作用，它能够为宿舍成员之间架起一座互相交流、合作的桥梁，增进彼此间的关系，只有善于表达自己的情感、思想，善于与人合作，取得相互之间的了解和信任，才能获取更多自己所需要的知识、经验、资源等，才能实现对行为的调节。因此，教育者必须加大对宿舍德育工作的落实力度，及时了解当前大学生的心理形成和发展规律以及思想状态，掌握他们的思想变化情况，清楚地观察每一个学生呈现出的精神面貌，重视对大学生人际交往技能的培养，从根本上有针对地将思想政治教育工作渗透进宿舍文化的氛围建设。

第三节　宿舍文化建设的改进策略

一、大学生宿舍文化建设的原则

（一）先进性原则

大学生宿舍文化是社会主义先进文化的重要组成部分，对大学生的世界观、人生观和价值观的形成有潜移默化的影响，对周边社区文化能够产生辐射作用。因此，大学生宿舍文化建设应该体现先进性。马列主义、毛泽东思想、邓小平理论和“三个代表”重要思想及科学发展观是社会主义先进文化的集中体现，也是建设社会主义先进文化的指导思想。大学生宿舍文化建设要高举中国特色社会主义伟大旗帜，始终坚持以马列主义、毛泽东思想、邓小平理论和“三个代表”重要思想为指导，贯彻落实科学发展观，以理想信念教育为核心，深入进行树立正确的世界观、人生观和价值观教育；以爱国主义教育为重点，深入进行弘扬和培育民族精神教育；以基本道德教育规范为基础，深入进行公民道德教育；以大学生全面发展为目标，深入进行素质教育。

（二）主体性原则

在大学生宿舍文化建设中，大学生始终是宿舍文化的建设者、实践者和受益者。因此，在建设大学生宿舍文化时，学校应强化大学生的主体意识，发挥他们作为大学生宿舍文化建设主力军的作用。一方面，学校要组织大学生广泛参与宿舍园区楼栋、道路、景点的命名与管理工作，增加他们对宿舍文化环境的认同感。另一方面，学校要充分发挥学生组织的带头示范作用，鼓励和引导大学生积极主动地开展丰富多彩的宿舍文化活动，提高他们的参与热情。

（三）多样性原则

多样性原则，就是指在“00后”大学生宿舍文化建设中要考虑到学生的多样个性、多元价值观，允许多元文化的存在，在主流校园文化占主导地位的前提下，开展形式多样、内容丰富的宿舍文化活动，创建符合学生特点的多样性“90后”大学生宿舍文化。

大多数高校学生住宿实行公寓化管理，无论你来自哪里、哪个民族，是什么院系、什么专业，一个萝卜一个坑，统一集中安排，在统一性方面下了不少功夫，也取得了较大成绩，但是也存在众多隐患：学校过分强调整齐划一，湮灭了学生的个性和对宿舍文化建设的激情、创意；宿舍管理模式的单一，激起了学生的叛逆情绪，等等。我们应该看到，“00后”大学生深受多元文化的影响，价值观呈多元化趋势，对事物的认识和理解也各不相同。并且他们个性十足，追求标新立异，不喜欢单一的思维方式、生活方式和文化环境。基于这些理由，我们在加强“00后”大学生宿舍文化建设时要充分考虑他们的特点和需求，制定契合实际的策略才能起到更好的效果。

（四）传承与创新原则

传承民族传统文化对于文化延续具有非常重要的意义，是实现文化大发展的基础。传统文化不是僵死的，凝固不变的，而是从古到今、融合各种文化因素而成的，它具有累积性、连续性和历史继承性。大学生宿舍文化建设需要继承历史上那些优秀的、传统的民族文化，充分发挥这些民族文化财富的力量来培养人、塑造人，使中华民族的传统文化借助宿舍文化这一媒介传承和继承下来。

文化从本质上来看是传承的，同时文化从本质上也是创新的。大学生宿舍文化作为一种亚文化，其发展和建设不能因循守旧、故步自封，必须面向社区、面向社会、面向未来，这样才能汲取新的理念和新的思想。只有在开放中不断创新，大学生宿舍文化建设才能够获得源源不断的动力，始终保持旺盛的生命力和良好的发展势头。坚持开放创新的原则，就要求大学生宿舍文化建设必须与时俱进，遵循社会主义文化的发展规律，借鉴吸收社会文明的有益成果，有针对性地研究时代特点，关注的国家大事和社会热点，培育大学生的社会责任感；就要充分发挥大学生的主体性作用，鼓励大学生积极参与宿舍文化建设，尊重大学生的首创精神和创新意识；就要群策群力、集思广益，依靠广大师生员工共谋划、促建设。

（五）全员参与原则

高校要树立全员共同参与建设大学生宿舍文化的思想观念，形成领导干部齐抓共管、全体学生和教职员工积极参加的建设局面。在大学生宿舍文化建设中，一方面要重点激发全体学生的参与热情和创造潜能，充分发挥他们的主力军作用；另一方面也要充分调动广大教职员工的积极性和能动性，发挥老师在大学生宿舍文化建设中的管理与指导作用。作为一般意义上的大学生宿舍文化，未来就是一种具有群众性的、普遍性的文化，应该由各个层次的、最大范围的学生和教职员工来进行最全面的参与，给予尽可能多的同学得到锻炼的机会，从而实现大学生宿舍文化教育功能的最优化实施。

二、大学生宿舍文化建设的改进措施

（一）推进宿舍精神文化建设

宿舍精神文明是大学生宿舍文化的核心部分，是大学生宿舍文化建设的重点。积极向上的宿舍精神文明有利于引导大学生树立正确的世界观、人生观和价值观，继承中华民族优秀传统文化，弘扬中华民族精神和时代精神，增强大学的爱国情感和社会责任感，促进大学生全面发展健康成长。

第一，突出精神内涵，以社会主义核心价值体系引领宿舍精神文化建设。如今的大学生出生、成长在改革开放、市场经济不断深入推进和文化多元化的时代背景下，他们思想观念和价值取向也不可避免呈现多元化。同一个社会可以有各个层次多元并存的思想价值观念，但占主导地位的、起统领和引导作用的应该是共同的、一元的。虽然我们允许并尊重多元价值观的存在，但是如果缺乏一个主流价值观的引导，很可能会让许多大学生在纷繁复杂的意识形态领域迷失方向，或者误入歧途。拜金主义、享乐主义、自由主义、个人本位主义等等不良价值观也将乘虚而入，误导他们。因此我们必须用马克思主义最新理论成果武装他们的头脑，以中国特色社会主义共同理想将他们凝聚在一起，用以爱国主义为核心的民族精神和以改革创新为核心的时代精神鼓舞他们的斗志，以社会主义荣辱观引领风尚，增强大学生对社会主义核心价值体系的认识、接受和认同。这样才能充分发挥社会主义核心价值体系的引领作用，才能保证大学生宿舍文化建设的正确方向。同时，增强大学生对社会主义核心价值体系的认同，也是巩固主流价值观在大学生宿舍精神文化中的主导地位，并以此主导宿舍物质文化、制度文化和行为文化的发展方向。

第二，突出精神内涵，使大学生宿舍精神文化深入人心。在大学生宿舍文化中，精神文化属于最高层次，也是整个大学生宿舍文化的核，自内容。宿舍精神文化主导着宿舍物质文化、制度文化和行为文化，决定着整个大学生宿舍文化建设的水平。因此，我们要明确和突出精神文化内涵，并通过各种方式和途径将其贯穿于宿舍文化建设的全过程，渗透到学生生活的每一个角落，使大学生宿舍精神文化深入人心，充分发挥精神文化在整个大学生宿舍文化建设中的主导作用和对“00后”大学生积极的思想引导功能。例如，要充分校内电视台、广播台、报纸、网络等校园媒体的作用，积极报道体现社会主义核心价值观的相关内容和先进典型；利用社区宣传栏、橱窗和宿舍楼栋门厅等宣传积极、健康、向上的宿舍文化；建立社区网站，为学生提供正面的、有益的信息和资源，并及时反馈学生提出的和关注的问题，实现多方互动、交流；开展丰富多彩的宿舍文化活动，将社会主义核心价值体系融入活动中去，使学生们在轻松愉快的氛围中受到潜移默化的熏陶和影响。

第三，培育和谐的宿舍人际关系。和谐的宿舍人际关系是大学生在宿舍正常生活、学习的必备条件，有利于大学生身心健康成长。学校要利用课堂教学、专题讲座等多种手段加强对大学生的引导，提高他们对人际关系的重要性和必要性的认识，教育他们掌握一些基本的人际交往知识与技巧。学校思想政治工作者和辅导员要掌握大学生的心理形成与发展规律，了解大学生的性格特征和思想状态，引导他们形成和发展良好的个性品质，帮助他们提高人际交往能力和心理调适能力，促进大学生素质全面发展。宿舍成员之间要主动交流、加强沟通，懂得自尊和尊重别人；要相互关心、互相帮助，学会倾听、接纳室友不同的意见和宽容室友；要把握好交往尺度，拒绝拉帮结派，避免不文明、不礼貌的宿舍行为发生，如未经别人允许随便使用他人物品、不注意个人卫生和在背后说别人坏话等。

第四，突出主题教育。学校要把大学生的基础文明教育与主题宣讲相结合，充分利用宣传栏、思政网站等文化设施加强对大学生的基础文明教育和宿舍行为规范教育，引导大学生形成良好的生活习惯和文明行为。同时根据大学生思想政治工作的需要，大规模集中地开展主题教育活动，如安全教育、节约教育、环保教育等，将主题教育活动渗透到大学生宿舍生活的各个方面。另外，学校应该把宿舍精神文明建设与全社会的阶段性主题教育结合起来，针对全社会思想宣传主题如社会主义荣辱观教育、科学发展观教育、抗震救灾精神和奥运精神教育等，在宿舍区开展一系列宣传教育活动，以加强大学生的思想政治教育，增强他们的是非辨别能力，提高他们的道德素质和政治理论水平。

第五，加强宿舍网络文化建设。网络已成为大学生生活不可缺少的一部分，并且已经深入到生活的每一个角落。因此，占领网络这一思想政治教育新阵地，充分利用网络资源，将对大学生宿舍文化建设有极大的促进作用。首先是网络化背景下学校职能定位的转型。网络是一个开放的平台，如果正确加以利用，可以搭建起学校管理者与学生之间沟通的桥梁。在网络化背景下，学校已经无力控制学生的话语权。虽并不提倡高校传统的宿舍管理模式，但是却不能忽视学校对大学生宿舍文化的规范和引导。因此，学校的职能定位应该由“划船”转向“掌舵”，引导大学生树立正确的“三观”，共建和谐校园。其次，充分利用网络资源，加强宿舍文化建设。大学生宿舍文化建设可以充分利用网络的力量，加强宿舍与宿舍、宿舍成员之间、学生与宿舍管理员之间的交流，例如创建学生社区网站，提供学生关注的资源和服务，宣传先进的宿舍典型、传播健康的宿舍文化等等；创建宿舍部落格，增进同宿舍成员之间的交流，在网络上建立共同的家园；创建宿舍管理网上论坛，听取学生对学校宿舍管理制度的意见和建议，解答学生宿舍管理疑难。最后，加强网络管理，规范网络行为。加强对局域网、校园网的管理，实行实名注册制度，并通过必要的技术和手段加以严格管理，净化网络环境。对于一些不文明的网络行为，也要加强教育管理，严格规范。

（二）优化宿舍物质文化建设

第一，确保资金、管理到位。学校应把大学生宿舍的基础设施建设纳入到学校的整体规划中，作为学校后勤工作的重点。学校可以通过自筹资金、引进社会投资和争取政府财政支持等多种手段确保宿舍硬件建设所需资金到位，不断完善宿舍硬件设施，尤其是公共体育设施。因为从我们调查的结果来看，目前宿舍区的公共体育设施最缺乏，远远不能满足大学生锻炼身体的需要。另外，学校要加大对宿舍区基础设施的管理力度。对于已经建设好的基础设施要尽快、有序地投入使用，尽早发挥它们的作用；对于那些已经损坏或者老化的基础设施要尽早、尽快维修；对于那些确实已经无法使用、无法改造的基础设施要及时更新。同时，学校对这些设施要做好保管、维护工作，以提高它们的使用效率，延长它们的服务期限。学校对所有硬件设施都要严格的责任管理制度。对学生宿舍内部的设施应由使用该宿舍学生负责保管，如有损坏，照价给予赔偿。对于宿舍区的公共设施应由宿舍管理部门负责，实施层层落实、责任到人。宿舍管理部门要健全和完善物业管理制度，明确管理人员的管理职责，并对各类管理人员履行管理职责的情况及时检查、监督和考评。要建立物业管理奖罚制度，依据评估结果，实行奖惩，以调动管理人员的工作积极性和主动性。

第二，建设人文化，多建人文景观。大学生宿舍文化建设要突出人文化。现在大多数学生宿舍区除了宿舍楼和公共基础设施外，几乎就看不到名人雕塑、亭台等人文景观，与校园文化建设形成了巨大反差，严重缺乏人文氛围，不利于大学生人文素质的培养和提高。大学生宿舍是大学生日常学习和生活的重要场所。

在宿舍区建设人文景观，可以使学校精神、校风、学风等学校传统文化在宿舍区得以延续和发展，让学生在休息之余能够追溯历史、畅想未来，树立奋发图强、报效祖国的志向。因此，高校要有宿舍区建设的长远规划方案，确保宿舍区内的建筑物、山、水、园、林、路的分布在风格、文化内涵上与宿舍文化整体规划协调一致，达到使用功能、审美功能和教育功能的和谐统一，通过建筑一片、美化一片、绿化一片，稳步推进宿舍的基础设施建设，让大学生在优美的自然环境陶冶情操。要在学生宿舍区的公共场所多建设些人文景观，特别是名人雕塑、名言警句等文化作品，让它们形成宿舍区内一道亮丽的风景线，使学生们在宿舍区散步、聊天时既能欣赏美景，又能从这些作品中受到思想启迪，引发更多的思考和遐想。

（三）完善宿舍制度文化建设

第一，建立多元的学生住宿机制，鼓励大学生个性发展。我国高校普遍实行按院系、专业为单位，以年级统一安排住宿的模式，不可否定，这种模式方便了后勤管理部门的工作，有利于院系对学生开展教育和管理。但是这种模式不利于大学生的个性发展，也不能充分发挥集中住宿模式的优势。

同样是采取集中住宿模式，美国耶鲁大学于 20 世纪 20 年代就建立了“住宿学院制”。在这种体制下，传统院系的壁垒被打破，住宿学院成为学生管理的基本单位，学生的口常事务由 12 个住宿学院专门负责，每个住宿学院除了院长外，还配有教导长、住宿学院院士、生活顾问等管理人员，而传统的行政单位性质的院系则只负责学生的教学和科研等工作。“住宿学院制”作为耶鲁大学传统中的重要组成部分，为培养出众多世界一流人才发挥了极大的作用，在其管理过程中充分体现了“人本”思想和“育人”理念。相对于欧美其他大学的学生住宿模式，“住宿学院制”将学生教学、科研与学生日常事务管理很好地分开，行政性质学院与住宿学院各司其职，改变了我国辅导员既要抓学生学习、又要管理学生日常事务、还要保障学生生活的“全职保姆”的尴尬现状；而且这种模式不仅使学生享有大学校的优越设施，还可以享受小学院的亲密和温馨，这些都有利于增强大学生宿舍归宿感和集体主义精神。另一方面，学生可以根据自身实际选择宿舍和室友，不至于被硬性安排到宿舍成员各方面迥异，缺少共同语言的宿舍，这也有利于形成良好的宿舍关系，更有利于学生个性的发展。另外，住宿学院齐备的管理、周到的服务和完善的生活设施可以为大学生成长提供有利的条件，有利于综合素质的养成。

第二，建立一支高素质的宿舍管理队伍。学校要提高大学生宿舍管理水平，就应该建设一支高素质的宿舍管理队伍，使他们扎根于宿舍，以学生宿舍为阵地，开展大学生日常管理与思想政治教育工作，帮助大学生健康成长。在实际宿舍管理工作中要抓好三支队伍建设：一是宿舍园区服务中心的宿舍管理队伍建设。这支队伍是大学生宿舍日常管理的主要力量。“为了提高这支队伍的综合素质，在干部配备上注意选拔思想素质好、业务能力强、学历层次较高的同志充实到宿舍管理的领导岗位。”另外要加强对他们的培训，制定具体的培训计划，采取专业培训和业余培训相结合的办法，让他们学习大学生思想政治教育与管理工作方面的知识，组织他们参加学生思想政治教育与管理工作地有关会议以提高他们的思想觉悟和工作水平。二是辅导员队伍建设。他们是在宿舍区开展大学生思想政治教育工作的主要力量。加强辅导员队伍建设，首先应让他们深入学生宿舍，在宿舍园区内办公，与大学生同住；其次，学校要在政策、制度方面给予支持和倾斜，关心他们，解决他们的后顾之忧；最后，学校学工部门要制定出科学合理的考核标准，对他们进行严格的考核和考评，并把考核结果与奖惩、职务升降、岗位聘任等相挂钩。

第三，发挥大学生的主体性，实现学生“自我管理、自我服务”。学生是宿舍的主人，更是宿舍文化的主体。并且大学生自我意识强烈，具有明显的主体性特征，对宿舍文化建设富有自己的想法和创意。传统“管”字当头的宿舍管理观念将学生看作纯粹的“被管者”，不仅将管理者与被管者对立起来，引起大学生的叛逆情绪，更忽视了学生的主体性，达不到理想的管理成效。因此，何不转变传统观念，将大学生吸纳到管理队伍中来，发挥他们的主体性和创造性，实现“自我管理、自我服务”，或许会取得更好的效果。

第四，建立和健全宿舍突发事件危机处理机制。要建立突发事件的预警机制。学校平时应该通过课堂讲学、校园文化活动等形式向学生进行宿舍突发事件的预防和应急处理教育，培育他们在危机中的自救和救人能力。如果需要的话，宿舍管理部门和园区保卫处可以针对各宿舍长、学生党员、学生干部等学生骨干开办突发事件危机处理培训班，进行应急技能培训，以便发挥他们在危机处理中的带头和示范作用。宿舍管理部门可以请专家、学者编写宿舍突发事件预防与应急手册，在新生入住宿舍园区时发放给新生。在条件允许的情况下，还可以组织学生进行突发事件危机处理的演习训练，以提高他们的应对危机的实际能力。学校要制定科学合理的突发事件应急预案。在制定预案时，要贯彻“以人为本”思想，把保护师生生命安全放在第一位，以减少财产损失、维护学校稳定为目的。要规范突发事件处理的程序和步骤，明确各职能部门、院系在危机处理中的权利和责任，做到责任到人、人尽其责。

第八章　高校校园网络文化建设

第一节　高校校园网络文化建设的基本概述

在当前阶段下，世界已经步入信息时代，借助高度发达的网络技术加强高校校园网络文化建设，有助于我国的社会主义文化建设事业，有助于提高校学生的思想道德素质与科学文化素质，有助于增强我国的软实力。因此，我们需要以积极主动的态度、不断创新的精神，努力建设高校校园网络文化。

一、网络在高校校园文化中的主要特点

（一）主体角色的虚拟性

这指的是网络在创造的一个巨大的无形时空与社会的同时，也是的进入网络活动的主体角色具有了虚拟性的特点。在网络交流与沟通的相互联系中，任何人都可以开展学习、交谈、交友、购物、评论、恋爱等获得，其范围涉及了现实社会生活活动的绝大部分的活动内容。此外，网络中的这些活动往往还能超越时空上的阻碍与限制，使主体拥有更多超越了自身物质局限的很多体验。如在网络中交友，交往的双方就抽象掉了对方的年龄、职业、性别等情况，相互之间只有道德品质等在起作用。不过，这种主体角色的虚拟性，也特别容易使人在现实社会中产生逃脱责任、掩盖弱点等不良倾向。因此，对网络交往状况的改变，就要对思想道德修养的问题予以重视，探索和研究网络道德的建设问题。

（二）信息搜寻的无限性

网络信息传播的一大特点，就是信息量较大。人们面对搜寻的信息对象，常常产生望尘莫及的感觉。而在更深层次之上，人们苦恼的真正来源是很难对这些信息的真与假、实际的来源情况等进行清楚的分辨。因此，要想正确而有效地对

这些网络信息加以把握，就要增强自身的辨别与判断能力，加强道德伦理的学习。从我国目前的情况来看，网络越是不断发展，就越需要以马克思主义的理论思想进行指导。只有有了马克思主义，才能使人们具有思想道德观念的基础与根底，才能使自己心明眼亮，对网络信息的真假进行辨别。

（三）发布信息的交互性

网络为信息主体提供了参与的平等性，使得主体发布信息的交互性得到了足够的保障。信息发布的主体也可以任意褒贬别人，并且也会获得别人的褒贬。为此，只有长久的真诚善意，才能够换来郑重的回报。这也是网络信息传播方式不同于其他媒体的地方，也是人们尚未完全适应的领域。以前在传统媒体环境之下，人们对于接收的信息，不论是否满意，都不能做到及时的反馈。不过，在今天网络发达的时代，就能够向网络中的对象及时进行反馈，从而提高信息交流的水平。网络这样的特点，就要求高校学生真正地确立民主的态度，宽容的心胸，敢于面对一切不同意见甚至是不合道德规范的现象，从我做起，培育民主作风，锻炼宽广胸怀。

（四）形成舆论的引导性

21 世纪以来，我国很多高校在内部很长一段时间内都产生了理论与实际相脱节的情况，同时还出现了学校思想政治教育工作薄弱的情况，这就导致高校的大学生在思想上存在大量的难点与疑点。

从上述高校思想教育工作的开展情况可以看出，依靠空洞的理论说教是无法使学生摆脱现实的疑惑和难题的，因此带有较强真实性的教育故事就成为最为有效的教育方式。而信息的传递也是这样。高校的大学生往往最注重的就是信息的真实与否。也是因为网络上的信息往往比较客观、真实，才能在大学生中具有较大的影响力。

学生往往总是将那些不受约束与检查，能够自由发出的网络信息作为其信息的可靠来源。但是，这种信息的集合，往往也是最容易形成舆论的。甚至在某些情况下，会比广播、报纸、电视等媒体上的言论更加具有影响力和威力。这也是需要我们积极开展研究和引导的重点所在。

（五）归纳信息的机械性

网络不论如何高级，毕竟也是依靠机器所实现的。因此，其没有任何创造性，更无法提及辩证思维等。所以，网络对信息的归纳，总是按照简单划一的标准进行，具有典型的机械性。当前一些高校学生在网络上搜寻信息之时，自以为运用的是最为先进的检索手段，但经常漏掉最为珍贵的信息。毕竟简单、机械的检索，很难寻找到隐蔽性较强的信息。而针对这一点，高校教育工作者须帮助学生认识网络信息检索的局限性。

（六）意识形态的跨越性

网络信息的传播，很大程度上打破了以往传统的信息管理方式，出现了比较难管理的国界信息传播以及跨越意识形态传播。因此，高校的教育工作者们就需要积极面对眼前的现实，面对不同意识形态领域中的各种不同的声音，甚至还要积极面对某些特殊势力的声音，进而做出自己认为科学合理的判断，并向外发布。由于西方在传播媒介上的发展与强势，就需要我们通过自己的中文信息的优势，在网上加大宣传的力度，积极改善网上宣传。这就需要我国高校相关的思想政治工作者要增强其战斗力，能够帮助师生对处在不同意识形态下的信息进行比较和分析，进而对其进行正确的引导。

二、网络在高校应用中的影响

伴随着信息技术的逐步发展，网络渐渐进入人们的日常生活之中，并且同时广泛地被应用到高校的教学工作、管理工作、学生的学习生活等诸多方面。而随着网络的发展，高校的信息化进程也正在逐渐加快。当前，我国绝大部分高校已建立起较为完备的校园网，办公区、教室、学生宿舍等都接通了网络，各大高校平均每天都有数以万计人次上网浏览、获取信息、进行交流等。由于高校校园网的普及和广泛使用，高校学生率先成了“上网一族”中的主力军。根据相关调查显示：在高校学生中，有54%以上的学生每周至少上网2次；近70%的学生每次上网时间约在1个小时以上；每周上网1次的学生占82.5%，每次上网半小时以上的学生占94.6%。

在当代社会中，网络已经成为高校师生交流互动的纽带、师生获取信息的主要渠道；与此同时，网络对师生的价值观念、学习方式、思维方式、交往方式等方面也产生了极大的影响。

（一）有助于建立高校网络宣传思想工作的机制

近些年来，许多高校在进行思想工作宣传时，选择网络来进行了一些尝试、探索和实践，同时还建立起学校进行思想宣传工作的专门性网站，最终取得了比较好的成绩。总之，在我国的高校网络思想宣传工作中，学校内部的各项工作也发挥的积极的作用，产生了积极的影响，具体表现在以下几个方面。

1．增强了学生与思想政治工作的契合度

在当代社会中，为了方便生活和学习，高校大学生经常需要用到网络，在这个过程中，许多学生对网络产生了浓厚的兴趣。高校网络宣传思想工作的出现顺应了时代发展的潮流，使高校宣传思想工作与学生的网络兴趣有机结合起来，从而容易被广大学生所接受。当前，我国一些高校的网络宣传思想教育工作，经成为本校加强思想政治教育的重要手段之一。

2．增进了师生的心灵沟通和感情联络

在过去很长一段时期内，由于信息沟通渠道不流畅，使得高校或者是老师的意图难以及时传递给学生，学生的意见也很难获得及时得到反馈。在当代社会中，随着网络技术的高度发达，很多高校的师生以及完美实现了通过网络进行及时的沟通与联系，这就消除了信息传递由于时间、空间与形式等客观原因造成的不便，进而最大限度地缩短了两者的距离。由此我们可以看出，网络已经逐渐发展成为当今沟通的重要中介和桥梁，成为高校的教师与学生之间加强联络的重要纽带。

3．增强了思想政治工作的针对性和实效性

由于网络自身的特殊性，使得其能够实现信息无障碍地自由传递与表达，进而实现各种信息与动态的传递，这也就使得学生与教师能够对内心的情感与声音进行真实的抒发与反映，使其思想感情获得自然的表现与流露。对于那些从事高

校的思想宣传工作的工作人员来说，这也是对学生与教师的思想动态进行及时把握的一个重要而有效的途径。为此，高校网络思想宣传工作的开展，能够使得思想宣传具有极大的针对性，增强宣传的效果，进而有的放矢地解决学生与教师在学习、生活等各方面存在的困难、问题与矛盾，进而有效提高高校网络思想宣传工作的实际水平与效果。

（二）加快了高校信息化管理的步伐

进入21世纪后，网络信息技术对社会的各个方面产生了强烈的影响，高校的管理工作也因此出现了较大的变化。在当前阶段下，网络在高校信息管理中的应用主要体现为以下几个方面。

1. 实现远程的招生录取

这一系统已在我国高校的招生录取中普遍使用，不但节约了招生的成本，也使得“阳光招生”的进程大幅度提速。

2. 网上教务系统

高校在校生可依托网络实现课程的选择，了解课程的内容，查询上课时间、地点以及成绩，并且对任课教师进行评价；教师则能够依靠网络实现课件上传，了解学生选课情况，进行考试成绩上传、网上答疑等。

3. 办公自动化系统

当前，我国一些高校已拥有了办公自动化系统，从而实现了网上通知、网上办公、网上公示等功能，从而节约了办公成本，提高了工作效率，推动了高校信息化的建设。

（三）使高校内逐步形成网络校园文化

在当前阶段下，我国高校内部逐渐形成一种以多媒体和网络技术为基础的网络校园文化。具体来说，高校网络校园文化的作用主要体现为以下几方面。

1. 沟通学校管理者、教师及学生

许多高校都开设了本校的BBS以及类似或相关的网站。这些网站的主要访问者是本校师生员工。通过这些网站，大学生可以互相探讨问题、交流信息、发表

文章，也可以就学校存在的具体问题向学校管理者及教师反映意见。这就有效加强了学校管理者及教师与学生之间的联系。

2. 鼓励教职工参与高校管理

在当代社会中，高校师生员工通过网络发表意见已经成为高校管理者与师生员工进行沟通的重要渠道。高校管理者可以就制定某项政策或者采取何种措施而征求教职工的意见，并且按照教职工的意见加以改进，或者对某些政策及措施加以解释。

第二节　高校校园网络文化建设的机制

一、物质保障机制

硬件是校园文化建设之中较为关键的物质载体。在网络环境之下，要加强校园文化建设，就需要加强网络硬件建设，从而为校园文化建设提供物质上的重要保障。

（一）建成校园网硬件是基础

在校园范围内连接计算机网络，从而形成校园网。校园网将行政管理、信息管理、教学服务、教学科研等各类系统连接起来，实现这些系统之间的信息交换以及信息服务。之后，校园网再与整个互联网连接，如此一来，校园的信息资源就能够与社会知识资源实现了高度整合，进而使高校成为完全开放、超越时空的平台和知识中枢。

在信息化的高校校园中，充分共享的数字资源，成为涵盖高校师生在内的整个社会的共有知识财富。同时，包括多媒体、人工智能以及知识库在内的信息技术，结合计算机网络，能够让信息化校园的数字资源得到更为有效的发挥，从而创造出一个智能化、信息化的系统和环境。

在进行高校校园网络文化硬件基础建设时，必须以高校的实际需求为前提。当然，在校园网硬件设施建设中，也不能一位追求“一步到位”，必须按照本校的实际需求和经济能力，有计划、有重点、分层次地稳步发展。

（二）有效的软件资源是保证

对于高校校园网而言，硬件就好比是人的躯体，如果没有强健的身体，那么就很难保证顺利完成其他各种事项；而软件资源则好比是人的灵魂和智慧，只有强健的身体而没有灵魂和智慧，也不能顺利地完成工作。由此我们可以看出，软件资源是高校校园网的灵魂，其是校园网发挥效益的关键保证。在软件资源建设方面，必须注意做好以下几个方面的工作。

1. 系统软件建设

在高校校园网建设过程中，一些高校对于校园网硬件建设的投入较多，而对软件建设则投入相对较少，出现了一种“重硬轻软”的畸形现象。对于这一问题，各大高校的管理者应当掌握必要的信息知识，充分认识到软件在校园网建设工作中的地位，并且要在系统软件建设上，鼎立投入经费。系统软件必须采用较为成熟的平台，选择易于维护、升级，安全性强、稳定性好的软件。

2. 教育资源建设

对于高等院校来说，其教育资源建设工作质量在很大程度上直接关系着信息化水平的高低。从根本上来说，教育资源也是高校校园网络文化建设工作的核心内容，必须努力丰富校园网的教育资源，使其成为学生学习、生活中重要的辅助工具。这里所说的教育资源可以是文字、声音、图片、视频等多种形式的，但其必须要和高校具体的教学内容紧密相关。对于高等院校来说，教育资源建设是一项艰苦而漫长的工作，可以本着“边建设、边应用”的原则，采用“购置和自主开发相结合”的方式，建立校园网教育资源库。

二、队伍保障机制

由于网络发展速度十分迅速，因此就需要高校的教育工作者，尤其是思想政治教育工作者，不断地进行学习和提高。而为了做好网络环境下高校校园文化建设工作，队伍保障是关键所在，各高校应经常开展相关的培训工作。在队伍保障方面，需要注意以下两支队伍的建设。

（一）教师管理队伍的建设

在当前阶段下，高校教师可以进行网上教学、网上办公，形成了一种全新的教学模式与工作模式。需要强调的是，如果高校教师没有能够顺应信息化时代的教育理念，就难以适应时代潮流的。为此，对高校教师不但要进行信息技术方面的相关培训，同时也要进行思想理念上的更新。

由于多媒体技术和网络技术的培训工作并不是一蹴而就的，必须通过长期的培训时间才能最终得以培养合格的人才。在具体的培训内容方面，应当进行网络基础知识、办公软件、课件制作等方面的培训，让接受培训的教师能够独立自主地上网浏览信息、查找资料、进行科研以及学习等。

除此以外，要建设好校园网络、充分利用校园网络，还必须要建设一支高素质的网络管理队伍，以管理好校园网络。这就需要做好网络管理人员的培训工作，提高网络管理人员的素质和技术水平，使网络管理人员具备网络设计、管理和维护的相关能力。

（二）网络评论员队伍的建设

在发展高等教育事业的同时，必须要高度重视网络评论员队伍建设。在日常工作中，高校校园中的网络评论员除了要坚持正确的政治立场以外，还要把握正确的舆论导向，对一些有意义、有价值的新闻线索做出及时的分析评论，以正确的观点引导大学生全面、深刻地了解相关事件，推动高校舆论朝着健康、积极的方向发展。

对于学校师生发表一些比较偏激的言论和看法，高校的网络评论员就要积极对这些不良和不实言论予以正面回应，对学生的思想言论进行批判并进行正确引导。这里需要注意的是，不能在评论的过程中只说一些空话与套话，而是要时处从高校大学生的角度与立场来进行问题的思考，通过语言进行评论工作，循循善诱，最终实现以理服人。同时，网络评论员还要注意言论的篇幅要尽可能的简短。否则，就难免使大学生产生视觉上的厌烦与疲劳。因此，网络评论员要注意以短取胜，尽可能在既定的网评空间来承载更多更为丰富的思想与观点，使网络发挥最大的效益。

三、心理保障机制

在信息时代，人们普遍倾向于将大脑内的思想与信息通过网络的形式加以传输和存储，并且与他人通过网络的形式进行交流与沟通。在这种时代环境下，网络成为网民精神世界里重要的组成部分，成为人类大脑的一种重要延伸。因此，人们对客观世界的理解与认识，往往会随着网络对人类学习、生活与工作等领域的渗透，而促使这些领域发生改变，从而使网民的情感、思维、记忆、个性、感知、信念以及兴趣等产生潜移默化的改变，从而出现新的生活习惯、思维方式以及行为模式。

（一）大学生网络心理

在当代社会中，互联网技术高度发达，大学生生活中很大一部分时间用在网络上。因此，要健全高校校园文化建设机制，就必须对大学生的网络心理有一个深入的了解。从整体上来说，我们可以将大学生网络心理分为两个方面，即积极的心理需求与消极的心理需求。其具体如下所述。

1．积极的心理需求

对于当代大学生而言，其积极的网络心理主要表现为三个方面：第一，强烈的求知欲与好奇求新心理；第二，追求开放性与多元性；第三，自由平等的参与意识与自我实现欲望。

（1）自由平等的参与意识与自我实现欲望。人们在网络上相互交流时更多的是一种平等自由的地位，这种氛围适应了大学生对自由、平等的要求。在网络这一虚拟空间里，许多现实社会中存在的条条框框都被极大地弱化了人们可以在网上按自己的兴趣做自己想做的事。

（2）追求开放性和多元性。网络是一个开放的信息源，各种文化、思想、观念都可以在这里进行多方位、多角度的探讨。这就在很大程度上为大学生追求开放性和多元性的文化观念提供了平台。

（3）强烈的求知欲与好奇求新心理。互联网具有信息快、内容新、手段先进等优点，因而很容易吸引年轻人尤其是大学生的好奇心，引起了广大大学生极大的兴趣，从而极大地激发了他们学习和掌握网络知识和应用技能的欲望。

2. 消极的心理需求

需要指出的是，大学生对于网络也具有一些消极的心理需求，这些需求主要体现在以下几个方面。

（1）虚拟的自我实现心理。当代大学生具有强烈的自我意识，虚拟的网络世界可以成为大学生实现自我的一个理想王国。在网络世界里，大学生可以享受到网络特有的平等、自由、成功、刺激的感觉，现实中来自各方面的压力都可以暂时抛在一边。具体来说，大学生可以突破社会及他人对自己行为的匡正与评价，轻松地实现从小梦想成为的侠客、富翁等形象，还可以在模拟战争中指挥军队搏杀疆场。事实上，有相当一部分大学生上网主要是为了玩游戏，享受在游戏获胜后的成就感。从根本上来说，正是由于网络游戏所具有的这些特点，使得大学生的自我实现需要能够得到的满足，因而有很多大学生沉迷于网络中。

虚拟的自我实现心理还会导致一些不道德的行为甚至是犯罪行为。有些大学生不能很好地理解自我实现、自我价值的真实含义，往往意图在网络中“大展宏图”，他们为了能展示自己的能力，大胆地制造网络病毒、盗用他人电脑信息，刺探他人隐私，非法通过银行和信用卡盗窃和诈骗，给社会和他人带来严重的损失。因此，这就要求大学生们要对网络有一个正确的认识，并且能够科学地理解自我实现与自我价值。

（2）焦虑心理。在大学生的网络心理方面，导致大学生产生焦虑心理的原因主要源自于两个方面：一方面，有时候网络访问速度缓慢，网上人际关系的不确定性与隐匿性，网络信息庞杂无序、良莠不齐等情况，使一些大学生网民无所适从，严重者就会产生焦虑心理；另一方面，由于网络技术发展速度较快，有的大学生担心自己的知识更新赶不上网络的发展，被新技术淘汰，而产生心理焦虑。

（3）急功近利心理。由于网络信息具有丰富的信息，可以为大学生的学习和生活提供很大的便利，因而有一部分大学生把网络看作是通往成功的捷径和有利条件。与此同时，某些社会误导（包括网络上基于商业目的的信息误导）也使大学生对“成功”的理解产生了偏差。因此，一些大学生开始关注电子商务、留学资讯、求职之路等方面的信息，希望能够通过某些便捷的方式来取得成功。

（4）自卑心理与抵触情绪。所谓自卑，就是指个体不信任自己的能力，因而用失败衡量自己及未来的一种心理体验。相关心理学研究表明，自卑心理主要来源于心理上消极的自我暗示。许多接触网络不久的大学生经常会产生这种消极的心理。他们最初是怀着兴奋与好奇的心理使用互联网，但缺乏系统的网络知识和检索技能，操作不熟练，与身边那些操作娴熟、进出自如的网络用户有着明显的差距。在对他们产生羡慕之情的同时，也经常会产生某种无形的心理压力，在这时，初始的兴奋、喜悦之情往往会被自卑心理所代替。

目前，高校校园中还有这样一些大学生，他们习惯于传统文献的检索、查阅程序，当他们面对上网查询这一全新的检索方式时，会感觉自己原先的经验已经落后了，自己也在这个发展迅速的社会中处于落后地位了，因而对网络产生一定的抵触情绪。

（5）发泄欲求。对于当代大学生而言，在网络世界里，他们可以比在学校、家庭时更加自由地发表自己对人对事的看法，抒发自己的爱与憎，表达自己的思想信仰，而不必担心会受到限制或承担责任。例如，平时对女同学不敢表达的感情则可以在聊天室里淋漓尽致地抒发；许多平时对学校不敢提、无处提的意见可以发表在校园 BBS 论坛上。

（6）猎奇心理，追求感官刺激。在当前阶段下，有相当一部分大学生使用网络的目的是猎奇，即追寻一种在现实生活中难以了解，通过正当渠道难以获得的奇、艳事物或信息，并借以获得感官刺激。对于这些大学生来说，很可能会出于好奇或冲动的心理，刻意去浏览一些色情、暴力信息。

（7）逃避现实的解脱心理。在大学读书阶段，大部分学生都会遇到学习、生活以及人际关系等方面的挫折与困难。有些大学生会感觉应付不来复杂的社会生活，因而产生恐惧心理。在当代高校大学生群体中，一部分学生在现实中受挫时习惯于到虚幻的网络空间去倾诉，互联网成了他们逃避现实、寻求自我解脱的一个重要的渠道。

有些学者认为，有些大学生之所以迷恋上网，其本质上是大学生内心寻求理想化状态的一种途径。学生们经过高考等途径进入高校学习时，会发现大学生活与自己的想象存在着很大的不同，面对现实与梦想的冲突，有些学生找不到自己的目标，盲目地进入网络世界寻求自己的精神寄托。然而，大学生的自制力水平还不够高，长期长时间地混迹于网络世界，进而产生网络心理障碍。随着上网时间的增加和对现实的漠视，这些大学生的精神世界较之虚幻的网络世界更加得不到充实，变得更加虚幻，长此以往，其对于网络依恋的程度进一步加深，形成网瘾。网络技术的高速发展使得网络知识高度的综合性、声像多维一体化和高度图像化等特点更加显著，这样就会使得人的思维能力、实践能力、表达能力、抽象能力和阅读能力等呈现出下降的趋势，不利于大学生的身心健康成长。因此，当代大学生必须形成良好的网络使用习惯。

（二）网络对大学生心理的影响

在当代社会中，随着互联网技术的迅速发展，大学生对网络的使用日益频繁。在这种环境下，网络对大学生产生了潜在而深远的影响，呈现出积极与消极同时并存，交错影响的复杂状态。客观来说，网络对大学生心理既有积极影响，也有消极影响。其具体如下所述。

1．网络对大学生心理的积极影响

在当前阶段下，网络对于大学生心理的积极影响主要体现在以下几个方面。

（1）有利于大学生的自我教育与自我实现。网络为当代大学生提供了一个展示自我、发展个性的角色实践的“虚拟环境”。这样的网络环境有利于充分发挥大学生的主体性、创造性，使其在表达自己的思想和情感时免去一些不必要的束缚。除此以外，大学生还可以通过从虚拟世界中社会角色的认知体验引起对现实世界中社会角色职责及义务的思考，深入对社会和他人的认识，通过自我控制和自我教育，来认识自我的社会角色。

目前，网络创业求富已经成为一种潮流，当代大学生对这一刺激的事情有非常浓厚的兴趣，也会对此进行相应的改变，从而达到实现自我价值的目的。

（2）激发大学生的创造性思维。网络具有内容丰富、信息量大、传递方便快

捷、意识观念开放、气氛轻松自由等特点，可以更好地满足大学生对新事物的好奇心，激发其想象力、求知欲。从根本上来说，网络为当代大学生提供了一个打破传统线性思维束缚的环境，有助于激发大学生的创造性思维。

（3）为大学生心理宣泄和寻求专业心理援助提供渠道。当代大学生面临着激烈的竞争，背负着学业、就业等方面的压力，因而需要通过适度的情绪表达和宣泄来维持自身的心理健康。网络交往的虚拟性、安全性和广泛性迎合了大学生渴望交往而内心闭锁、渴望获得真情而又怀疑真情的矛盾心理。大学生通过在网络上与他人聊天倾诉等方式，可以将压抑自己内心的不良情绪尽情地宣泄出来，有效地排遣自身的消极情绪，这就为大学生心理问题的疏导提供了极大的便利。

在现实生活中，大学生们更加倾向于通过网络去了解心理健康知识、寻求专业的心理援助和互助。这主要是因为网络的方式更为方便快捷，且具有较好的保密性，因而受到广大大学生的欢迎。

（4）促进大学生人际交往的发展。在当代社会中，发达的网络技术为大学生提供了非常便利的社会交往机会，使大学生的社会性得到空前的延伸和发展，有利于良好人际关系的建立和发展。在通过网络途径开展人际交往活动时，可以在很大程度上免去彼此的客套、试探、戒备和情感道义责任。

网络交往具有间接性、虚拟性的特点，因而可以为性格内向、社会交往能力较弱的大学生的人际交往活动提供很大的便利，使这些大学生逐渐增强人际交往的能力，改善人际关系。

2．网络对大学生心理的消极影响

从整体上来看，网络对当代大学生心理产生的消极影响主要体现为以下几个方面。

（1）影响大学生的认知、思维等发展的均衡性。通过网络途径获得信息的行为对大学生的认知方式和思维模式有着深远的影响。客观来说，这种影响主要表现在以下几个方面。

第一，在网络中搜索信息时，大学生面对所浏览到的信息，往往只是快速地切换网页浏览，而不能在脑海中留下深刻的印象，因而长时间接触网络会降低大学生的感知能力。

第二，虽然大学生可以通过网络在短时间内搜索到海量的信息，但如此巨大的信息量往往会超出人脑的正常负荷，导致大学生对信息内容的消化不良。这就会导致人的心理压力和思维出现混乱。

第三，图像化的网络信息会在一定程度上改变大学生的思维方式，使他们不愿意深入思考问题，对于信息所蕴含的知识浅尝辄止，懒于追问本质。

第四，在通过网络途径获取知识和信息的过程中，许多大学生由于过多地依赖现成的信息而忽视实践。从客观角度来说，这种情况不利于大学生思维过程的深化，这一切可能导致认知、思维等的非均衡发展。

（2）降低大学生的人际交往能力。大学读书时期是大学生人际交往能力和人际关系形成和发展的一个非常重要的时期。网络世界是一种模拟的现实世界，因而网络交往和现实交往存在着极大的区别。从本质上来说，网络世界里人与人之间的交流是“人—机式交往”。在当代社会中，逐渐呈现出人与电脑的频繁接触将逐渐取代人与人之间面对面交往的趋势。

当代大学生必须要认识到，迷恋上网、热衷于虚拟交往会导致现实中的人际交往的疏远。在现实中，那些迷恋上网的大学生把大量时间投入在上网活动中，放在现实中社交活动的时间相对少得多。长此以往，在生活中与身边的人进行交往时就会逐渐缺乏耐心，从而造成现实人际关系障碍和角色的错位。客观来说，在网络世界里，虚拟的网络交往难以形成真实可信的人际关系，其也会对大学生的交往心理产生不利影响，使他们的人际情感的逐渐萎缩和淡化，交往能力也随之下降，继而产生对现实人际交往的逃避和恐惧，严重影响了他们的学业和生活，阻碍了心理的健康发展，可能诱发心理疾病的产生。

（3）导致大学生的自我导向性迷失。在人类历史的发展进程中，每一项技术的进步既是对自我的延伸，也是对自我的截除。从这个角度来看，现代网络技术的发展也同样有这一层意义：网络既是一个平台，也会是一个屏障。随着现代信息技术的迅速发展，人们对网络的依赖越来越强。当大学生从虚拟世界获得比现实世界更多快乐体验时，就可能倾向于将更多的时间和精力投入网络交往。长此以往，就会使得现实生活逐渐被虚拟世界所掩盖，导致大学生的自我导向性迷失。

（4）使大学生的情感趋于冷漠。在校大学生是一个非常年轻的群体，他们的情感体验极为丰富、强烈、敏感，也极为复杂，表现得很不稳定。在网络上，大学生面对的是没有思想、没有感情的机器，无论网页内容如何精彩，都只是以程式化的方式展示和传递信息，无法体验与感受面对面交流的情感色彩，因而会妨碍大学生通过亲身的社会实践生活来形成稳定良好的社会情绪体验。在现实生活中，一些大学生之所以感受不到生活的丰富多彩，不愿表露情感，也不愿接受别人的情感表达，出现情感异化与迷失，正是因为长期受到网络对其心理的消极影响。

（5）使大学生性心理呈现出畸形发展的趋势。目前，我国各级各类学校的性健康教育普遍滞后于现实需要，即使高等院校也同样如此。对于大学生来说，来自于老师和家长的性知识微乎其微，他们对于性知识的了解主要来源于互联网，但网络中的许多性知识科学性较差。

网络信息中存在着大量的色情、暴力信息，这些信息易于传播，且传播手法更为隐蔽。大学生具有强烈的性意识，但又缺乏性知识和相关经验，因而会对色情内容具有极大的好奇心，而且自制力水平不足，如果在网上过多接触这类信息而形成不科学的性观念，很可能会形成畸形的性心理，这对他们日后的生活造成恶劣的影响。

（6）造成大学生的伦理道德出现错位。大学生的道德情感以直觉的道德情感和形象性的道德情感为主，其道德情感的产生与直接的道德情境和具体的道德形象的紧密联系在一起的。在当代社会中，由于大学生的上网时间越来越多，因而他们直觉和形象的道德情感体验减少。这就使得用来丰富大学生道德情感体验、培养道德意志品质的许多途径和方法发挥不了作用。在这种情况下，大学生的伦理道德就会出现错位现象。

（三）高校心理保障机制的具体实施

1. 加强网络心理健康教育和网络管理工作

由于当前我国高校学生的网络心理健康状况十分的不乐观，已出现的某些问题在很大程度上造成了严重的不良后果，这就对大学生的生活、学习等形成极大的干扰，有些甚至波及了大学生的家庭，给其家庭带来了极大的心理压力与损失。因此，这就需要高校十分重视大学生的心理健康教育工作开展。

第一，要十分重视并加强对大学生的网络心理健康的教育工作，使其树立正确的网络心理，不能对网络产生过渡的依赖。同时，还要培养大学生良好、健康的上网习惯，鼓励其积极主动地参与到学习组织的社会实践活动中来。此外，高校还要使大学生对各种网络心理障碍的发生表现、判断标准、产生的原因、预防与治疗的方法等加以了解，引起其对网络心理健康的重视，进而增强自我的网络心理健康的控制能力。

第二，高校要积极对网络心理健康教育的渠道与阵地进行构建。对新生要进行网络心理健康与网络使用情况的调查，建立健全大学生的网络心理档案。同时，还要建立大学生网络心理问题的监控与预警机制，主动积极地对有心理问题的大学生进行心理咨询与辅导。高校应当大力做好舆论宣传工作。例如，校报、广播站、校园网、电视台、海报、宣传栏、横幅等。除此以外，学校还应当创造一切条件开设网络心理健康的教育课程，将其纳入高校大学生的正规教育教学体系当中，将其作为选修甚至是必修课看待，引导大学生健康、正确地利用网络。

第三，高校要积极提倡大学生形成良好健康的生活方式，鼓励学生多进行体育锻炼，杜绝自身的不良嗜好，并要帮助大学生进行心理异常现象的分析，使其充分了解某些比较常见的心理问题产生的主要原因及其表现，以科学认真的态度对应对各种心理困扰和问题。

第四，高校要加强对大学生的心理健康教育知识的宣传，让其能充分清楚地认识自我，意识到心理健康对个人成长成才的重大意义，进而培养其树立正确的心理健康理念，抛弃以往旧观念的影响与束缚。同时，高校也要向学生传授一些心理调适的方法，使大学生学会进行自我调适，进而快速有效地消除心理上的难题与困惑，培养其艰苦奋斗的精神以及坚韧不拔的意志，提高对生活的适应能力，提高面对挫折的能力。

2. 依托网络开展网上心理咨询机制

尽管依托网络开展网上心理咨询现在的争议还颇大，不过其扩展了心理咨询的时间和空间。毕竟在网络中进行心理咨询的学生不容易产生逆反心理，而且采取匿名的方式，也能够减轻咨询者的心理紧张和心理压力等。

（1）依托网络开展网上心理咨询的主要内容。第一，普及相关网络心理健康知识，进行较为广泛的网上心理健康教育。高校可以将相关心理健康方面的知识以较为有趣的形式放在整个学校或各个院系、甚至班级的心理网站上，以便每个学生能够方便地接受心理健康教育。

第二，让学生掌握积极心理训练的方法，提高其心理保健能力。按照一些统计资料的结果显示，当前我国高校学生的心理健康状况普遍较差。同时，我们对高校学生心理健康状况的要求，不能只停留在不存在明显心理障碍的层次上，而是要按照社会发展对高素质人才的具体要求，通过网络技术发展所带来的便利，进行针对高校学生网上心理素质的健康活动，以便于提高高校学生心理健康水平。例如，各高校可以通过网络咨询的方式，让学生在学习方法与技巧、能力与素质拓展、人际关系协调、职业选择与适应等各个方面，进一步优化自己的心理品质，增强心理平衡和调适能力，以提高对社会的适应能力。

第三，对来访学生的心理健康状况进行有效的心理检测。一般来说，来访学生在心理或者是在处理自身的问题上往往存在着一定的局限、障碍。但是，他们有时总是并不清楚或者根本不愿主动承认。这时，通过有效的网上心理检测就能让来访学生及时发现自己心理上所存在的一些问题，从而加深其对自己心理状况的相关了解，进而帮助他们能够以良好的心态寻求帮助，并最终达到预防、发现心理问题的目的。

除此之外，通过网络心理检测还能使高校心理咨询工作者和高校思想政治工作者加深对广大高校学生群体心理健康状况的相关了解，以便采取相应的措施。

第四，对在心理适应方面存在问题的高校学生采取个别的心理咨询和心理治疗，从而帮助其逐渐恢复至健康的心理水平。实际上，其与以往传统的心理咨询的作用是几乎一样的，目的都是为了解决学生的一些心理问题。但是，其不同之处在于所采用的方式却不一样。在网络心理咨询过程中，有一些心理问题或者有心理求助愿望的高校学生可以利用网上讨论区的渠道，对某问题进行深层次的交流、沟通、分析与探讨。当然，这里需要注意的是，高校学生能够借助一些心理网站，如中国心理在线、牵牵心理热线等。而通过网站所提供的在线咨询、专家咨询等方式，高校大学生可以与相关心理专家或心理咨询工作人员就自己一些特殊的心理问题进行详细咨询。同时，心理专家或心理咨询工作人员也可以在网络平台上对高校学生成长中所遇到的问题或困惑，进行及时的回答和解决，以达到发现和治疗个别高校学生较为严重的心理障碍和心理疾病的根本目的。

（2）依托网络开展网上心理咨询的主要形式。当前，依托网络开展网上心理咨询基本包括以下三种：网上聊天咨询、电子邮箱咨询、网络会议咨询。

网上聊天作为当下一种十分普遍、流行的即时聊天方式，主要包括文字聊天和语音聊天两种基本形式。来访的学生只需要和心理咨询工作者提前约定时间，之后使用网络 ID，连接某一聊天服务器，从而开始进行聊天。如果双方在虚拟的“聊天室中”选择“私聊”，那么就使得只有来访的学生和心理咨询工作者两个人知道对方的真实身份以及谈话的具体内容。因此，在这种新兴的网上聊天过程中，来访的学生可以将平时难以启齿的话毫无顾忌地告诉心理咨询工作者，同时也不用担心谈话的内容会被他人所知道。

相对于以往传统意义上而言的纸质邮件来说，电子邮件比其具有灵活、快速、方便等无可比拟的优势。以电子邮件来进行心理咨询的方式，十分适用于一些不愿透露真实身份的高校大学生。其实，咨询双方采用电子邮件方式来传递信息，展开咨询活动，可以视为是传统意义上书信形式的一种延伸。不过，电子邮件能够克服传统书信由于信件往返周期长所引起的信息不畅的缺点。

网上会议也被称为网络电话会议。使用这一方式进行心理咨询时，心理咨询工作人员不仅可以接收来访者的语言信息，而且同时还可以通过视频途径来观察来访大学生的语音、面部表情以及体态等，从而收集到更为真实的间接信息。这对于判断一些存在较为严重心理障碍的高校大学生的真实状况而言，是十分关键的。网上会议基本上克服了时间、地域等的限制，即便双方相距甚远，也可以及时地进行交流与咨询，因此十分方便。

（3）依托网络开展网上心理咨询的实现途径。

第一，利用BBS和博客。BBS和博客是高校学生中较为流行的网络交流方式。高校的管理工作者完全可以利用这种方式在网上进行提问，并给出一定话题，让大家共同进行讨论，在这一过程中让一些大学生资源将自己的心理问题以匿名的方式公布在 BBS 或博客上，然后请一些专家学者或者心理学工作者进行研究分析，从而解决他们的烦恼和心理问题。

第二，创建心理咨询在线聊天室。依照高校学生所广泛存在的诸多心理问题，通常心理咨询可被分为情感心理咨询、学习心理咨询、人际关系心理咨询等不同板块。心理咨询工作人员可以根据自身所具备的专业知识、兴趣爱好等，确定自己所最为擅长的某一板块，然后以聊天等方式对大学生的心理进行疏通和引导，让他们及时发现并认识自己存在的问题，进而商榷解决的办法以及应对的策略，最终达到解决其心理问题的根本目的。

第三，创建心理咨询系统工程。这就需要各地高校建立全国性的心理咨询网站。尤其是那些条件较好的高校，更是要努力创建自己的心理咨询网，至少应当在本学校的校园网站上建立各种心理咨询专题链接，从而为本校学生、甚至外校学生提供心理咨询。不过，高校要实施心理网络咨询的方式，那么首先就必须有足够资金、物力等条件的鼎力支持，从而建立起质量好、实用性强的网络平台。与此同时，高校管理工作者也必须认识到时代的变化发展，做到紧跟时代步伐——既要掌握好自身的专业技能，同时又要精通计算机、网络、信息方面的相关知识。除此之外，高校也还需要一批计算机技术过硬的专家来负责该网站的建设与日常维护，以便使得心理咨询网站贴近高校大学生，内容充实，界面美观且容易操作。

第四，及时公开高校心理咨询工作者或心理专家的电子邮件联系方式。如果一些高校学生遇到学习、生活或情感上的心理问题或困惑，那么他们在得知联系方式的情况下，就能自主地给这些高校心理咨询工作者或心理专家发送电子邮件，以求得帮助。这样的求助方式首先可以利用网络的匿名性，让学生隐藏自己的真实身份，从而减少交流的不便与戒备心；其次，利用网络方便、快捷的优点，也使信息周转的速度大幅提升，从而提高咨询的数量与效率。但是，从事高校心理咨询工作的心理咨询工作者或专家需要有较强的责任心，有耐心、热心，乐于帮助他人，能够真正地为来访者提供优良的服务。

第五，利用 OICQ 和 MSN 等聊天工具进行网上心理咨询。目前，我国的高校学生基本上都在使用 OICQ 或 MSN 等聊天工具进行网上信息的交流。因此，当前各个高校应当充分利用这一发展趋势，广泛开设专门的心理咨询 OICQ 和 MSN，并及时公布相关心理专家或心理咨询工作者的 OICQ 和 MSN 的联系方式，以便于高校大学生与心理专家或心理咨询工作者以即时聊天的方式得到心理帮助。

第三节　高校校园网络文化建设现状

一、高校校园网络文化建设所取得的成绩

党的十八大报告中指出，当前我国社会主义核心价值体系深入人心，整个社会的文明程度在整体公民素质水平不断提高的情况下，也得到了大幅提升。不仅如此，文化产品也更加丰富多样，公共文化服务体系基本得以建成，文化产业逐渐发展成为国民经济的支柱性产业。可以说，中华文化开始“走出去”，并迈出更大的步伐，社会主义文化强国建设基础变得更为坚实。就我国高校而言，校园文化作为高校德育工作的一个重要载体，在推动网络环境下的高校德育工作等方面，可以说起到了无可替代的关键作用。

（一）推进德育工作进网络

目前，人类社会已经进入信息时代，由于十分开放的网络环境，人们生活中接触到的信息可谓复杂多样，不仅有进步、健康、积极向上等内容，同时也有许多不良、迷信等内容。在当前阶段下，网络已成为各个高校校园文化建设与德育工作的一个全新的“攻坚阵地”。面对着快速发展的网络世界，中共中央领导已多次强调要高度关注、研究和充分利用好网络这一平台。而为了积极响应中共中央领导的号召，在对全国各高校进行深入研究的基础上，教育部、团中央等也先后印发了《关于加强高等学校思想政治教育进网络工作的若干意见》和《关于进一步加强高等学校校园网络管理工作的意见》等重要指导文件。不仅如此，全国各地方教育行政主

管部门和各高校也都积极行动起来，在实践过程中主动探索并初步形成了各具特色的工作思路和方法，牢牢掌握了“制网权”，进而营造了十分健康、向上、文明、进步的高校校园网络文化氛围，最终确立了以先进思想文化为主导地位的网络文化。

（二）提高了高校校园文化建设主体的网络素质

随着高校校园信息化进程的不断深入与推进，当前许多高校也逐步将网络视为一种有效的资源而进行合理的开发与使用。例如，有的高校已经广泛推行了网上办公系统，从而实现“无纸化”办公，节约了大量的纸质资源；还有的高校推行网上虚拟学生社团、党团组织等，方便了高校大学生及时了解相关的动态与信息。这种对网络资源的充分、合理利用，大幅度地提高了高校校园文化建设主体在网络方面的素质。

（三）重视校园网络文化建设

高校校园网络文化是高校校园文化在网络环境下所产生的一种新型的文化形态。其是对以往传统的高校校园文化的丰富与再发展。一般来说，高校校园网络文化的传播具有容量大、时效快、载体新、互动性强等突出特点，因此对于高校大学生而言具有较强的吸引力。但是，由于网络的虚拟性，从而使得网络中几乎充斥了多元化的价值观文化、虚拟文化等一些非主流文化。这些不良信息严重误导了高校大学生，使得高校大学生的理想信念淡化、道德意识弱化等。于是，当前许多高校都十分重视高校校园网络文化建设，并且在营造良好的校园网络氛围的同时，也积极拓展了高校校园文化建设的新领域。以重庆邮电大学为例，其以网络为平台开展了网上辩论赛、网站设计大赛、FLASH 动画设计大赛、IT 信息应用技术技能大赛等一系列校园文化活动。

二、高校校园网络文化建设存在的问题

在当代社会中，高校校园网络文化对于高等教育事业建设工作具有不可忽视的作用，因而各大高校普遍开始进行校园网络文化建设活动。目前，我国各地高校校园网络文化建设中还存在一些问题，这主要体现在以下几个方面。

（一）将高校校园网络文化建设局限在学生管理和思想教育的层次上

目前，我国许多高等院校将校园网络文化建设等同于对学生的思想政治教育，把校园网络文化建设局限在学生管理和思想政治与道德教育的层次上，而没有把校园网络文化建设置于学校办学方向和培养目标的框架下来进行。事实上，这种做法没有全面、正确认识校园网络文化，不利于高校校园文化充分发挥其功能。

（二）高校校园网络文化建设主体的网络道德修养有待提高

高校校园网络文化建设主体主要是指参与校园网络文化建设的师生员工。目前，我国高校校园网络文化建设主体的网络道德修养水平整体上处于一种偏低的状态。这具体体现为以下两个方面。

第一，一些高校师生网络道德判断淡化，在错综复杂的信息海洋中不难分清和判断信息的是非真假、善恶美丑，从而在网络世界中无道德约束、麻木地遨游。

第二，高校校园网络文化建设主体存在着道德越轨行为，使得网络不道德行为和网络违法犯罪行为日趋增多。

（三）没有认识到网络环境下所面临的挑战

进入 21 世纪以来，随着信息技术的飞速发展，以互联网技术为核心的信息革命给人类的生活、工作带来了颠覆性的改变。在我国，高等教育是社会信息化程度最高的场所，大学生成为“网民”的主力军。

从客观角度来说，由于互联网技术的快速发展，我国高校对于网络的使用、管理还处于探索阶段。除此以外，由于网络具有信息量巨大、传播速度快、覆盖范围广的特点，高校对高校校园网络文化建设所面临的网络价值多元、信息良莠并存、道德失范、理性缺乏、人情淡漠等严峻的挑战。

参 考 文 献

[1] 冯刚，柯文进．高校校园文化研究[M]．北京：中国书籍出版社，2011．

[2] 刘德宇．校园文化发展论[M]．青岛：中国海洋大学出版社，2004．

[3] 蔡红生．中美大学校园文化比较研究[M]．北京：中国社会科学出版社，2010．

[4] 蔡劲松．大学文化理论构建与系统设计[M]．北京：文化艺术出版社，2009．

[5] 孙庆珠．高校校园文化概论[M]．济南：山东大学出版社，2008．

[6] 葛金国．校园文化：理论意蕴与实务运作[M]．合肥：安徽大学出版社，2006．

[7] 杨新起．新世纪高校校园文化建设论[M]．武汉：武汉理工大学出版社，2001．

[8] 张德，吴剑平．校园文化与人才培养[M]．北京：清华大学出版社，2001．

[9] 傅进军．大学校园文化[M]．上海：上海交通大学出版社，2001．

[10] 韩明涛．大学文化建设[M]．济南：山东人民出版社，2006．

[11] 关成华．北京大学校园文化[M]．北京：北京大学出版社，2004．

[12] 张应强．文化视野中的高等教育[M]．南京：南京师范大学出版社，1999．

[13] 黄延复．二三十年代清华校园文化[M]．南宁：广西师范大学出版社，2000．

[14] 王邦虎．校园文化论[M]．北京：人民教育出版社，2001．

[15] 潘懋元．中国高等教育百年[M]．广州：广东高等教育出版社，2003．

[16] 曲士培．中国大学教育发展史[M]．北京：北京大学出版社，2006．

[17] 董宝良．中国近现代高等教育史[M]．武汉：华中科技大学出版社，2007．

[18] 潘懋元，王伟廉．高等教育学[M]．福州：福建教育出版社，1997．

[19] 涂又光．中国高等教育史论[M]．武汉：湖北教育出版社，1997．

[20] 文辅相．中国高等教育目标论[M]．武汉：华中理工大学出版社，1995．

[21] 王冀生．大学理念在中国[M]．北京：高等教育出版社，2007．

[22] 应望江．中国高等教育改革与发展 30 年[M]．上海：上海财经大学出版社，2008．

[23] 周源清，阎志坚．论文化素质教育[M]．北京：高等教育出版社，2004．
[24] 张夔．高等学校管理心理学[M]．北京：人民教育出版社，2000．
[25] 房剑森．高等教育发展的理论与中国的实践[M]．上海：复旦大学出版社，1998．
[26] 龚怡祖．论大学人才培养模式[M]．南京：江苏教育出版社，1999．
[27] 夏天阳．校园人生的奥秘：走向21世纪的中国大学生[M]．武汉：湖北人民出版社，1999．